BECK'SCHE SONDERAUSGABEN

HELGA GESCHE

Rom

Welteroberer und Weltorganisator

VERLAG C.H.BECK MÜNCHEN

Mit 23 Abbildungen auf Tafeln
und 3 Karten

CIP-Kurztitelaufnahme der Deutschen Bibliothek

Gesche, Helga:
Rom – Welteroberer und Weltorganisator / Helga Gesche. – München: Beck, 1981.
(Beck'sche Sonderausgaben)
ISBN 3 406 08257 2

ISBN 3 406 08257 2

Satz und Druck: C.H. Beck'sche Buchdruckerei, Nördlingen
Printed in Germany

G H
D D
V L L A M
S
H G

Inhalt

Teil II

Rom wird zum Reich und geht darin auf
Durch Integration zum Weltstaat
Primat der Innenpolitik
(Kaiserzeit)

Anhang

Zu diesem Buch

„Zustände wie im Alten Rom" sind skandalös, hoffnungslos antiquiert und beklagenswert schlecht. So wenigstens sind sie sprichwörtlich geworden.

Sprichwörtliche Weisheiten haben ein zähes Leben. Leider auch dann, wenn wissenschaftliche Erkenntnis etwas anderes besagt und die in ihnen scheinbar enthaltene allgemeine Wahrheit nicht die ganze ist.

Das geflügelte Wort über das Alte Rom impliziert gleich drei derartiger Halb- und Un-Wahrheiten:
- es läßt offen, welches Rom gemeint ist bzw. unterstellt, es habe nur eines, unverändert über Jahrhunderte gegeben;
- es macht glauben, römische Zustände seien auf die von der Geschichte längst überholte graue Vorzeit der Antike beschränkt;
- und es verführt zu der selbstgefälligen Annahme, man könne sich des Fortschritts freuen und stolz sein, daß – von wenigen bedauerlichen Ausnahmen abgesehen – heute nicht mehr „Zustände wie im Alten Rom" herrschen.

Die Wirklichkeit sieht anders aus:
- *Das* Alte Rom gibt es nicht. Rom – das ist zweierlei: ein republikanischer Stadtstaat, der den antiken Erdkreis rund um das Mittelmeer erobert und zur Weltmacht expandiert und dabei selbst kollabiert; und ein monarchisch regiertes Reich, das Imperium Romanum, das die damals bekannte Oikoumene in die einheitliche Ordnung eines Weltstaates integriert und Jahrhunderte überdauert.
- In beiden diesen seinen Erscheinungsformen, sowie auch im Übergang von der einen zur anderen liefert Rom ein weit über die Zeit seines historischen Daseins hinaus gültiges politisches Modell von bisweilen erstaunlicher Aktualität.
- Und keineswegs durchweg ist Rom als staatliche Organisation so

beschaffen, daß Anlaß bestünde, sich seiner ‚Überwindung' zu rühmen.

Offenbar wird dies alles freilich nur, wenn man in der römischen Geschichte mehr sieht als eine Fundgrube historisch-antiquarischen Wissens, sie auch nicht allein in ihren zeitbedingten Fakten beschreibt und ihre Ereignisse in streng chronologischer Reihenfolge nacherzählt, sondern versucht, die in ihr wirksamen und ihren Ablauf bestimmenden politischen Mechanismen und Verhaltensweisen, die erst eigentlich ihren Modellcharakter ausmachen, aufzuzeigen. Anliegen dieses Buches ist es, das zu tun.

Das Beispiel, das Rom in der ersten Form und Phase seiner Existenz als militanter Welt-Eroberer gibt, ist zwar weder das einzige, das die Geschichte kennt, noch eines, das dem 20. Jh. als Vorbild dienen könnte; obwohl es tatsächlich noch immer seine Nachahmer findet. Des Merkens wert an ihm ist allenfalls, daß die römische Welteroberung in keines der sonst gängigen Schemata wirklich paßt: hinter Roms weltbezwingenden Erfolgen steht nicht die elementare Urgewalt eines Völkeraufbruchs (Germanen, Hunnen, Dschingis Chan); nicht der Machthunger, das Charisma oder die Genialität eines Einzelnen (Alexander d. Gr., Karl d. Gr., Napoleon); ihnen liegt auch nicht das beflügelnde Moment religiösen Missionseifers zugrunde (Christentum, Islam); sie erklären sich nicht aus der Anziehungskraft einer die Menschheit ‚beglückenden' und ‚befreienden' Ideologie (Kommunismus); und nur teilweise beruhen sie auf dem ‚natürlichen' Durchsetzungsvermögen einer – zumindest aus der selbstbewußt-aroganten Sicht des europäischen Abendlandes – überlegenen Zivilisation (Konquistadoren, Kolonialmächte).

Die römische Expansion ist jedoch – trotz der dominierenden Rolle, die der Krieg in ihr spielt – kein rein militärisches Phaenomen. Sie ist auch ein politisches. In sich ebenso wie in ihren Folgen und Auswirkungen, die sie in und auf Rom selbst gehabt hat. Und hier, auf dieser Ebene, in der Art, wie Rom auch politisch seine Umwelt ausmanövriert, sowie in der offen zutage tretenden Wechselbeziehung zwischen auswärtiger Machtentfaltung und innerer Krise, erlangt bereits die römische Republik in zweifacher Hinsicht den Wert eines bleibenden Exempels. Wenn freilich auch mit negativem Vorzeichen:

Zum einen demonstriert Rom bei der kontinuierlichen Ausdehnung seiner Herrschaft im Mittelmeerraum, unter welchen Bedingungen es einem einzelnen Staat möglich ist, seine gesamte Umgebung von sich abhängig, wenn nicht sich untertan zu machen. Sie muß nur uneins und kurzsichtig genug sein, um sich – scheinbar zum Vorteil ihrer jeweiligen nationalen, egoistischen Interessen – politisch und militärisch auseinanderdividieren und gegeneinander ausspielen zu lassen. Und in der gekonnten Differenziertheit der von ihm selbst in Ausnutzung und zwecks Herstellung dieses Zustandes angewandten Mittel gibt Rom zugleich einige der – unabhängig von ihrer historischen Situationsbedingtheit – typischen Methoden auswärtiger hegemonialer Machtpolitik und Herrschaftserweiterung zu erkennen. Rom entwickelt die Kunst des Machiavellismus zu solcher Vollkommenheit, daß der ‚Erfinder' dieser Staatsraison sie klassisch in der römisch-republikanischen Geschichte beschrieben fand: man bietet den schwächeren, schutzbedürftigen Nachbarn Freundschafts- und Beistandspakte an, die faktisch deren Territorien zu Protektoraten degradieren und Unterordnung unter die patronale Oberhoheit des Beschützers bedeuten. Oder man schließt Verträge (mit Vorliebe solche bilateraler Art), die mehr oder weniger verklausuliert den Handlungsspielraum und die Bündnisfreiheit des Partners Dritten gegenüber einengen, ihn also einseitig binden und damit von der übrigen Staatenwelt isolieren. Und natürlich bedient man sich auch der militärischen Intervention; sie wird aber stets mit defensiven, uneigennützigen Motiven kaschiert: als Akt der Selbstverteidigung; als Pflichterfüllung gegenüber Bundesgenossen, von denen man zu Hilfe gerufen wird; oder auch als – erbetene – Maßnahme zur Sicherung bzw. Wiederherstellung von Ordnung und Freiheit in dem Land, dem der ‚Eingriff' gilt. Solcherart verbrämt, wird selbst noch der schmutzigste Krieg zur gerechten, guten Sache. Auch diese ‚Politik', die des gerechten Krieges, exerziert Rom einer überraschend lernfähigen und -willigen Nachwelt vor. In Afghanistan erlebt sie gerade ihre jüngste Neuauflage.

Zum anderen liefert das republikanische welterobernde Rom reiches politisches Anschauungsmaterial, indem es die verheerende Wirkung sichtbar macht, die eine vorwiegend bis ausschließlich nach außen gerichtete, am Erwerb und Erhalt auswärtigen Prestiges orientierte, von außenpolitischen Gesichtspunkten beherrschte Politik auf das eigene Staatsgefüge hat: für Rom jedenfalls bedeutet der äußere Triumph zugleich die innere Auflösung; es bezahlt seine positive Außenbilanz mit dem – politischen – Staatsbankrott. Und es nennt auch – sofern nur danach befragt – die dahinterstehenden Gründe und Zusammenhänge. Sie sind in ihrem historischen Erscheinungsbild naturgemäß spezifisch römisch; nicht aber in ihrer politischen Substanz: Roms Rückgrat, der kleine und mittlere Bauernstand, zerbricht unter der anhaltenden Belastung fortwährender Kriege im Ausland und dem zuhause übermächtigen Konkurrenzdruck einer von Sklaven, der menschlichen Kriegsbeute des römischen Siegers, betriebenen Latifundienwirtschaft. Die Gesellschaft polarisiert sich zwischen zunehmend reicher werdenden Kriegsgewinnlern, den senatorischen Großgrundbesitzern und ritterlichen Finanzmagnaten, einerseits, und den im Dienste der hegemonialen Außenpolitik des Staates fortschreitend, bis zur Proletarisierung verarmenden Bürgermassen andererseits. Weil der Regierung in Rom vor lauter extrovertiertem Engagement zur Durchführung der überfälligen inneren Reform nicht nur die Zeit fehlt, sondern auch die Einsicht in deren Notwendigkeit – der glanzvolle Erfolg draußen überstrahlt und verdeckt die Misere drinnen – wächst die Zahl derer, die sich – sozial und wirtschaftlich ins gesellschaftliche Abseits geraten – nicht länger mit ‚ihrem' Staat identifizieren. Sie sehen in der Bindung an ihn keinen Sinn mehr. Und nicht letztmals in der Geschichte füllen dieses Vakuum einzelne herausragende ‚Führerpersönlichkeiten', die die Beseitigung der Mißstände, eine bessere und gerechtere Verteilung des Volksvermögens versprechen, vielleicht sogar eine totale Revolution erhoffen lassen. Anstelle eines auf das Staats-Ganze bezogenen Verantwortungsgefühls bestimmen Gruppen-Partikularismen und der Egoismus einiger weniger Großer die Politik und zersetzen die Res publica. Parteipolitische Auseinandersetzungen, Straßenschlachten und schließlich regelrechte Bürgerkriege kennzeichnen folgerichtig die spätrepublikanische Szene. Im Zenit seiner Laufbahn als Welteroberer angelangt, steht Rom vor der völligen Desintegration seines Gemeinwesens, dem innenpolitischen Chaos. Woraus abzulesen ist, daß die Unfähigkeit oder auch Nicht-Bereitschaft eines Staates, sich neu entstandenen bzw. – wie im Falle Roms – selbst geschaffenen neuen Verhältnissen politisch anzupassen, ihn zwangsläufig ruiniert und in den sicheren politischen Tod treibt. De facto ist Rom gegen Ende der Republik schon lange nicht mehr der Stadtstaat, als der es begann. Die Dimensionen seines Herrschaftsbereiches haben die stadtstaatliche Organisationsform Roms ad absurdum geführt und längst zur anachronistischen Farce gestempelt. Dennoch bleiben das damalige Rom und seine ‚letzten Republikaner', die Cato (d. J.), Cicero und Brutus, diesem Zerrbild als politischem Leitbild verhaftet und tritt an seine Stelle nichts Neues. Für Rom selbst bedeutet das, daß ihm die anstehenden Aufgaben als Weltmacht über den Kopf wachsen und es gezwungen ist, zu deren Bewältigung seine Zuflucht bei ‚großen Männern' und der Vergabe von Sondervollmachten an sie nehmen zu müssen, wodurch aber das stadtstaatlich-republikanische System nur immer weiter ausgehöhlt wird. Und für die unterworfenen Territorien folgt aus Roms Verharren in überkommenen Strukturen und Vorstellungen, daß sie als Reich, als politische Bestandteile des römischen Staates weder organisiert noch begriffen werden. Die dafür unerläßliche Voraussetzung, das Denken und Handeln in reichspolitischen statt ‚national'-römischen Kategorien, fehlt der Republik. Ihr gelten die einverleibten Gebiete primär wenn nicht ausschließlich als Ausbeutungsobjekte, und es werden demgemäß auch keinerlei Anstrengungen unternommen, den Gegensatz zwischen römischer Siegermacht und nicht-römischen Besiegten zu überbrücken. So ist politisch gesehen ein Imperium Romanum republikanischer Zeit und Prägung überhaupt nicht vorhanden; was existiert, ist lediglich ein vom Besitz- und Herrschaftsanspruch Roms zusammengehaltenes politisch gestaltloses Gebilde; imgrunde nicht mehr als ein durch die römische Okkupation nach außen abgegrenzter, einigermaßen geschlossener geographischer Raum.

Für einen negativen Aspekt neuzeitlicher und jüngster Weltpolitik allerdings, für den Imperialismus, kann auch dieses republikanische Rom nur sehr bedingt – am besten gar nicht – als Modell herhalten. Zumindest fehlen der römischen Welteroberung einige seiner wesentlichen Merkmale: vor allem eine den Imperialismus als ‚-Ismus' erst eigentlich konstituierende Konzeption und vorgefaßte Zielplanung; ferner lassen sich bei den Römern gerade die typisch imperialistischen Motive und Absichten – wie z. B. Aneignung von Rohstofflagern,

Erschließung von Absatzmärkten für eigene Produkte, Gewinnung von Land und neuem Lebensraum, Sicherung der militärisch-strategischen Position – nicht oder doch nur mit Mühe und einigem schlechten Willen als die ihre Politik initiierenden Triebkräfte ausfindig machen; und es paßt auch schlecht zu klassisch ausgeprägten imperialistischen Tendenzen, wenn Rom wiederholt auffallend lange zögert, bestimmte längst ‚fällige' Territorien zum Zwecke direkter herrschaftlicher Machtübernahme und wirtschaftlicher Nutzung zu annektieren, und sich gelegentlich sogar aus bereits unterworfenen Regionen wieder zurückzieht. Diese Verhaltensweise ist insbesondere für einen erklärten *antiken* Imperialisten einigermaßen ungewöhnlich. Denn: weit mehr als seine neuzeitlichen Nachfahren ist er bei der effektiven Durchsetzung und der konkreten politisch-oekonomischen Verwirklichung seines Herrschaftsanspruches auf unmittelbare Präsenz, sprich militärische Okkupation und territoriale Inbesitznahme angewiesen; ihm fällt es ungleich schwerer als ihnen, sich der verdeckteren und subtileren Art von Imperialismus, der indirekten Beherrschung eines Gebietes, zu befleißigen.

Der gebotenen Kritik an der römischen Republik tut es mit Sicherheit keinen Abbruch, wenn man auf die Verwendung des ohnehin erst 2000 Jahre später zum Begriff gewordenen, klischeehaften und bezüglich Rom zudem noch sachlich problematischen Schimpfwortes ‚Imperialist' verzichtet.

Seine exemplarische Bedeutung im positiven Sinne gewinnt Rom in der zweiten Form und Phase seiner Existenz als friedlicher Welt-Integrator. *Dieses* römische Beispiel hat leider weit weniger Schule gemacht als das des Welteroberers. Es ist in der Geschichte singulär und nach Rom nicht wieder verwirklicht worden. Bis heute nicht. Und das, obwohl die Abkehr von der national-staatlichen Politik immer wieder als Notwendigkeit beschworen wird, und die Schaffung einer Weltordnung mehr denn je zu einer Frage menschheitlichen Überlebens geworden ist. Die auf die Jetztzeit gewiß nicht unbesehen übertragbaren, wohl aber in moderner Umsetzung auf sie anwendbaren Lehren, die das imperiale Rom der Kaiserzeit hinterläßt, sind demnach nicht Warnung, sondern Mahnung und Auftrag, es ihm gleich zu tun.

Wiederum zeigt Rom, das andere Rom, das sich letztlich dann doch nicht in der Unterwerfung anderer erschöpft, in dem sich schließlich vielmehr der Wandel von der Weltmacht zum Weltstaat vollzieht, zweierlei:

Zum einen, daß eine derartige strukturelle Transformation und die damit einhergehende Überwindung traditioneller nationaler, egoistischer Denkschemata und Verhaltensgepflogenheiten und deren Substituierung durch eine über-nationale, welt-gerechte Politik *möglich* ist. Auch ohne Ideologie und Theorie, rein pragmatisch. Rom jedenfalls schafft diesen ‚Sprung', für den seine ersten beiden ‚Kaiser', Caesar und Augustus, das Trittbrett legen. Es kehrt sich ab von der bisherigen Rom-zentrischen, allein auf den eigenen Machtzuwachs und materiellen Vorteil bedachten und insoweit ‚nationalen' (Außen-)Politik, und wendet sich der auf das Reich als Ganzes bezogenen, an dessen Bedürfnissen ausgerichteten und so gesehen über-‚nationalen' (Innen-)Politik zu. Aus der militärisch zusammengeraubten, politisch un-förmigen Landmasse wird ein Reichsverband, und das in sich unzusammenhängende Konglomerat von Völkerschaften findet zu staatlicher Homogenität.

Zum anderen beweist Rom mit seinem drei Jahrhunderte lang intakten und seitdem als unverlöschliche Vision fortlebenden Imperium, daß eine übernationale Völkergemeinschaft auf weltweiter Ebene nicht nur möglich ist, sondern *dauerhaft funktionieren* kann. Und es zeigt auch wie: zumindest einige der Säulen, Grundlagen, Integrations- und Kohäsionsfaktoren, auf denen der Weltstaat Römisches Reich ruht und die seinen Bestand sichern, könnten auch heute noch diese Aufgabe erfüllen. Überspitzt ausgedrückt: solange es nicht gelingt, wenigstens diese Säulen wieder zu errichten, wird auch weiterhin für das 20. Jh. die mehr als 1½ Jahrtausende zuvor von Rom vorgelebte Realität eine Utopie bleiben.

Die Rede ist hier vor allem von der dem Imperium Romanum als Fundament und stützende Außenmauern dienenden einheitlichen rechtlichen und politischen Ordnung, die selbst dem Europa der ‚Römischen' Verträge, das versucht, das politische Pferd am wirtschaftlichen Schwanz aufzuzäumen, noch immer fehlt; ferner ist die Rede von dem sich auf diese Ordnung gründenden und in ihrem Rahmen frei entfaltenden, in *einer* Währung abgewickelten, weder staatlich dirigierten noch protektionierten Warenverkehr weltwirtschaftlichen Zuschnitts, von dem alle, selbst noch die Außen-Bezirke, profitieren. Angesprochen sind zudem: die allen Reichsbewohnern (natürlich nicht den Sklaven) gewährte persönliche und arbeitsrechtliche Freizügigkeit; die ihnen (und den freigelassenen Sklaven) gebotenen gesellschaftlichen Aufstiegschancen; die weitgehende Gemeinsamkeit in Sprache und Zivilisation; und die *wechsel*seitige, niemanden wegen seiner ethnischen Herkunft oder seines Glaubensbekenntnisses diskriminierende Toleranz zwischen den verschiedenen ‚Rassen' und Religionen. Tatsächlich verwischt sich im kaiserzeitlichen Rom allmählich der ursprünglich krasse rechtliche und soziale Gegensatz zwischen herrschenden Römern auf der einen und beherrschten, um nicht zu sagen unterdrückten Nicht-Römern auf der anderen Seite. Der anfänglich exklusive römische Bürgerverband öffnet sich zunehmend den provinzialen Reichsangehörigen, bis zuguterletzt alle in ihm Aufnahme finden, die Gleichstellung zwischen Rom, Italien und den Provinzen erreicht ist und so römisches Bürgertum und Welt-(Reichs-)Bürgertum als miteinander identisch zusammenfallen. Ebenso baut sich das herkömmliche wirtschaftliche und kulturell-zivilisatorische Entwicklungsgefälle zwischen östlicher und westlicher Reichshälfte ab, verschwindet beinahe gänzlich. Und schließlich ist auch noch ein letztes Bindeglied des römischen Völkerbundes zu erwähnen: der Herrscherkult, der indirekt – über die Person des Kaisers – dem Staat selbst gilt. Noch in dieser, seiner Weltorganisation verordneten kultischen Überhöhung und Verehrung des jeweiligen sie repräsentierenden kaiserlichen ‚Generalsekretärs' erscheint Rom als – wenn auch in dieser spezifisch antiken Form weder wiederholbares noch unbedingt wiederholenswertes – Vorbild; insoweit dadurch den Mitgliedsländern ein gemeinsamer Bezugspunkt und der Weltgemeinschaft gewissermaßen ein sie festigender ‚ideeller' Unter- bzw. Überbau gegeben wird, ohne daß damit jedoch ein totalitärer Anspruch des Staates gegenüber dem Individuum und dessen geistiger Intimsphäre verbunden worden wäre.

Anhaltender weltweiter, nur selten peripher gestörter Friede, rechtlich administrierte Ordnung, zivilisatorischer Fortschritt und materielle Sicherheit bilden den Hintergrund, auf dem sich das Zusammengehörigkeitsgefühl der Bewohner des Imperium Romanum untereinander entwickelt, und auf dem ihnen eine Identifizierung mit dem Reich möglich ist. Weil es ihren Interessen dient, haben sie ein Interesse an seinem Fortbestand; sie akzeptieren es als damals ‚beste aller möglichen Welten', und *dieser* Konsens trägt das Reich.

Die Begriffe ‚Rom' und ‚Antiker Erdkreis' werden für die Zeitgenossen zu austauschbaren Synonymen, verschmelzen in dem des ‚Orbis Romanus', der genau das ausdrückt, was das Imperium Romanum von den anderen Welt-Reichen ab- und über sie hinaushebt: die Verwirklichung staatlicher Unität bei gleichzeitiger – nach antiken Maßstäben – Universalität.

Die späteren Reiche: das byzantinische, osmanische, venezianische, fränkische, karolingische, heilige römische deutscher Nation, habsburgische und napoleonische, die Kolonialreiche der Portugiesen, Spanier, Holländer, Franzosen und Engländer, sie alle sind dem römischen nicht wirklich gleichwertig: dem einen fehlt es an dessen Ausmaß, dem anderen an dessen Dauerhaftigkeit; und vor allem besitzt keines von ihnen gerade das, wodurch sie überhaupt erst eigentlich mit Rom kommensurabel würden: den Charakter eines geeinten Weltstaates.

Gewiß, die neuzeitliche, moderne bekannte und bewohnte Welt hat sich gegenüber der antiken römischen um ein Vielfaches vergrößert. Aber deswegen brauchte sich ihre Einigungschance noch nicht verschlechtert zu haben. Denn der erweiterte geographische Raum fällt als Entschuldigung dafür, daß Rom noch immer keinen würdigen Nachfolger gefunden hat, aus (zumindest für das späte 19. und das 20. Jh.): die Möglichkeiten zur Überbrückung geographischer Entfernungen sind heutzutage weltweit besser als zu Zeiten der Römer im Mittelmeerraum. Mehr noch: durch die moderne Verkehrs- und Nachrichtentechnik ist eine Organisierung der Welt imgrunde leichter als je zuvor ‚machbar' geworden. Dennoch hat es seit Karl d. Gr. nicht einmal mehr eine mittel-europäische Einheit gegeben, laboriert selbst das kleine Europa noch immer an der vollen Verwirklichung einer bloßen Wirtschafts- und Währungsgemeinschaft herum. Dabei ist die Wirtschaft in der Überwindung nationaler Grenzen noch weitaus am ‚fortschrittlichsten': die *politisch-rechtliche* Entwicklung hat mit der wirtschaftlichen nicht Schritt gehalten und hinkt ihr nach wie vor hinterher. Auch die bestehenden militärischen Allianzen und

Pakte sind da schwerlich ein Ersatz. Und die UNO? Verglichen mit dem römischen Modell befindet sie sich im Stadium beklagenswerter Unterentwicklung. Sie wird auch in absehbarer Zukunft kaum erreichen, was Rom in und mit seinem Imperium gelungen ist: die Welt auf einen gemeinsamen staatlichen Nenner zu bringen.

Es ist richtig, daß sich das imperiale Rom bei seiner Entstehung nicht aus einer Rousseau'schen volonté générale legitimieren konnte und sich die in ihm vereinten Nationen auch nicht in freier Selbstbestimmung zusammenfanden. Auch ist es im weiteren Verlauf seines Bestehens nie zur Demokratie ‚herangereift'. Und ganz sicher hat es der Welt auch nicht das – angebliche – Paradies der klassenlosen Gesellschaft auf Erden beschert. Dennoch geht ebenso sicher seine Abqualifizierung als kolonialistisches Gebilde und Sklavenhaltergesellschaft an den tatsächlichen Gegebenheiten vorbei.

Um von Sklavenhaltergesellschaft sprechen zu können, müßte die Sklaverei das konstitutive oder wenigstens ein in Ausmaß und Bedeutung besonders wichtiges Element der reichsrömischen Gesellschaft gewesen sein. Ersteres ist sie zu keiner Zeit; noch nicht einmal während der Republik. Letzteres allenfalls einige Jahrzehnte hindurch, und auch das nur in einzelnen Regionen des römischen Herrschaftsbereichs; keinesfalls jedoch während der Blüte des Imperium Romanum, der mittleren und hohen Kaiserzeit. Dort nämlich geht die Zahl der Sklaven generell und stetig zurück; der Einsatz qualifizierter Sklaven wird teurer als der freier Arbeitskräfte; und gerade in der Agrarwirtschaft, jenem Wirtschaftszweig also, dem ca. 80% der Reichsbewohner ihr Ein- und Auskommen verdanken, bestimmen in wachsender Zahl zwar unter der Patronage eines Großgrundbesitzers stehende, persönlich aber freie Kleinpächter das Bild. Daß angesichts dieser Fakten von der vermeintlichen römischen Sklavenhaltergesellschaft nicht allzu viel übrig bleibt, beginnt sogar die marxistische Geschichtswissenschaft einzusehen, sofern sie sich nicht hoffnungslos in orthodoxen Denkkategorien verkrustet und ihr historische Dogmenlehre nicht wichtiger ist als sachliche Analyse.

Vollends in den Bereich unreflektierter Übertragung moderner Begrifflichkeit auf antike Verhältnisse gehört die Bezeichnung der römischen Welt-(Reichs-)Politik als Kolonialismus. Mehr noch und eindeutiger als in der Republik dem angeblichen Imperialisten Rom fehlen in der Kaiserzeit dem angeblichen Kolonialherrscher Rom die für einen solchen charakteristischen Wesenszüge. Statt zwischen sich und seinen neu hinzugekommenen Staatsbürgern, den provinzialen ‚Kolonial'-Völkern, eine scharfe Trennungslinie zu ziehen und über deren Einhaltung im Interesse seiner eigenen elitären Stellung eifersüchtig zu wachen, beseitigt Rom Schritt für Schritt die Barrieren und läßt seine ‚überseeischen' Untertanen sogar in führende Positionen des Staatsapparates, schließlich bis auf den Kaiserthron gelangen. Je ‚älter' Rom wird, desto ‚kosmopolitischer' agiert es – auch und gerade wirtschaftlich. Dies hat erst kürzlich ein moderner Oekonom wie Wilhelm Hankel überzeugend nachgewiesen:[1] Rom nutzt seine Vormachtstellung in der Welt nicht aus, um dort seine (im übrigen gar nicht vorhandenen) Exportüberschüsse abzuladen; statt das wirtschaftliche Potential der Provinzen ganz der heimischen, sprich: römisch-italischen Agrar- und ‚Industrie'-Produktion und den eigenen Handelsinteressen dienstbar zu machen, legt es der oekonomischen Entwicklung seiner ‚Kolonien' nicht nur keine Hindernisse in den Weg, sondern leistet im Gegenteil selbst noch ‚aktive' Entwicklungshilfe, indem es ihnen einen für alle offenen Weltmarkt bietet, und stimuliert darüberhinaus mit seinen ‚gehobenen Ansprüchen' und seiner passiven statt aktiven Handels- und Leistungsbilanz auch noch in den an der Peripherie des damaligen Erdkreises gelegenen Ländern das wirtschaftliche Wachstum.

Ebensowenig ist Rom darauf bedacht, die Zivilisation und den Bildungsstand zumindest der breiten Masse der Provinzialen zwecks leichterer Führbarkeit entweder – in der ‚barbarischen' westlichen Welthälfte – auf einem vergleichsweise niedrigen Niveau zu halten, oder – in der kultivierten östlichen Welthälfte – auf ein provinzielles herabzudrücken. Und das, obwohl nicht erst die politische Soziologie unserer Tage erkannt hat, daß ein ‚gebildetes' Volk weit schwerer (gegen seinen Willen) zu regieren ist als ein ‚ungebildetes'.

Mit dem, was das kaiserzeitliche römische Reich an Leistungen erbringt – freilich vielfach eher ‚unbewußt' denn einer theoretisch konzipierten, vorprogrammierten Zielsetzung folgend – erfüllt es einige der wichtigsten Kriterien, aus denen moderne Politologen wie Karl

W. Deutsch die positive Beurteilung eines Staates ableiten und an denen sie als objektiven Indikatoren dessen Qualität und Effektivität messen:[2]

Ein Staat muß, sollte so beschaffen sein, daß er langfristig imstande ist,

- seinem jeweiligen ‚Staatsvolk' *mindestens* die physische und materielle (Über-)Lebensfähigkeit zu garantieren, d. h. dessen Grundbedürfnisse zu befriedigen, und ihm *möglichst* ein über dieses elementare Existenzminimum hinausgehendes Maß an innerer (rechtlicher) und äußerer (militärischer) Sicherheit sowie an zivilisatorischer und wirtschaftlicher Lebensqualität zu verschaffen, die – wenn schon nicht individuell so dann doch wenigstens regional – überall annähernd gleich ist;
- sich selbst und die Gesellschaft so zu organisieren, daß er bei der Wahrnehmung seiner ‚Pflichten' mit einem Minimum an obrigkeitlichen Regelungen und Eingriffen auskommt und nur da tätig wird, wo derartige staatliche Hilfestellungen nachweislich unerläßlich sind;
- zwischen den etwaig vorhandenen ethnisch, sprachlich und religiös unterschiedenen und divergierenden Bevölkerungsgruppen ausgleichend zu wirken, ohne dabei in Intoleranz gegenüber Minderheiten zu verfallen und den Einzelnen in der Entfaltung seiner Persönlichkeit zu behindern;
- das Vertrauen und die mehrheitliche Zustimmung der in ihm Lebenden zu gewinnen und zu erhalten, um sie soweit wie möglich Zwang-los integrieren zu können, und er seinen Bestand zumindest nicht primär der zweifelsohne auch vom Einsatz staatlicher Gewalt und Machtmittel ausgehenden Integrationskraft verdankt.

Und ein Staat muß, sollte darüberhinaus ad hoc, kurzfristig, wenn dies die Erfüllung seiner langfristigen Aufgaben und Zweckbestimmung verlangt, in der Lage sein,

- sich strukturell aus sich heraus, sei es auf dem Wege der Reform oder notfalls auch der Revolution, transformieren zu können. Nur dann wird er der Versteinerung in einem inadaequaten und anachronistischen System, die letztlich stets seinen Ruin bedeutet, entgehen.

Mit seinem Wandel vom republikanischen Stadtstaat zum monarchischen Reichsstaat und mit der Konstruktion seines langlebigen Imperiums genügt Rom bis ins 3. Jh. n. Chr. nicht nur diesen Forderungen. In ihm ‚bewahrheitet' sich auch bereits die Erkenntnis der Politikwissenschaft, daß Dauer und Festigkeit eines staatlichen Gebildes nicht zuletzt davon abhängen, ob und inwieweit man es für lohnend hält, in ihm zu leben; daß sie am ehesten gewährleistet sind, wenn es von gemeinsamen Interessen vieler oder aller getragen wird; und daß sie umso größer sind, je zahlreicher und verschiedenartiger die Ebenen, auf denen in ihm die Menschen kommunizieren (können); daß also – weil den Zusammenhalt eines Staates eher innere denn äußere Faktoren bedingen – er besser nicht nur auf entweder rechtlichen, oder sprachlichen, oder religiösen, oder kulturellen, oder wirtschaftlichen Gemeinsamkeiten beruhen sollte, sondern auf möglichst vielen von ihnen, am besten allen gleichzeitig. Ganz wie im Alten Rom der Kaiserzeit.

Würde man auch die (spät)republikanische Weltmacht Rom diesem Qualitätstest unterziehen, sie würde ihn nicht bestehen. Sie wird den Maßstäben und Ansprüchen ‚wahrer' Staatlichkeit nicht gerecht: als Stadtstaat nicht mehr und als Reichsstaat noch nicht. Der Tod der Republik ist demnach politisch nur logisch und historisch weiter kein Verlust.

Man möchte daher zunächst an ein Versehen glauben, wenn Darstellungen über die Römische Geschichte immer wieder vom „Aufstieg und Niedergang Roms" sprechen und dabei wie selbstverständlich auch die Periode römischer Machtergreifung im Mittelmeerraum und die gesamte ausgehende Republik unter dem Begriff des ‚Aufstiegs' subsumiert wird. Aber es steckt wohl doch mehr als ein bloßer Irrtum hinter dieser gelinde gesagt irreführenden Etikettierung. Denn sie findet sich in leider nur selten ‚auf den letzten Stand' gebrachten Schulbüchern ebenso wie in wissenschaftlichen Standardwerken der Althistorie. In alten und in erst jüngst erschienenen.

Daß der römischen Republik – mit allerdings zunehmend deutlicher werdenen Abstrichen – nach wie vor nicht nur das vorrangige Interesse und vor allem die Sympathien der Althistoriker gelten, sondern sie ihnen offenbar vielfach noch immer in einem positiveren

Licht erscheint als die Kaiserzeit, hat vermutlich zwei miteinander zusammenhängende Gründe (läßt man einen gelegentlich angeführten ‚rassistischen' dritten einmal außer acht, der auf der Gleichsetzung von Völkervermischung, wie sie im imperialen Rom stattfindet, mit Dekadenz beruht): zum einen die – (auch) unter dem Eindruck der „Römischen Geschichte" und des „Römischen Staatsrechts" von Th. Mommsen stehende – höhere Wertschätzung der republikanischen Staatsform gegenüber der monarchischen und die sachlich freilich kaum gerechtfertigte Annahme, in der römischen Republik sei es demokratischer zugegangen als in der römischen Kaiserzeit; zum anderen den zeitweilig übermächtigen Einfluß humanistisch gesinnter Klassischer Philologen auf die Alte Geschichte, die sich nur allzu oft zugleich mit der Bewunderung für die sprachlich-literarische Könnerschaft eines Cicero und Tacitus auch deren ‚tendenziöses' Urteil über die Republik bzw. das Prinzipat zu eigen gemacht haben: Cicero verherrlicht die klassische römische Republik als vorbildliche Staatsform, beklagt ihren unübersehbaren Verfall, sieht aber nicht, daß sie sich, wie der Stadtstaat, auf den sie zugeschnitten war, endgültig überlebt hat; und Tacitus anerkennt zwar das Kaisertum als Überwinder spätrepublikanischer Anarchie und ‚Entartung', betrachtet es aber dennoch insoweit lediglich als ein – wenn auch notwendiges – Übel, als auch ihm der Verlust republikanischer Freiheit, der freilich nur die Nobilität, nicht den auch vorher schon beherrschten Normalbürger trifft, imgrunde als zu hoher Preis für die kaiserzeitliche Ruhe und Ordnung erscheint.

Das Bild vom republikanischen ‚Aufstieg' und dem kaiserzeitlichen ‚Niedergang' hat also eine lange ehrwürdige Tradition. Es in Umkehrung zurechtzurücken und den beiden von Rom in der Phase zwischen dem 3. Jh. vor und dem 3. Jh. nach Chr. durchlebten Daseinsstufen den ihnen *zukommenden* Platz und Rang auf der historischen Wertskala zuzuweisen – auch das ist ein Anliegen dieses Buches.

Selbstverständlich hat auch Rom die natürlich-logischen Gesetzmäßigkeiten historischer Entwicklungsabläufe nicht auf den Kopf gestellt: in ihrer Gesamtheit von den Anfängen im 8. Jh. v. Chr. bis zum – auf die westliche Reichshälfte bezogenen – Ende im 5. Jh. n. Chr. ist auch die römische Geschichte die eines ‚Aufstiegs und Niedergangs' eines Staatswesens. Nur: so glatt zweiphasig, wie es diese Formulierung vermuten läßt, verläuft sie eben gerade nicht. Warum? Weil ihr Subjekt Rom in der Halbzeit seiner historischen Existenz als Staat eine Metamorphose durchmacht, die für ihn lange vor seinem endgültigen Zerfall und lange nach seinem ersten Emporkommen schon einmal Niedergang und ein zweites Mal Aufstieg bedeutet.

Wer die Periode römischer Welteroberung in die des ‚Aufstiegs' mit einbezieht, erhebt – gewollt oder ungewollt – damit den außenpolitisch-militärischen Erfolg, die territoriale Expansion eines Staates zum entscheidenden Kriterium positiver historischer Beurteilung und mißt der auswärtigen Politik und dem äußeren Prestige eine der Innenpolitik und den innerstaatlichen Zuständen übergeordnete Bedeutung bei. Denn tatsächlich hat Rom in dieser Epoche nur draußen Siege zu verzeichnen.

Einzuräumen ist zwar, daß das weltstaatliche Imperium der Kaiserzeit ohne die militärische Vorarbeit der Republik nicht vorstellbar ist. Insoweit ist das über sie verhängte Verdikt einzuschränken. Deswegen auch und weil die Leistung des kaiserlichen Rom erst im Vergleich mit und in Absetzung von der Republik wirklich meßbar wird, ist sie hier auch ausführlich behandelt. Aber seinen eigentlichen, im Wortsinn: welt-historischen Wert gewinnt Rom dennoch erst als kaiserzeitliches Imperium Romanum. Dieses Rom ist es, das aus der Geschichte Europas und – über sie – aus der Weltgeschichte nicht wegzudenken ist. Von ihm erst erfahren Europa und weite Teile der Welt ihre Prägung in Recht, Sprache und Kultur. Nicht von ungefähr gelten daher auch ihm bereits die Sehnsüchte derer, die unter den desolaten Verhältnissen der Spätantike und den einsetzenden Wirren der Völkerwanderungszeit leiden, und beziehen sich auf *dieses* Rom als völkerverbindender staatlicher Konstruktion dann auch die politischen Erneuerungsbestrebungen der Folgezeit: das Bemühen um eine Renovatio Imperii des abendländischen Mittelalters und letztlich auch noch der moderne Europa-Gedanke.[3] Wäre Rom schon an der Krise der ausgehenden Republik und nicht erst an der der Spätantike zerbrochen, es hätte kaum bleibende Spuren bzw. allenfalls solche, die schrecken, hinterlassen. Es wäre in die Geschichte eingegangen als eines von vielen mehr oder weniger ephemeren Reichen, die mit ihrer expansiven Dynamik die Welt erschüttern, deren Gesicht und Gestalt aber nicht nachhaltig verändern.

So gesehen ist auch der Umbruch, den Rom in der zweiten Hälfte des 1. Jh. v. Chr. erlebt und der sich in Caesar und Augustus personifiziert, ein viel tiefgreifenderer und folgenreicherer als der bloße Wechsel der äußeren Staatsform, der Übergang von der Republik zur Monarchie, es je hätte sein können. Er ist *die* historische Wasserscheide der römischen Geschichte schlechthin. Hier liegt ihre entscheidende politische Zaesur: der neu geborene Reichsstaat löst den sterbenden Stadtstaat ab; politische Integration tritt an die Stelle territorial-hegemonialer Expansion; das Primat der Innen- bzw. Reichs-Politik beendet die Dominanz der Außen- bzw. Militär-Politik; dem Niedergang des Welteroberers folgt der Aufstieg des Weltorganisators. Und der wartet noch immer auf seine Wiedergeburt.

„Zustände wie im Alten Rom"? In mancher Hinsicht möchte man wünschen, daß sie wieder herrschten. Wenn nicht heute, vielleicht doch morgen. Sofern auch dann noch der Welt-Staat nicht den totalitären von „1984" beschert.

Daß sich das vorliegende Buch nicht als „Römische Geschichte" im herkömmlichen Sinne versteht, sondern als Versuch einer von diesem gängigen Raster abgehobenen Rom-Betrachtung, ergibt sich allein schon aus seiner in der angedeuteten Weise zeitlich und inhaltlich begrenzten Thematik; vor allem aber aus den ihm zugrundeliegenden Fragestellungen, der Art seiner Darstellung und den Interpretationen und Wertungen, die es vornimmt. Cum ira et studio. Aber in den Grundfakten dennoch der antiken Quellenüberlieferung und der modernen Fachliteratur verpflichtet.

Mein Dank gilt dem, ohne den ich dieses Buch nicht geschrieben hätte.

Bad Homburg *Helga Gesche*

Teil I

Rom erobert die Welt und geht daran zugrunde
Durch Expansion zur Weltmacht
Dominanz der Außenpolitik
(Republik)

Erstes Kapitel

Der Prozeß der Expansion
Triumphzug in Einzelbildern

Zu Beginn des 3. vorchristlichen Jahrhunderts, als Roms Legionen den jahrzehntelangen hartnäckigen Widerstand der im südlichen Mittelitalien ansässigen Samniten gegen den römischen Herrschaftsanspruch gebrochen haben und sich bald darauf (275 v. Chr.) auch der Traum des Epirotenkönigs Pyrrhus von einem die Griechenstädte Süditaliens und Siziliens einigenden Reich an der militärischen Gegenwehr der Römer zerschlägt, steht nahezu die gesamte italische Halbinsel – mit Ausnahme allein Liguriens und der Poebene – unter der Vormacht des Stadtstaates Rom.

Obwohl damit das römische Einfluß- und Hoheitsgebiet in Italien fast überall natürliche Grenzen erreicht hat, Rom sich also – zumal in den Augen derer, die Großreichsbildungen ohnehin als eine ebenso tadelnswerte wie überflüssige und vermeidbare historische Entwicklung erachten – in einem Stadium macht- und sicherheitspolitischer Saturiertheit befindet, kommt dennoch schon wenige Jahre später (264 v. Chr.) mit der Eröffnung des ersten römisch-karthagischen Krieges als Initialzündung jener Prozeß andauernder, weit ausgreifender und schließlich den gesamten Mittelmeerraum erfassender Expansion in Gang, der die nachfolgenden Jahrhunderte römisch-republikanischer Geschichte bestimmt.

Die ersten außer-italischen Gebietsannexionen, die die Römer vornehmen und mit denen sie deutlich werden lassen, daß sich ihr Herrschaftsanspruch nicht länger auf das ‚Festland' Italien beschränkt, treffen die Inseln Sizilien, Korsika und Sardinien. Ebenfalls noch im 3. Jh. v. Chr. faßt Rom auch über die Adria hinweg an der griechisch-illyrischen Küste Fuß, wird Norditalien definitiv römisch und gerät der südliche Teil Spaniens sowie ein breiter Landstreifen entlang der spanischen Ostküste unter die direkte Kontrolle der Römer.

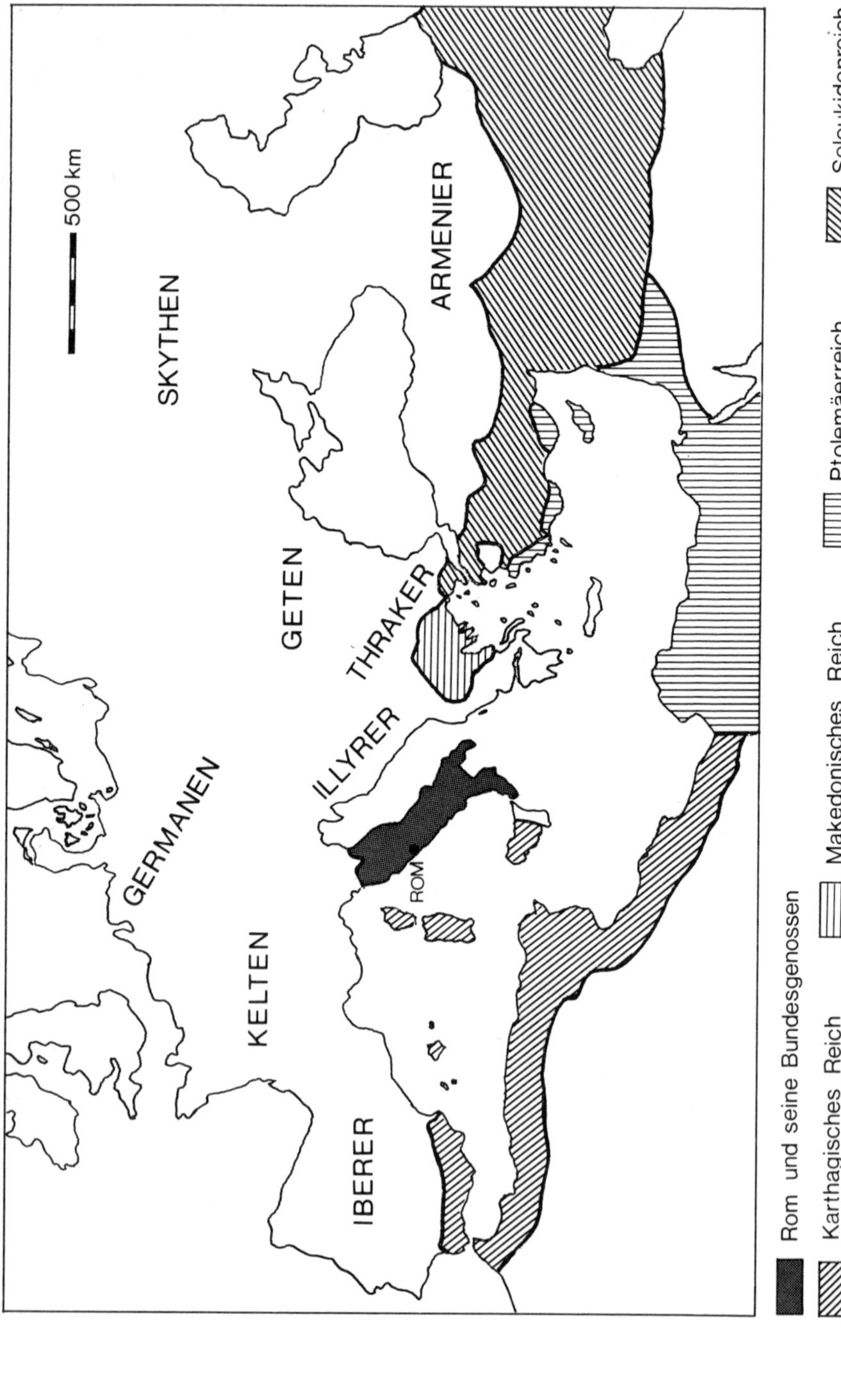
500 km
SKYTHEN
ARMENIER
GETEN
THRAKER
ILLYRER
GERMANEN
KELTEN
IBERER
ROM
Rom und seine Bundesgenossen
Karthagisches Reich
Makedonisches Reich
Ptolemäerreich
Seleukidenreich

Bis zum Jahre 133 v. Chr. nimmt Roms Herrschaft endgültig imperiale Ausmaße an: die iberische Halbinsel befindet sich (beinahe vollständig) in römischer Hand; ebenso die gesamte illyrisch-dalmatische Küstenzone, Makedonien, Griechenland, die westliche Türkei und das ehemalige Kerngebiet des karthagischen Stadtstaates in Nordafrika.

Als Caesar 44 v. Chr. stirbt, hat Rom seinen territorialen Besitzstand nochmals nahezu verdoppelt: zum römischen Reich gehören jetzt auch Gallien vom Mittelmeer bis zum Rhein, ganz Dalmatien, die mittlere Türkei, Cilicien, Syrien, Judaea, die Cyrenaika und – außer Mauretanien – der sich westlich anschließende nordafrikanische Küstenbereich. Unter der Regierung des Augustus arrondiert sich das Ganze: die Reichsgrenze wird im Norden in voller Länge bis zur Donau, diejenige in der Türkei um den bisherigen Klientelstaat Galatien weiter nach Osten vorgeschoben, der nördliche Schwarzmeerraum dem Imperium einverleibt und das schon seit Jahrzehnten unter römischer Kuratel stehende Ägypten römisch-kaiserlicher Verwaltung unterstellt.

Damit besitzt das Reich zwar noch nicht seine größte Ausdehnung, wohl aber hat es in seinen grundsätzlichen Umrissen die äußere Gestalt angenommen, die es auch während der nachfolgenden Kaiserzeit beibehält, und die sich dem Gedächtnis der Nachwelt als das Imperium Romanum einprägen wird: es umschließt die Gebiete zwischen Ärmelkanal und Euphrat ebenso wie diejenigen zwischen Rhein und Nil.

Was an der römischen Reichsbildung den unbefangenen Betrachter beeindruckt und fasziniert, ist weniger die – allenfalls relative – ‚Schnelligkeit' dieses Wachstumsprozesses der Weltmacht Rom, als vielmehr dessen – auch unter Anlegung absoluter Maßstäbe – erstaunliche, ungebrochene Kontinuität und scheinbare Zielstrebigkeit: trotz ihrer 250-jährigen Dauer, trotz ständig sich vergrößernder potentieller Angriffsflächen und obwohl die Römer weder über ein stehendes (Berufs-)Heer verfügen, noch ihre immer weiter ausufernden Grenzen systematisch militärisch sichern, erlebt Roms imperiale ‚Aufbauarbeit' niemals einen längerfristigen Stillstand oder Rückschläge, die

Karte 1, gegenüber: Der Mittelmeerraum um die Mitte des 3. Jh. v. Chr.

nachhaltig genug gewesen wären, um ein grundsätzliches Abweichen von der expansiven Politik oder die Preisgabe von bereits dem Reich inkorporierten Gebieten zu erzwingen; auch die zeitweisen, lokalen Widerstände in Roms Umwelt, die sich gegen die im Entstehen begriffene Großmacht richten, haben in letzter Konsequenz nie und nirgends den Rang eines wirklichen, dauerhaften Gegengewichts erlangt, das hätte den Römern Einhalt gebieten oder ihre weltpolitische Ausschaltung, gar Vernichtung herbeiführen können.

Daß auch das Weltreich Rom, wie die Urbs Roma, für die dies sprichwörtlich geworden ist, nicht an ‚einem Tag' erbaut wird, ist nur natürlich und selbstverständlich. Nichts hingegen mit banaler, naturgegebener Zwangsläufigkeit haben der Verlauf und der anhaltende Erfolg des römischen Eroberungszuges sowie die ungeheure Dimension seines Endproduktes zu tun; es sei denn, man verlagert die Erklärung dieses historischen Phaenomens in den metaphysischen Bereich göttlicher, schicksalhafter Fügung.

Besseren und zuverlässigeren Aufschluß als die Flucht ins Irrationale verspricht die Betrachtung einzelner, trotz jeweiliger Eigenarten ‚typischer' Beispiele römischer Machterweiterung und die anschließende (S. 53ff.) systematische Analyse dieses Anschauungsmaterials.

Karthago (Nordafrika)

Folgt man der Darstellung des griechisch schreibenden, aber durchaus römisch denkenden Historikers Polybios, reichen die Kontakte zwischen Rom und Karthago zurück bis zum Ausgang des 6. vorchristlichen Jahrhunderts. Und dies nicht nur im Sinne einer ersten vagen wechselseitigen Zurkenntnisnahme, sondern in Form eines schon damals (508/7 v. Chr.) erzielten regulären Vertragsabschlusses: man grenzte die jeweiligen Einfluß- und Interessensphären ab, als welche von den Römern Latium bis Tarracina/Anxur und von den Kathagern Sardinien, Teile Siziliens und die der italischen Halbinsel gegenüberliegenden Partien der nordafrikanischen Küste beansprucht wurden. Die Skeptiker – oder Realisten? – haben es freilich seit jeher vorgezogen, derartige vertragliche Absprachen eher im 4. denn im 6. Jh. v. Chr. anzusiedeln und Frühdatierungen, wie die geschilderte, als Ausfluß einer Historiographie zu sehen, deren Ziel es war, der Geschichte Roms von Anbeginn die ihr (später) gebührende Geltung zu verleihen, und die zu diesem Zweck bedeutsame Ereignisse gerne bereits den mehr oder weniger sagenumwobenen und somit nur schwer nachprüfbaren frühesten Anfängen der Stadt zuwies. Zweifel dieser Art treffen die römisch-karthagischen Vereinbarungen aus der 2. Hälfte des 4. Jh. und des beginnenden 3. Jh. nicht. Wenn auch ihre Zahl und ihr genauer Inhalt nach wie vor Gegenstand von Kontroversen sind, kann doch als sicher gelten, daß Rom sich jetzt tatsächlich um die karthagische Anerkennung seiner italischen Vormachtstellung bemüht und diese auch vertraglich durchsetzt; umgekehrt machen die Römer ihrerseits zu dieser Zeit noch keine Anstalten, den vor allem (aber nicht nur) handelspolitischen Hoheitsanspruch der Karthager im westlichen Mittelmeerraum in Frage zu stellen. Dieser Anspruch erstreckt sich am Vorabend des ersten punischen Krieges auf die gesamte nordafrikanische Küstenzone von der Großen Syrte bis nach Tingis (Tanger) und schließt auch den äußersten Südosten Spaniens, die Balearen, Korsika, Sardinien und (das westliche) Sizilien ein.

Ausgelöst wird der erste der insgesamt drei römisch-karthagischen Kriege (264–241 v. Chr.; 219–202/1 v. Chr.; 149–146 v. Chr.), in denen sich das bisherige, dank fehlender direkter Berührungspunkte friedliche Nebeneinander beider Mächte in ein unversöhnliches militärisches Gegeneinander verkehrt, im Jahre 264 v. Chr. von der nicht zum eigentlichen sizilischen Machtbereich Karthagos gehörenden Stadt Messana (Messina), genauer: durch ein Hilfegesuch an Rom seitens campanischer Söldner, der Mamertini, Söhne des Mars, wie sie sich selbst nennen. Sie hatten sich – ursprünglich in syrakusanischen Diensten stehend – in der Stadt festgesetzt und dort zunächst auch eine karthagische Schutz-Garnison geduldet, gedenken nun aber, sich dieser mittels römischen Beistandes zu entledigen. Überraschenderweise gewähren die Römer die erbetene Hilfe und bleiben auch nach der Vertreibung der Karthager in Messana militärisch präsent; überraschend deswegen, weil keine wie auch immer geartete Verpflichtung dieses Vorgehen erzwingt. Zwar wird die bald darauf erfolgende offizielle Kriegserklärung an Karthago mit dem Hinweis auf die Pflicht Roms zur Verteidigung seiner Bundesgenossen, der Mamertiner, begründet, doch ist dies eine Argumentation, die – wenn überhaupt – erst auf die mit bzw. nach dem römischen Eingreifen entstandene Situation zutrifft, nicht aber auf die römisch-mamertinischen

Beziehungen davor. Man wird die Römer auch kaum für so naiv halten dürfen, daß sie sich nicht von vorneherein darüber im klaren gewesen wären, zumindest potentiell durch ihre Intervention auf Sizilien in weitreichendere Auseinandersetzungen verwickelt zu werden. Demnach ist die römische Hilfeleistung für die Mamertiner als bewußter Schritt über den eigenen italischen Hoheitsraum hinaus und in Richtung auf einen möglichen Konflikt mit den – untereinander konkurrierenden – Machthabern Siziliens, Karthago und Syrakus, zu werten. Umgekehrt hieße es aber auch, den Römern einen geradezu prophetischen Weitblick zugestehen, wollte man unterstellen, sie hätten bereits im Anfangsstadium ihres außer-italischen Engagements die ganze Tragweite ihrer Entscheidung erkannt und den Krieg mit den Karthagern in der zeitlichen und räumlichen Dimension, die er dann tatsächlich annimmt, voll einkalkuliert und als solchen, als Kampf um die Vorherrschaft im westlichen Mittelmeer, bewußt gewollt. Absehbar waren die Kämpfe auf Sizilien, vielleicht um Sizilien. Nicht mehr und nicht weniger.

Rom geht aus dem fast 25-jährigen Ringen des ersten punischen Krieges als klarer Sieger hervor. Zweierlei bewirkt diesen für Rom erfolgreichen Ausgang: Einmal die Tatsache, daß die Römer sehr rasch erkennen, Karthago nur beikommen zu können, wenn man es an seinem machtpolitischen Lebensnerv, der maritimen Überlegenheit, trifft; daß sie daraus die Konsequenz ziehen und eine Flotte aufbauen; und daß sie – obwohl bislang ausschließliche Landmacht und ohne jegliche Erfahrung in der Seekriegführung – diesen Übergang auf ein neues militärisches Terrain, den Sprung ins Wasser, offensichtlich erstaunlich schnell verkraftet und gut überstanden haben. Zum anderen der Umstand, daß es Rom bereits ein Jahr nach Eröffnung des Krieges, 263 v. Chr., gelingt, König Hieron von Syrakus als Bündnispartner zu gewinnen. Nicht länger also die Römer, sondern die Karthager erscheinen in Sizilien als die unerwünschten Eindringlinge, und sie – nicht Rom – haben einen Zweifrontenkrieg zu führen.

Der Frieden, zu dem sich Karthago 241 v. Chr. bereit finden muß, sieht die völlige Preisgabe Siziliens vor, Reparationszahlungen in Höhe von 3200 Talenten (welcher Betrag annähernd 84000 kg Edelmetall bzw. ca. 19 Millionen – späterer – römischer Denare entspricht), die unentgeltliche Freigabe aller Kriegsgefangenen und den Verzicht auf

Anwerbung von Söldnern im römisch-syrakusanischen Einflußbereich ebenso wie auf neuerliche Unternehmungen gegen Rom und seine Bundesgenossen, zu denen auch das Königreich Syrakus zählt, das einstweilen noch seine Unabhängigkeit behält. Ansonsten ist Sizilien seither römisch und das Gros der sizilischen Städte abgabenpflichtig gegenüber Rom. 227 v. Chr. wird die Insel offiziell als erste römische Provinz eingerichtet und forthin von einem römischen Praetor als Statthalter verwaltet. In gleicher Weise verfahren die Römer jetzt auch mit Sardinien und Korsika, nachdem sie sich schon 238/7 v. Chr. zu deren Annexion entschlossen hatten.

Die getroffenen Friedensregelungen und die aus ihnen resultierenden Gebiets-Verluste bzw. -Gewinne werten weder die Karthager als endgültigen Sturz in die machtpolitische Zweitrangigkeit, noch leiten die Römer aus ihnen umgehend einen Vorherrschaftsanspruch im gesamten westlichen Mittelmeer ab. Vielmehr betreibt Karthago seit dem Jahre 238 v. Chr. im südöstlichen Spanien eine zielstrebige territoriale Eroberungspolitik, um die erlittenen Einbußen auszugleichen; und Rom beobachtet diese Entwicklung zwar aufmerksam, sieht sich aber durchaus nicht veranlaßt, dem dezidiert entgegen zu wirken; es bemüht sich lediglich auf diplomatischem Wege – so 231 v. Chr. mittels einer Gesandtschaft nach Spanien – um eine einvernehmliche Neu-Abgrenzung der gegenseitigen Interessensphären. Sie kommt 226 v. Chr. mit dem Ebro-Vertrag zustande, so genannt, weil in ihm der Fluß Ebro als beide Seiten bindende Demarkationslinie festgelegt wird.

Der Ausbruch des zweiten punischen Krieges bahnt sich gegen Ende des Jahres 220 v. Chr. an: sich auf ein angebliches, noch vor der Ebro-Vereinbarung geschlossenes Freundschaftsverhältnis mit der im karthagischen Einflußbereich gelegenen spanischen Stadt Sagunt berufend, versucht eine römische Gesandtschaft, Hannibal von einem Vorgehen gegen Sagunt abzuhalten und wird – als dies nicht gelingt – in dieser Angelegenheit sogar in Karthago selbst vorstellig. Auch hier stößt das römische Ansinnen begreiflicherweise auf wenig Verständnis. Ohne daß es während der mehrmonatigen Belagerung Sagunts durch Hannibal zu einer Intervention Roms gekommen wäre, bringen die Karthager 219 v. Chr. die Stadt in ihren Besitz. Auch als Hannibal im Frühjahr 218 v. Chr. den Ebro überschreitet, beantwortet Rom diesen Schritt nicht mit einer sofortigen Kriegserklärung. Man setzt vielmehr abermals – nun allerdings in ultimativer Form – den diplomatischen Hebel in Bewegung und verlangt in Karthago die Auslieferung Hannibals. Dort vor die Wahl gestellt, unverrichteter Dinge die Heimreise anzutreten, oder als erste eine Kriegserklärung auszusprechen, entscheiden sich die Römer für letzteres. Daß Rom seine Forderung an die Karthager vielleicht deswegen so hoch schraubte, weil es diese Eskalation des Konflikts provozieren wollte, mag man vermuten; beweisen läßt es sich nicht. Sicher ist nur eines: Roms Friedensliebe ist wenig strapazierfähig; auf sie zu bauen, stets ein Risiko; auch wenn – wie im fernen Spanien – existenzielle Interessen Roms (noch) gar nicht auf dem Spiel stehen. Karthago hätte es eigentlich wissen können.

Anders als die erste römisch-karthagische Auseinandersetzung ist die zweite – in antiken Maßstäben – als ‚Welt'-Krieg angelegt: spätestens, seit Hannibal, 218 v. Chr., sich weit von seiner nordafrikanisch-spanischen Ausgangsbasis entfernend, im ureigensten Herrschaftsraum der Römer, in Italien erscheint und bald darauf auch noch eine Koalition mit den Königreichen Makedonien und Syrakus gegen Rom zu Wege bringt (215 v. Chr.). Ihrerseits tragen auch die Römer dazu bei, die Kampfhandlungen auszuweiten, indem sie sie noch 218 v. Chr. nach Spanien und seit 204 v. Chr. ins karthagische Stammland, nach Nordafrika, verlagern.

Daß die Römer trotz ihrer vernichtenden Niederlage gegen Hannibal bei Cannae 216 v. Chr., die nur knapp 15000 Soldaten aus dem insgesamt etwa 85000 Mann starken römisch-italischen Aufgebot in Freiheit überlebt haben sollen, auch den zweiten Waffengang mit Karthago als eindeutige Sieger beenden können, ist gewiß weniger auf exzeptionelle militärische Fähigkeiten oder gar Genialität zurückzuführen, als vielmehr auf eine – a priori freilich keineswegs abwegige – hannibalische Fehleinschätzung der politischen Gegebenheiten in Italien: Roms italische ‚Untertanen', die Bundesgenossen (socii), mit deren Abfall Hannibal offensichtlich gerechnet hatte, würde sein siegreiches Auftreten in Italien ihnen dazu nur erst einmal die Möglichkeit bieten, bleiben wider Erwarten den Römern – auch in für diese mißlichen Situationen – weitgehend treu; der Zusammenbruch des römischen Bündnissystems, der Hannibal den erhofften und in seiner

Lage strategisch auch notwendigen schnellen Abschluß der Kämpfe hätte bescheren können, findet nicht statt. Die Folge: mit zunehmender Dauer des Krieges sieht sich Hannibal stetig wachsenden Versorgungs- und Nachschubproblemen ausgesetzt; daß er seine Erfolge gegen die Römer in den ersten Kriegsjahren erringt, ist kein Zufall.

Noch etwas anderes – z. T. mitbedingt durch den Ereignisverlauf in Italien – kommt Rom zugute und erklärt, warum die Römer in der für sie alles andere als verheißungsvoll beginnenden Auseinandersetzung letztlich doch die Oberhand behalten: die von Hannibal geknüpften auswärtigen Verbindungen zu Syrakus und Makedonien haben die Kriegsgeschehnisse im italischen Raum nur für kurze Zeit bzw. überhaupt nicht in seinem Sinne beeinflußt: der sizilische Stadtstaat wird bereits 211 v. Chr. vom römischen General Marcellus unterworfen, und das Königreich Makedonien an einem Eingreifen in Italien – angenommen, es hätte ein solches je ernstlich erwogen – dadurch gehindert, daß die Römer ihrerseits nach Griechenland übersetzen und auf diese Weise die makedonischen Kräfte vor Ort binden. Nicht genug damit: es gelingt Rom sogar (211 v. Chr.) die Aetoler, Eleer und Lakedaimonier, sowie die Könige von Thrakien, Illyrien und Pergamon – deren gemeinsame Konkurrenz und Antipathie gegenüber Makedonien nutzend – in regulären Bündnisverträgen bzw. Freundschaftspakten (societates und/oder amicitiae) auf seine Seite zu ziehen. Mit entscheidend für den Ausgang des Krieges ist schließlich der Übertritt des ursprünglich für Karthago kämpfenden Numiderfürsten Massinissa ins Lager der Römer gewesen (206 v. Chr.). Ohne sein Ziel, die Alleinherrschaft über Numidien, aus dem Auge zu verlieren, wird er in den nächstfolgenden Jahren zum wohlfunktionierenden verlängerten Arm Roms in Nordafrika.

Das römische Friedensdiktat von 201 v. Chr. zerstört unwiderruflich die Führungsrolle Karthagos im westlichen Mittelmeer. Seine Bestimmungen enthalten zudem alle erforderlichen Sicherungsmechanismen, um einen abermaligen, für Rom – objektiv oder auch nur subjektiv – bedrohlichen Aufstieg des bezwungenen Gegners zu unterbinden: Karthago muß sich zur Zahlung einer Kriegsentschädigung von 10000 Talenten (das sind umgerechnet 60 Millionen Denare oder in etwa das 600-fache des vorgeschriebenen Vermögenssatzes eines römischen Ritters) verpflichten, ferner seine Flotte – das eigentliche Rückgrat bisherigen Einflusses und ehemaliger Macht – fast vollständig an Rom übergeben, und zudem auf alle Besitzungen und (Handels-)Stützpunkte außerhalb seines Kernlandes (= Gebiet um Tunis) verzichten, ganz Spanien also dem potentiellen Zugriff der Römer überlassen. Militärische Unternehmungen in nicht-afrikanischen Territorien werden den Karthagern generell verboten. Bezüglich Nordafrikas selbst wird ihnen das Recht auf Kriegführung zwar belassen, aber auch hier nur, sofern die Römer bereit sind, ihr Placet zu geben. Was zunächst ‚lediglich' wie eine einschneidende Beschränkung der außenpolitischen Souveränität Karthagos aussieht, kann – und wird – durchaus auch bedeuten, daß es sich im Ernstfalle nicht einmal mehr defensiv gegen Angriffe von außen zur Wehr setzen darf. Daß diese Auslegung der römischen ‚Friedens'-Regelung nicht böswillig übertreibt und den Römern nicht mehr Infamie unterstellt, als sie tatsächlich enthält, zeigt die gleichzeitige, von Rom nicht nur geduldete, sondern geförderte Etablierung eines selbständigen numidischen Königreichs unter Massinissa an der Westgrenze des verbleibenden karthagischen Reichs-Torso; sowie vor allem auch die Tatsache, daß die Römer den Numider, obgleich – besser wohl: weil – seine ausgreifenden, früher oder später zwangsläufig Karthago direkt tangierenden Eroberungsabsichten unschwer zu erraten sind, zusätzlich auch noch mit der Aufgabe betrauen, in Nordafrika über die Einhaltung des den Karthagern aufoktroyierten Friedens zu wachen! Sie selbst ziehen sich nach Beendigung des Krieges wieder vollständig aus diesem Raum zurück.

Massinissa hat die ihm von Rom zugedachte Funktion – verband sie sich doch auf das glücklichste mit seinen eigenen Interessen und Ambitionen – bis zu seinem Tode 149 v. Chr. überaus loyal erfüllt: gleichsam als Vermächtnis liefert er den Römern noch den Vorwand für ihr neuerliches und diesmal zugleich letztes Vorgehen gegen Karthago, den Anlaß zum dritten punischen Krieg. Nachdem es schon in den vorausgegangenen Jahren wiederholt zu von Massinissa provozierten Auseinandersetzungen zwischen ihm und Karthago gekommen war, in deren Verlauf die Karthager zwar immer wieder den vermittelnden Beistand Roms erbaten, die römischen Gesandtschaften und Untersuchungskommissionen jedoch wenig Neigung zeigten, den Numiderkönig in die Schranken zu weisen, und stattdessen lieber alarmierende Berichte über den wachsenden Wohlstand und die stetig sich im griechischen Osten ausweitenden Handelsbeziehungen eines wiedererstarkenden Karthagos verbreitet zu haben scheinen, schreiten die Römer auch dann nicht ein, als Massinissa 151/50 v. Chr. zu offenen Kriegshandlungen im Hoheitsgebiet der Karthager übergeht. Vielmehr erklären sie *diesen* den Krieg, als sie sich – ohne zuvor Roms Zustimmung eingeholt zu haben – zum militärischen Widerstand gegen Massinissa entschließen. Alle Bemühungen Karthagos, die Römer doch noch zu einem Einlenken zu bewegen, bleiben vergeblich: die Bitt-Gesandtschaft nach Rom ebenso wie die schicksalsergebene Bereitwilligkeit, mit der die Karthager die als Vorleistung für die Rücknahme der Kriegserklärung geforderten 300 Geiseln stellen und ihr gesamtes Waffenarsenal ausliefern. Offensichtlich nicht gefaßt auf so viel, der römischen Entschlossenheit zum Krieg nur hinderliche Opferbereitschaft Karthagos, verlangen die Römer schließlich von der Stadt gar die Selbstzerstörung und den freiwilligen Rückzug der Einwohner in ein neues Siedlungsgebiet, hinreichend weit von der Küste entfernt, um handelspolitische Aktivitäten für alle Zukunft zu unterbinden. Die wohl kalkulierte Unzumutbarkeit dieser Forderung wirkt: statt für die Selbstaufgabe entscheiden sich die Karthager für den Existenzkampf. Er währt drei Jahre und endet, wie nicht anders zu erwarten, mit dem Untergang Karthagos. Die Stadt wird nach der Erstürmung systematisch zerstört und in Brand gesteckt, ihr Boden verflucht, die Bevölkerung, soweit sie nicht im Abwehrkampf und in den um sich greifenden Flammen den Tod sucht und findet, ohne Ansehen von Alter und Geschlecht in die Sklaverei verkauft: 50000 sollen es laut Appian gewesen sein.

Rom hat den dritten punischen Krieg nicht nur gewollt; es hat ihn von Anbeginn in der Absicht geführt, diesmal die Endlösung, sprich: Vernichtung des Gegners, zu erzwingen. Untrügliches und unmißverständliches Zeichen dafür, daß 146 v. Chr. dieses Kriegsziel erreicht ist: Rom greift jetzt zum Mittel der territorialen Annexion und richtet, ohne jedoch den numidischen Reichsbestand anzutasten, das karthagische Stammland als römische Provinz Africa ein.

Scipio Aemilianus, der Vollstrecker des römischen Todesurteils über Karthago, soll – unseren antiken Gewährsmännern Polybios, Diodor und Appian zufolge – beim Anblick der in Schutt und Asche versinkenden Stadt, überwältigt von Weltschmerz und dem Gedanken an die Vergänglichkeit alles Irdischen (auch Roms), geweint und jene Homer-Verse der Ilias zitiert haben, in denen schon Troja ein ähnliches Geschick geweissagt wird. Fast könnte es versöhnlich stimmen, Tränen in den Augen eines römischen Generals zu erblicken. Und doch ist es ein sentimentaler Irrtum, sie als Ausdruck individuellen Mit-Fühlens mit den Karthagern zu deuten: Scipio selbst war es, der monatelang sein ganzes militärisches Können bewußt auf nichts anderes als die Auslöschung Karthagos verwandte und sich auch nicht mit der bedingungslosen Kapitulation der Überlebenden begnügte, sie vielmehr als Sklaven feil bieten ließ.

Die Rom aus den punischen Kriegen zufallende außenpolitische Erbmasse ist beträchtlich: sie impliziert dank der Ausschaltung Karthagos gleichsam ganz natürlich die Vormachtstellung im westlichen Mittelmeer und vergrößert sich – dies freilich keineswegs zwangsläufig – zusätzlich auch noch dadurch, daß die Römer ihr während und wegen des Kampfes gegen die Karthager in Spanien und Griechenland eingegangenes Engagement nach Abschluß dieser Auseinandersetzung nicht wieder aufgeben, wie das vor allem im griechischen Raum ohne Schwierigkeit und ohne Verletzung eigener lebenswichtiger Interessen oder auch nur traditioneller Bindungen durchaus möglich gewesen wäre. So sind es letztlich die Implikationen der römisch-karthagischen Kriege, die sowohl die Unterwerfung Spaniens durch Rom, als auch das römische Ausgreifen in den griechischen Osten nach sich ziehen und schließlich zur Beherrschung des gesamten – nicht nur des westlichen – Mittelmeerbereichs seitens der Römer führen.

Griechenland (und Kleinasien)

Die Beziehungen der Römer zur griechischen Staatenwelt weisen in mancherlei Hinsicht Parallelen auf zu ihrem Verhalten gegenüber Karthago. Hier wie dort sind sie gekennzeichnet von einem Schwanken der Römer zwischen dem Bemühen, sich auf vertraglicher Basis mit dem Gegner/Partner zu arrangieren, einerseits, und massiven militärischen Aktionen andererseits. Ebensowenig wie für Karthago läßt sich für Griechenland ermitteln, ob die Römer mit ihrem jeweiligen Vorgehen lediglich die Anerkennung als gleichrangige Führungsmacht durchsetzen bzw. diese Rolle demonstrieren wollen, ob sie die Erlangung einer übergeordneten, nicht aber unmittelbare Herrschaft einschließenden Hegemonialstellung bezwecken, oder ob sie nicht doch – zumindest auf längere Sicht – eine Unterwerfung des Konkurrenten als letztes Ziel verfolgen. Bemerkenswert jedenfalls, daß Rom auch in Griechenland – ähnlich wie in Nordafrika – territoriale Konsequenzen aus seiner andauernden indirekt-diplomatischen bzw. direkt-militärischen Interventionspolitik, trotz sich immer deutlicher abzeichnender Überlegenheit, erst nach jahrzehntelangen Auseinandersetzungen zieht: dreimal operieren römische Truppen gegen Makedonien (215–205 v. Chr., 200–197 v. Chr., 171–168 v. Chr.) und jedesmal erfolgreich; in der Schlacht von Pydna (168 v. Chr.) sogar derart durchschlagend, daß mit ihr das Königreich Makedonien zusammenbricht; es wird in vier ‚autonome' Regionen aufgeteilt und die makedonische Bevölkerung für ‚frei' erklärt. Zwar verschleiert auch bereits diese scheinbar so liberale Regelung nur mühsam die in Wahrheit hinter ihr stehende machtpolitische Intention Roms: durch Zerschlagung des großflächigen, geschlossenen makedonischen Reichsverbandes dessen mögliche Regenerierung als Ganzes von vorneherein auszuschließen. Und die großzügige Freiheitserklärung für die Makedonen hindert Rom auch nicht daran, Tribute von ihnen einzuziehen und ihre Wirtschaft durch Maßnahmen wie die vertraglich diktierte Stillegung der Gold- und Silber-Bergwerke soweit zu schädigen, daß kaum Gefahr bestand, aufgrund eines neuerlichen wirtschaftlichen Wachstums mit unerwünschten militärischen Aktivitäten rechnen zu müssen. Trotz allem: römische Provinz und damit römisches Territorium wird Makedonien erst zwanzig Jahre später (148 oder 146 v. Chr.), nachdem ein gewisser Andriskos, der sich als Sohn des letzten, in römischer Gefangenschaft gestorbenen makedonischen Königs Perseus ausgab, doch noch einmal weite Teile Makedoniens zu einem Aufstand gegen Rom hatte mobilisieren können und einer römischen Armeeinheit sogar noch eine blamable Niederlage beigebracht hatte.

Von einer zumal für Gewaltpolitiker, als welche die Römer gelegentlich apostrophiert werden, ganz ungewöhnlichen Langmut ist man versucht zu sprechen, betrachtet man Roms Verhalten gegenüber den – im engeren Sinne – griechischen Staaten selbst.

Sie erklärt sich vermutlich nicht zuletzt daraus, daß die Kontakte, die Rom mit ihnen, d. h. vor allem mit dem aetolischen Bund (der am Vorabend des zweiten makedonischen Krieges Mittelgriechenland und West-Thessalien beherrschenden foederativen Organisation) seit Ende des 3. Jh. v. Chr. unterhält, weniger einem genuinen Interesse Roms an Griechenland selbst entspringen, als vielmehr in dem Wunsch der Römer begründet sind, innerhalb der griechischen Staatenwelt einen Rückhalt gegen das Königreich Makedonien zu finden. Mit dem Effekt freilich, daß diese zunächst lediglich als Mittel zu einem anderen Zweck, zur Eindämmung Makedoniens, geknüpften vertraglichen Beziehungen sehr bald schon ein politisches Eigengewicht entwickeln und Roms Ostpolitik mehr als einmal unmittelbarer berühren, als ursprünglich beabsichtigt und vorgesehen. Verständlicherweise leiten nämlich die griechischen Bündnispartner der Römer aus dieser ihrer Stellung ihrerseits immer dann einen Anspruch auf römische Hilfeleistung ab, wenn sie sich durch makedonische Expansionsbestrebungen bedroht fühlen. So etwa im Jahre 201 v. Chr. Der in Rom vorgetragenen Bitte um militärische Unterstützung versucht der römische Senat zunächst noch mit der bloßen Aufforderung an Philipp von Makedonien zu begegnen bzw. zu ‚entsprechen', er solle seine Kampfhandlungen gegen die griechischen Freunde Roms unverzüglich einstellen. Als das weder unverzüglich noch überhaupt geschieht, muß Rom – unabhängig davon, ob dies letztlich vielleicht nur ein willkommener Vorwand war – allein schon, um als Vertragspartner im griechischen Osten glaubhaft zu bleiben, ‚konkreter', militärisch reagieren. Man tut es. Rom läßt sich nicht nachsagen, ‚Verpflichtungen' nicht zu erfüllen.

Die griechischen Freunde der Römer allerdings scheinen den Bündnisvertrag weniger altruistisch interpretiert zu haben: als die römische Armee in Griechenland eintrifft, sieht sie sich in ihrem erbetenen Vorgehen gegen Makedonien weitgehend allein gelassen. Erst der im zweiten Anlauf erfolgreiche Vorstoß der Römer nach Thessalien, die Ahnung, auf der römischen Seite doch auf der ‚richtigen' zu stehen, bewirkt bei den Aetolern und den Achaeern die Aufgabe der bisherigen militärischen Zurückhaltung. Ihr und der anderen griechischen Staaten Lohn nach dem Sieg über Makedonien: die vom römischen Feldherrn Flamininus 196 v. Chr. ausgesprochene Freiheits-Erklärung und Autonomie-Garantie für alle Griechen gegenüber den forthin seitens Rom untersagten hegemonialen Tendenzen des makedonischen Königreichs.

Der Jubel über diese großherzige römische Geste weicht jedoch – zumindest bei den Aetolern – bereits wenige Jahre später einer nüchterneren und utilitaristischeren Betrachtungsweise: was nützen gemeinsam mit den Römern erfochtene Siege, wenn ihnen nicht Machtzuwachs und territorialer Gewinn folgen, sondern eine Befreiung *ganz* Griechenlands, auch jener Staaten also, die sich diese entgegenkommende Haltung Roms, anders als man selbst, durch nichts verdient hatten. Die *allen* griechischen Gemeinwesen – nicht nur dem eigenen – von Rom garantierte Freiheit und Autonomie wird in den Augen der mächtigeren unter ihnen alsbald zur unerträglichen machtpolitischen Zwangsjacke, ja zu anmassender Einmischung (Roms) in die inneren (griechischen) Angelegenheiten. 192 v. Chr. ziehen die Aetoler aus diesen Überlegungen die Konsequenz: sie wenden sich von Rom ab und Antiochos von Syrien zu, in der Hoffnung, der Seleukide werde eine aetolische Hilfeleistung gegen den gemeinsamen Feind Makedonien besser und materiell greifbarer honorieren, als dies der römische Bündnispartner tat.

Die Rechnung geht nicht auf: Antiochos zieht sich vor der abermals in Griechenland eingreifenden römischen Armee nach Kleinasien zurück und wird dort sogar von den ihn verfolgenden Römern geschlagen. Gegenüber dem abtrünnigen aetolischen Bund begnügt sich Rom mit der Aushandlung eines Waffenstillstandes. Es verzichtet nicht nur auf jegliche Repressalien, sondern geht mit dem unzuverlässigen Partner 189/88 v. Chr. ein neuerliches Bündnis ein, das den status quo ante wieder herstellt.

Ein Ende der Querelen bringt auch diese Übereinkunft nicht. Immer wieder tauchen in Rom griechische Gesandtschaften auf, Klage führend über das beängstigend erstarkende Makedonien. Der römische Senat antwortet mit der wiederholten Entsendung von Schlichtungs- und Beschwichtigungskommissionen in den griechischen Osten, bestrebt, auf diplomatischem Wege durchzusetzen, was aber offenbar nur noch mit dem Einsatz militärischer Mittel zu erreichen ist: eine dauerhafte Friedensregelung in Griechenland, und auch in Kleinasien.

Hier, auf asiatischem Boden ist es vor allem das Königreich Pergamon – seit den Tagen des hannibalischen Krieges mit den Römern freundschaftlich (in einer amicitia) liiert –, das Rom zu einem entschiedeneren Auftreten drängt. Das persönliche Erscheinen des pergamenischen Königs Eumenes II in Rom zeitigt dann auch endlich den gewünschten Erfolg: Rom entschließt sich abermals zur militärischen Intervention. Sie findet mit der Zerschlagung des makedonischen Reiches 168 v. Chr. ihren Abschluß. Im Hinblick auf den achaeischen Bund jedoch, der während der Auseinandersetzung aus seiner Sympathie für Makedonien ebensowenig ein Hehl gemacht hatte, wie aus seiner Antipathie gegen Rom, nehmen die Römer auch jetzt noch Abstand von einer militärischen Endlösung: lediglich ein Teil der achaeischen Führungsschicht (insgesamt 1000 Personen) wird als Unterpfand zukünftigen Wohlverhaltens des Bundes nach Italien (Rom) deportiert. Eine Maßnahme von freilich nur begrenzter Wirksamkeit: sie hindert zwanzig Jahre später die Achaeer nicht, das benachbarte Sparta anzugreifen, obwohl ihnen durchaus bekannt ist, daß sie damit gegen einen alten Verbündeten der Römer vorgehen; Sparta steht seit Jahren in einem Freundschaftsverhältnis (amicitia) mit Rom.

Erst jetzt, 146 v. Chr., nach über einem halben Jahrhundert andauerndem zermürbendem Engagement in der undankbaren Rolle eines mehr oder weniger anerkannten Protektors und Schiedsrichters der Griechen und ihrer nicht abreißenden machtpolitischen Querelen sind die Römer mit ihrer Geduld am Ende: Griechenland bekommt zu spüren, wozu Roms militärische Überlegenheit, wenn sie voll und mit letzter Konsequenz ausgespielt wird, in der Lage ist: sowohl der aetolische als auch der achaeische Bund werden aufgelöst; Korinth, das Zentrum des achaeischen Widerstandes, fällt Plünderung und Zerstörung anheim. Zurückbleibt ein in kleine und kleinste Stadtstaaten zersplittertes Griechenland, unfähig zu geschlossener wirksamer Gegenwehr und geschwächt genug, um den Römern forthin, ohne daß es dazu der umgehenden verwaltungstechnischen Organisation Griechenlands als Provinz bedurft hätte, die direkte Herrschaftsausübung zu gestatten. Die Einrichtung der Griechenland (ohne Makedonien) umfassenden Provinz Achaia erfolgt erst in augusteischer Zeit.

Kleinasien, das sekundäre Bezugsfeld römischer Ostpolitik, seit sie Griechenland bzw. Makedonien erfaßt, bietet hinsichtlich möglicher Varianten römischen Verhaltens im außenpolitischen Bereich wenig Neues: wie im griechisch-makedonischen Raum ist auch die römische Politik in Kleinasien jahrzehntelang gekennzeichnet von Unentschlossenheit und dem Fehlen einer konsequent durchgehaltenen Linie. Die Beziehungen Roms zur griechisch-kleinasiatischen Staatenwelt ergeben sich nahezu zwangsläufig aus seinen Interventionen in Makedonien, das seinerseits in Konkurrenz zu Pergamon und dem syrisch-seleukidischen Königreich steht, und indirekt und als Folge daraus auch aus den Auseinandersetzungen zwischen dem pergamenischen Verbündeten und dessen aggressivem Nachbarn Syrien. Diese ‚bedingten' Kontakte umzusetzen in eine unmittelbare Kontrolle Kleinasiens, ist aber offensichtlich zunächst nicht die Absicht der Römer gewesen: obwohl sie sich auf kleinasiatischen Boden begeben, um, einer Bitte Pergamons folgend, der territorial ausgreifenden Politik des Antiochos von Syrien Einhalt zu gebieten, ziehen sie sich nach Erledigung dieser Aufgabe wieder gänzlich aus Kleinasien zurück und überlassen die dem Seleukiden abgerungenen Gebiete Pergamon. Andererseits jedoch kann sich Rom auch nicht entschließen, was mit Sicherheit möglich gewesen wäre, sich völlig aus den kleinasiatischen Angelegenheiten herauszuhalten. Es greift vielmehr immer wieder diplomatisch in dortige Machtkämpfe ein. Bemerkenswerterweise aber nicht nur zugunsten von Pergamon. Das zeigt sich Mitte des 2. Jh. v. Chr., als die Römer die Pergamener unmißverständlich darauf hinweisen, daß sie nicht gewillt seien, eine weitere Ausdehnung des pergamenischen Herrschaftsgebietes auf Kosten des Königreichs Bithynien hinzunehmen. Der römische Verzicht auf militärische Präsenz bzw. territoriale Annexion ist demnach auch in Kleinasien nicht gleichbedeutend mit dem Verzicht auf Einflußnahme.

Ob und wann den Römern vielleicht auch im Falle von Pergamon (wie in Griechenland) der Gedanke gekommen wäre, daß diese offensichtlich angestrebte Einflußnahme auf Dauer und ohne Schwierigkeiten letztlich doch nur mittels militärischer Unterwerfung erreichbar war, wissen wir nicht. Denn: der letzte Herrscher aus dem pergamenischen Königsgeschlecht der Attaliden, Attalos III, nimmt Rom die Entscheidung ab, indem er 133 v. Chr. testamentarisch die Eingliederung seines Reiches in das der Römer verfügt. Vermutlich aus der richtigen Erkenntnis heraus, daß diese den Schutz seiner Untertanen vor den begehrlichen Zugriffen feindlicher Nachbarn am ehesten dann übernehmen würden, wenn man ihnen die Möglichkeit gab, pergamenische Interessen als die ihren zu betrachten. Ähnliche Erwägungen dürften sechs Jahrzehnte später auch König Nikomedes IV von Bithynien veranlaßt haben, dem pergamenischen Beispiel zu folgen und sein Reich ebenfalls den Römern zu vermachen (74 v. Chr.).

Noch in einer anderen Hinsicht geht die Expansion römischer Herrschaft in Kleinasien dann doch andere Wege als in Griechenland: sie bedient sich hier in besonderem Maße des sog. Klientelverhältnisses. Dem Herrschaftsanspruch der Römer scheint diese Form von Vasallentum immerhin so weit genüge getan zu haben, daß beispielsweise die Klientelkönigreiche Galatien und Kappadokien erst von Augustus (25 v. Chr.) bzw. Tiberius (17 n. Chr.) als römische Provinzen konstituiert und damit dem Imperium Romanum einverleibt werden. Und selbst das Königreich Pontus, das unter seinem Herrscher Mithridates VI im 1. Jh. v. Chr. zeitweise zu einem kleinasiatischen Großreich angewachsen war, bleibt trotz der wiederholten Kriege, die es sich mit Rom liefert, auch nach seiner Niederringung durch Pompeius mit einigen Abstrichen praktisch bis 63/64 n. Chr. ‚selbständiger' Klientelstaat Roms.

Spanien

Gänzlich anders als gegenüber Karthago und dem griechisch-hellenistischen Osten gestaltet sich Roms Vorgehen in Spanien (iberische Halbinsel).

Einmal mehr ist es der römisch-karthagische Konflikt, der ein Gebiet, das bislang außerhalb des außenpolitischen Blickfeldes der Römer gelegen hatte, in den römischen Aktionsradius geraten läßt. In seinem südlichen und östlichen Teil karthagische Interessen- wenn nicht Herrschaftssphäre und Operationsbasis Hannibals, wird Spanien unvermeidlich zum Austragungsort des Konkurrenzkampfes zwischen Römern und Karthagern: um Karthago zu treffen, geht Rom auf der iberischen Halbinsel zur (Gegen-)Offensive über. Obwohl also imgrunde nur mittelbar Zielpunkt der militärischen Unternehmungen Roms, tritt in Spanien nicht ein, was angesichts dieser seiner lediglich sekundären Bedeutung nach erfolgreicher Beendigung der Auseinandersetzung mit Karthago nur natürlich gewesen wäre: der Abzug der Römer.

Statt Spanien wieder zu räumen, behält Rom alle hiesigen ehemals karthagischen Besitzungen ein und beginnt umgehend mit der Einrichtung zweier proconsularischer Provinzen. In den römisch-spanischen Beziehungen steht damit am Anfang, was andernorts den definitiven Abschluß auswärtiger Kontakte markiert. Das Verhalten der Römer in Spanien überrascht umso mehr, als gleichzeitig das eigentliche Feindesland (Nordafrika) damals noch nicht dem Reich angegliedert wird.

Auch in der Folgezeit offenbaren sich die römischen Eroberungsabsichten auf der iberischen Halbinsel ganz unumwunden; nur selten verbergen sie sich hinter dem verschleiernden Mantel einer scheinbaren Friedensdiplomatie.

197 v. Chr., also unabhängig von einer etwaigen neuerlichen Konfrontation mit Karthago, die ein weiteres römisches Ausgreifen in Spanien wenigstens einigermaßen hätte gerechtfertigt erscheinen lassen können, beginnt Rom mit der systematischen Unterwerfung der noch selbständigen iberischen Territorien (Zentralspanien und heutiges Portugal). Mit massivem militärischem Einsatz: bereits 189 v. Chr. operieren vier Legionen in Spanien, und dies nicht nur, um einer durch die rigorose römische Ausbeutungspolitik hervorgerufenen Aufstandsbewegung auf römischem Hoheitsgebiet Herr zu werden. Ein Teil der keltiberischen Stämme des Landesinneren muß sich 178 v. Chr. zur Anerkennung der Hegemonie Roms bereit finden, was Tributzahlungen und Stellung von Hilfstruppen einschließt. Immerhin fällt diese erste, von Sempronius Gracchus (dem Vater der beiden ‚Revolutionäre' Tiberius und Caius) ausgehandelte Friedensregelung noch insoweit aus dem sonst in Spanien eingehaltenen Rahmen territorialer Eroberung, als der Stadt Numantia und dem benachbarten Stamm der Arevaker ein Freundschaftsvertrag mit Rom gewährt wird, der ihnen formal ihre Autonomie als civitates liberae beläßt.

Sporadische, römisches Gebiet nie ernstlich bedrohende Raubzüge einzelner an der Westküste der iberischen Halbinsel siedelnder lusitanischer Stämme nach Zentralspanien, das damals noch kaum als tatsächlicher römischer Herrschaftsraum anzusprechen ist, nehmen die Römer 154/53 v. Chr. dennoch zum Anlaß eines abermaligen militärischen Eingreifens. Man sieht: selbst bei den Bemühungen, einen geeigneten Vorwand zu finden für das, was man ohnehin tun will, läßt Rom in Spanien die ansonsten übliche Sorgfalt vermissen. Glücklicherweise ergibt sich jedoch aus dem Vorgehen der Lusitaner sehr schnell noch ein weiterer, nicht ganz so fadenscheiniger Rechtfertigungsgrund: ermutigt durch römische Mißerfolge bei der Abwehr der Lusitaner, treffen einige keltiberische Städte, schließlich sogar die mit Rom verbündeten Numantiner und Arevaker, Anstalten, sich der römischen ‚Schutzmacht' zu entledigen. Damit ist für Rom nicht nur der Tatbestand der Insubordination, sondern auch noch des Vertragsbruchs gegeben. Und das sind Vorgänge, die die Römer nicht nur auf den Plan rufen, wenn sie in ein vorgefaßtes Kriegs-Konzept passen.

Obwohl die Römer, oder vielleicht auch – das dürfte ihrer Mentalität eher entsprechen – gerade *weil* sie während der bis zum Jahre 133 v. Chr. andauernden Kämpfe wiederholt schwere Niederlagen und Rückschläge hinnehmen müssen, die nicht zuletzt auch interne Ursachen haben (Rekrutierungsschwierigkeiten, ‚parteipolitische' Auseinandersetzungen um den jeweiligen Oberbefehl, Meinungsverschiedenheiten über die Art und Weise des Vorgehens in Spanien), deutet nichts darauf hin, daß Rom zu irgendeinem Zeitpunkt je ernsthaft erwogen hätte, auf eine Einbeziehung ganz Spaniens in seinen Hoheitsbereich zu verzichten und sich auf die Beherrschung der beiden spanischen Provinzen zu beschränken. Gegenüber den keltiberischen Stämmen ist der Abschluß von Verträgen, selbst solcher, die eine klare Unterordnung der Spanier beinhalten, nicht Endziel der römischen Hegemonialpolitik, sondern allenfalls eine vorübergehend heruntergeschraubte Minimal-Forderung. Durchgesetzt hat sich die maximale: die nach bedingungsloser Kapitulation der ‚Aufständischen'. Zu ihrer Realisierung schreckt man auch vor Wortbruch nicht zurück: Sulpicius Galba veranstaltet unter den Lusitanern, die ihn in Unterhandlungen um Frieden bitten, statt diesen zu gewähren, ein Blutbad und verkauft die Überlebenden und andere, die in seine Hände fallen, in die Sklaverei (151/50 v. Chr.). Einen Vertrag, den der Consul Mancinus, der Not (Umzingelung in einem Hinterhalt) gehorchend, mit den Numantinern vereinbart (137 v. Chr.), und der diesen ihre Unabhängigkeit, den Römern freien Abzug garantiert, erkennt der römische Senat kurzerhand nicht an und verordnet stattdessen die erneute Aufnahme der Kampfhandlungen. Mancinus soll den Numantinern ausgeliefert werden. Diese lehnen es jedoch ab, durch Annahme des Sühneopfers den römischen Vertragsbruch zu (l)egalisieren.

Vier Jahre später muß sich das eingeschlossene Numantia den Römern unter ihrem Feldherrn Scipio d.J. ergeben. Mit dem Fall Numantias, der letzten Hochburg spanischen Widerstandes gegen Rom, findet die Aufstandsbewegung in Spanien, die zeitweise unter der Führung des Viriathus die Dimension eines ‚nationalen Freiheitskampfes' angenommen hatte, ihr unwiderrufliches Ende. Die Bevölkerung Numantias wird versklavt und das numantinische Territorium jenen Nachbarstämmen zugeschlagen, die sich zuvor ‚freiwillig' römischer Oberhoheit unterstellt hatten. Sie retten damit ihr Leben, nicht ihre Selbständigkeit: Rom annektiert die gesamte iberische Halbinsel, die seither römisches Provinzialland ist. Lediglich die Asturer, Kantabrer und Vasconen im äußersten Norden Spaniens können sich noch jahrzehntelang weitgehend dem Zugriff römischer Verwaltung entziehen. Endgültig ereilt auch sie das Schicksal ihrer iberischen Stammesgenossen erst unter Augustus.

Gallien

Spanien, wo Politik und Diplomatie nie eine echte Chance haben, sich gegen militärische Gewalt als Mittel zwischenstaatlicher Kontaktregelung durchzusetzen, ist keineswegs ein Einzelfall. Der Beispiele gäbe es viele. Die Gallier aber können es am besten bezeugen.

Ein Interesse Roms zumindest am südlichen Küstenstreifen des transalpinen Gallien ist ‚natürlicherweise' in dem Moment gegeben – und dies ist der hannibalische Krieg –, in dem die Römer ihre militärischen Aktivitäten auf Spanien auszudehnen beginnen, und sich damit das Problem einer möglichst kurzen und gefahrlosen ‚Verkehrs'-Verbindung zwischen Italien und der iberischen Halbinsel stellt. Daß dieses Problem erst vergleichsweise spät akut und als einer definitiven Lösung bedürftig empfunden wird, hat Rom der Bereitschaft der Stadt Massilia zu danken, ihren Hafen römischen Flotteneinheiten als

Zwischenstation auf der Fahrt nach Spanien zur Verfügung zu stellen und auf eine Sperrung ihres Umlandes gegen den Durchzug römischer Truppenverbände zu verzichten. Dieser bequeme Weg römisch-spanischer Kommunikation erfährt im Jahre 123 v. Chr. eine unerwartete Bedrohung: keltische Anlieger-Stämme versuchen, das Gebiet Massilias unter ihre Kontrolle zu bringen. Da ein Gelingen dieses Planes für die Römer bedeutet hätte, nicht mehr nur auf das Wohlwollen des Freundes und Verbündeten Massilia angewiesen zu sein, sondern den Zugang nach Spanien gegebenenfalls jeweils von feindlichen Kelten erzwingen zu müssen, fällt es Rom verständlicherweise nicht allzu schwer, einer Bitte Massilias um Beistand nachzukommen und militärisch zu intervenieren: Südgallien wird kurzentschlossen annektiert und 121 (bzw. 118) v. Chr. als Provinz Gallia Narbonensis eingerichtet. Massilia behält formal seinen Status als römischer Bundesgenosse, wobei freilich die ‚schützende' römische Umklammerung den handelspolitischen Spielraum der Massilioten spürbar einengt.

Mit dieser lokal begrenzten Präsenz im gallischen Raum, sowie einem Freundschaftsvertrag mit dem Stamm der Haeduer im Landesinneren, dem sechzig Jahre später (61 v. Chr.) dann auch noch ein ähnlicher mit dem Suebenfürsten Ariovist folgt, der in den Kreis der amici (Freunde) des römischen Volkes aufsteigt, gibt sich Rom einstweilen zufrieden.

Nicht so Julius Caesar. Den meisten modernen Beobachtern erscheint es als ein der wahren Sachlage völlig unangemessener Euphemismus, Caesars gallische Unternehmungen als *Präventiv*krieg zu bezeichnen. In seiner Gesamtheit verdient der gallische Krieg diese beschönigende Etikettierung ganz sicher nicht. Aber in seiner Anfangsphase, beim Vorgehen Caesars gegen die aus dem Gebiet der heutigen Schweiz stammenden Helvetier und auch noch gegen Ariovist, sind ihm präventive Züge doch nicht vollends abzusprechen. Es war zumindest nicht auszuschließen, daß die Helvetier die gesuchten neuen, fruchtbareren Wohnsitze am Ende vielleicht nicht doch in oder in bedrohlicher Nähe der südgallischen Provinz der Römer erblickt hätten. Schon der von ihnen erbetene bloße ‚friedliche' Durchzug durch dieses römische Territorium hätte angesichts der Lawine von Menschen, die sich an ihm zu beteiligen gedachten, leicht, um nicht zu sagen: zwangsläufig, unliebsame Spuren hinterlassen. Und wer auch konnte und wollte ferner sich dafür verbürgen, daß die immer weiter in Gallien ausgreifenden germanischen Sueben eines Tages nicht ebenfalls ihre Augen und Schritte in Richtung Süden (Gallia Narbonensis) lenken würden?

Sich solches auszumalen, bedurfte es noch nicht einmal ungezügelter, von militärischem Tatendrang beflügelter Phantasie. Durch eine abwartende Haltung eventuell ein Risiko einzugehen, wäre vermutlich auch anderen verantwortungsbewußten Statthaltern als Caesar nicht opportun erschienen. Geht es doch um Schutz und Sicherheit eines römischen Reichsgebietes.

Unabhängig davon stehen darüberhinaus auch noch ‚Bündnis-Verpflichtungen' auf dem Spiel: seitens der Haeduer erreicht – wie auf Bestellung, denkbar aber auch aus freiem Entschluß – ein Hilfegesuch den Repräsentanten Roms in Gallien.

Trotz allem: präventive Vor- und Fürsorge ist von Anbeginn nicht die alleinige Motivation des römisch-caesarischen Krieges in Gallien. Es geht von vornherein auch um Expansion. Und zwar um Eroberung, nicht um bloße Anerkennung römischer Hegemonie. In keiner Phase der von 58 bis 51 v. Chr. währenden Kämpfe ist eine mit einzelnen gallischen Stammesverbänden vertraglich vereinbarte formale Unterordnung unter römische Oberhoheit und der Verzicht auf direkte Unterwerfung und territoriale Annexion als mögliche Alternative römischerseits auch nur in Erwägung gezogen worden. Vorrangiges Mittel, die angestrebte Beherrschung Galliens zu verwirklichen, wird, da die Gallier zu freiwilliger Selbstaufgabe nicht bereit sind, die militärische Gewalt. Sie erfolgreich und gewinnbringend zu handhaben, versteht Caesar. Sein in ihr begründetes, im Wortsinn: entwaffnendes Durchsetzungsvermögen ausnahmsweise einmal nicht voll auszuspielen, gilt ihm, wie er sich selber rühmt, bereits als gnadenvolle Milde.

Dergestalt das Recht des Siegers zur alleinigen Basis einer dauerhaften Regelung der römisch-gallischen Beziehungen erhebend, bricht Roms General in Gallien einen Krieg nach dem anderen vom Zaun. Vorwände gibt es genügend: Hilfegesuche befreundeter Gallier, Hilfeleistungen feindlicher Gallier für Aufständische, Gefährdung römischer Territorien oder auch nur Interessen. Caesar vergißt nie, sie als

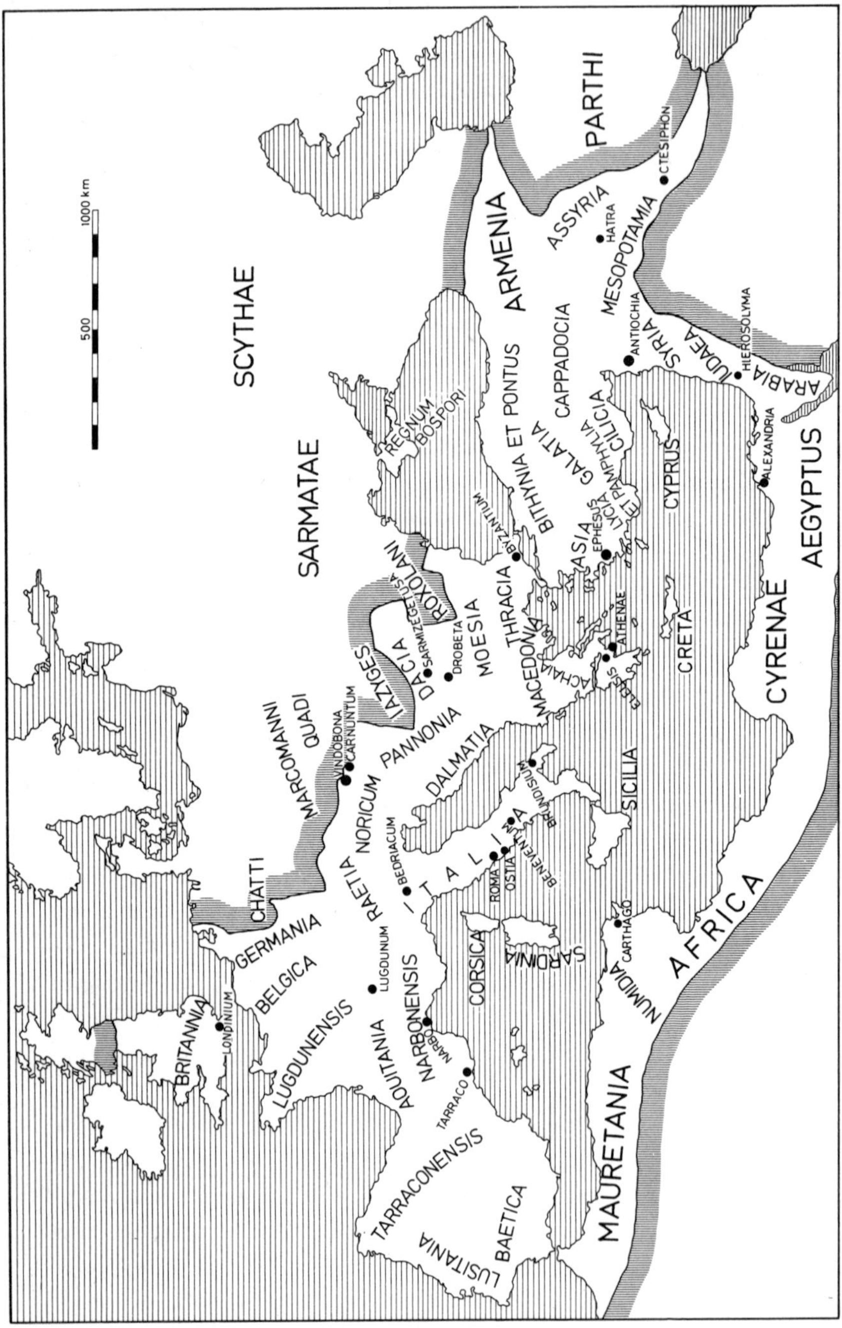
SCYTHAE
SARMATAE
PARTHI
ARMENIA
ASSYRIA
MESOPOTAMIA
CTESIPHON
HATRA
ANTIOCHIA
SYRIA
IUDAEA
HIEROSOLYMA
ARABIA
AEGYPTUS
ALEXANDRIA
CYRENAE
CRETA
CYPRUS
CILICIA
PAMPHYLIA
LYCIA
ASIA
EPHESUS
GALATIA
CAPPADOCIA
BITHYNIA ET PONTUS
BYZANTIUM
REGNUM BOSPORI
ROXOLANI
THRACIA
MOESIA
DROBETA
DACIA
SARMIZEGETUSA
IAZYGES
MACEDONIA
ACHAIA
ATHENAE
ELEUSIS
MARCOMANNI
QUADI
VINDOBONA
CARNUNTUM
PANNONIA
DALMATIA
NORICUM
RAETIA
CHATTI
GERMANIA
BELGICA
BRITANNIA
LONDINIUM
LUGDUNENSIS
LUGDUNUM
AQUITANIA
NARBONENSIS
NARBO
TARRACO
TARRACONENSIS
BAETICA
LUSITANIA
BEDRIACUM
ITALIA
ROMA
OSTIA
BENEVENTUM
BRUNDISIUM
SICILIA
CORSICA
SARDINIA
CARTHAGO
NUMIDIA
AFRICA
MAURETANIA
500
1000 km

ihn rechtfertigende, zum Eingreifen (genauer: Ausgreifen) geradezu zwingende Gründe zu vermerken.

Nachsicht und glimpfliche Behandlung darf nur erwarten, wer sich dem Römer von vorneherein anschließt und ihm Unterstützung gewährt; Neutralität allein schon ist verdächtig. Oder wer anfänglichen Widerstand rechtzeitig genug aufgibt, um römische Gereiztheit und Rachegelüste gar nicht erst zur vollen Entfaltung kommen zu lassen. Den, der diese offenkundig etwas einseitigen Spielregeln nicht beachtet, trifft – wenn freilich gelegentlich auch erst nach einigen unplanmäßigen, durch die militärische Ungunst der Stunde erzwungenen Verzögerungen – das Los, das die Römer in Verfolgung eines unbestechlichen Gleichheitsprinzips allen Barbaren zuteil werden lassen, die ihre Unabhängigkeit mit Waffengewalt verteidigen und sich hartnäckig der Überführung in die höhere Lebensform römischer Reichszugehörigkeit widersetzen: Zerstörung, Plünderung, Sklaverei, notfalls totale Vernichtung.

Wenn auch sicher langsamer, als Caesar es sich vorgestellt hatte, erreicht seine ‚Politik' berechnender Milde und wohldosierter Härte am Ende des achten Kriegsjahres das anvisierte Ziel: Gallien in seiner Gesamtheit ist unterworfen und wird römische Provinz. Jährlich hat sie Abgaben von 10 Millionen Denare zu leisten; eine im Hinblick auf die Größe des Landes zwar mäßige Forderung, die aber weniger die Barmherzigkeit des Siegers, als vielmehr den Grad der Erschöpfung und der bereits erfolgten Auspressung Galliens widerspiegelt: Gallien – das sind damals unzählige (angeblich 800) ganz oder teilweise zerstörte Ansiedlungen, ausgelaugte und verwüstete Landstriche, geplünderte Heiligtümer, eine mehr als dezimierte Bevölkerung, von deren Waffenfähigen allein ein Drittel gefallen, ein weiteres Drittel versklavt worden sein soll; nicht gerechnet die Kriegsinvaliden, deren Zahl durch ebenso mutwillige wie brutale Strafgerichte des Siegers noch zusätzlich steigt. Beispiel Uxellodunum: wo jene, die es gewagt hatten, nach der Niederschlagung des großen Vercingetorix-Aufstandes nochmals das Schwert gegen Rom zu erheben, dies mit dem Verlust der waffentragenden Hand bezahlen müssen. „Caesar wußte, daß

Karte 2, gegenüber: Das Römische Reich zur Zeit seiner größten Ausdehnung unter Traian (117 n. Chr.)

seine Milde (lenitas) allgemein bekannt war; er brauchte nicht zu fürchten, daß der Eindruck entstehen könnte, er habe aus angeborener Grausamkeit ... gehandelt" – schreibt der Kommentator dieser ‚Befriedungs'-Maßnahme, Hirtius. Er kennt die Selbsteinschätzung seines Feldherrn. Und die römischen Gepflogenheiten im Umgang mit widerspenstigen Barbarenvölkern.

Zweites Kapitel

Mittel und Wege der Machtausdehnung
Thema mit Variationen

Stereotyp sind Roms auswärtige Unternehmungen nur in ihrem konstant erfolgreichen Ergebnis: der Ausweitung des eigenen Herrschaftsbereichs auf Kosten anderer. Nicht jedoch in ihrem Ablauf: die angewandten Verfahrensweisen wechseln; sowohl innerhalb ein und desselben Bezugsrahmens (z. B. während der Auseinandersetzungen mit Karthago), als auch zwischen den verschiedenen Aktionsfeldern (Griechenland einerseits, Gallien andererseits).

Und ebenso wie das formale Instrumentarium nachbarlich-zwischenstaatlichen Verkehrs, außenpolitischer Beeinflussung und schließlicher Machtübernahme variiert, weist auch die römische Beherrschung anderer in Direktheit und Intensität deutliche graduelle Unterschiede auf.

Im Prinzip nicht anders als ein Staatswesen unserer Tage reguliert Rom seine Beziehungen zur Außen- und Umwelt auf drei verschiedenen Ebenen: der vergleichsweise unverbindlichen diplomatischer Kontakte, der wesentlich verpflichtenderen vertraglicher Vereinbarungen und der überaus zwingenden militärischer Intervention. Darin jedoch, wann, wo, wie oft und wie gerne man den einen oder anderen Weg im Umgang mit dem Ausland beschreitet, offenbaren sich römische Eigentümlichkeiten.

Diplomatie nur unter Umständen

Rom unterhält weder generell mit allen an sein Gebiet angrenzenden Staaten und Stämmen, geschweige mit den weiter entfernt liegenden, diplomatische Kontakte, noch pflegt es diese – selbst da, wo sie schon einmal aufgenommen worden waren – regelmäßig und kontinuierlich. Hierin schon deutet sich an, was ferner als bemerkenswert auffällt: die Diplomatie, heute typische Erscheinungsform der Außenpolitik auch in spannungsfreien Friedenszeiten, Ausdruck und Grundlage nicht zuletzt normaler, geregelter bilateraler und internationaler Beziehungen, kommt in Rom nur in ihrer anderen, eingeengten Funktion zum Tragen: als Mittel zur Bewältigung von auswärtigen Konflikten und Krisen. Wo diese nicht gegeben sind und vielmehr dank zuvor ausgehandelter Absprachen oder auch lediglich aufgrund eines gegenseitigen Nicht-zur-Kenntnis-Nehmens ein ungestörter Friedenszustand herrscht, wird man – außerhalb Italiens und der Reichsprovinzen versteht sich – politisch-diplomatische Aktivitäten seitens der Römer in aller Regel vergeblich suchen, nicht einmal ihre Gesandten finden.

Eine gewisse Ergänzung zu der wenig bzw. einseitig ausgeprägten Diplomatie des römischen Staates stellt zwar das sogenannte auswärtige Patronatswesen dar: griechische Stadtstaaten, aber auch z. B. die gallischen Haeduer wenden sich von sich aus an einen Politiker in Rom und betrauen ihn gleichsam als ihren Kontaktmann mit ihrer Interessenvertretung; oder sie tragen ihre Anliegen einem bei ihnen (zeitweise) ansässigen angesehenen römischen Bürger – nicht selten einem Geschäftsmann – vor, der die Aufgabe übernimmt, sie in Rom zur Sprache zu bringen. Aber bei derartigen ‚ständigen diplomatischen Vertretungen' handelt es sich streng genommen lediglich um private, persönliche außenpolitische Klientelverhältnisse, ähnlich dem, das zwischen Scipio d. Ä. (als Patron) und König Massinissa (als Klient) bestand. Sie besitzen allenfalls insoweit einen gewissen staatlich-offiziellen Charakter, als der erwählte römische Patron nicht selten ‚zufällig' zugleich ein öffentliches Amt in Rom inne hat.

Bezeichnenderweise sind auch Roms Staats-Gesandte, die legati, obgleich sie die einzige *politische* ‚Institution' des auswärtigen Dienstes der Römer überhaupt repräsentieren,[4] nicht Amtsträger auf Dauer, sondern werden jeweils lediglich ad hoc mit diplomatischen Aufgaben beauftragt. Und diese wiederum reduzieren sich weitgehend auf ein außenpolitisches Krisenmanagement, das seine – zumindest latent und indirekt bestehende – Verbindung zum Krieg kaum je ganz verleugnen kann. Wo immer römische Gesandtschaften auftauchen, geschieht das, um Schutz- und Hilfegesuchen bedrohter Freunde nachzukommen, in Konfliktsituationen schiedsrichterlich zu vermitteln, offenen Feindseligkeiten vorzubeugen, unzuverlässige Bundesgenossen nachdrücklich an ihre Pflichten zu erinnern, eigene Interessen und Forderungen zu bekräftigen (nötigenfalls unter Androhung einer Kriegserklärung oder einer militärischen Intervention), durch kriegerische Unternehmungen gestörte zwischenstaatliche Beziehungen wieder zu normalisieren, bzw. Bedingungen auszuhandeln, unter denen Rom bereit wäre, den Kriegszustand zu beenden und in vertragliche Friedensregelungen einzuwilligen. Kommt es zu solchen Friedensgesprächen, wird zwar oftmals vom römischen Senat eine Zehnerkommission von Legaten (decem legati) eingesetzt, die aber imgrunde auch nur wieder kurzfristig den amtierenden Feldherrn bei den laufenden Unterhandlungen und beim Abschluß des Vertrages beraten bzw. kontrollieren.

Vielleicht eher aufschlußreich als zufällig: das lateinische Wort legatus bezeichnet den *Gesandten* ebenso wie den Unter*feldherrn* und wird unter Caesar für Kommandierende selbständig operierender Truppeneinheiten und seit Augustus für Legionsbefehlshaber (legatus legionis) gar zum regulären militärischen Titel. Offensichtlich hat die weitgehende Bedingtheit diplomatischer Gesandtentätigkeit vom Kriegsgeschäft den Römern eine begriffliche Differenzierung zwischen außenpolitischem und militärischem Akteur als überflüssig erscheinen lassen.

Nicht genug damit, daß das Vorhandensein offizieller diplomatischer Kontakte im Rahmen römischer Außenpolitik weder als Normal- noch als Dauerzustand zu werten ist, vielmehr die krisenhafte Zuspitzung einer auswärtigen Beziehung signalisiert, ist das Betätigungsfeld der Diplomatie Roms auch noch in einer anderen Hinsicht eingeschränkt. Obwohl sie ohnehin dazu tendiert, sich als Druckmittel und einschüchternde Drohgebärde zu verstehen, muß es bereits fast als ‚Privilegierung' angesehen werden, wenn Rom im Falle von Spannungen einem Staat überhaupt eine diplomatische Behandlung angedeihen läßt und sich nicht ohne längere Umschweife gleich entschließt, den Konflikt militärisch zu bereinigen. Vorbedingung für diese ‚Mäßigung' ist, daß der betreffende Staat mit den Römern freundschaftlich oder vertraglich verbunden ist/war, oder von Rom doch wenigstens als potentieller Partner solcher Beziehungen anerkannt wird. Letzteres setzt seinerseits voraus, daß Rom das auswärtige Gemeinwesen als kulturell-zivilisatorisch einigermaßen ebenbürtig erachtet, daß es ferner eine eigenständige historische Tradition als politischer (Macht-)Faktor besitzt und zudem in stadt- bzw. reichsstaatlicher Form organisiert ist.

Nicht von ungefähr liegt der Schwerpunkt römischer Diplomaten-Tätigkeit eindeutig im griechischen Osten (während und zwischen den makedonischen, syrischen und kleinasiatischen Kriegen) und zeitweise auch in Nordafrika, Karthago (während und zwischen den punischen Kriegen). Hier sind die genannten Voraussetzungen diplomatischen Agierens erfüllt: Rom hat es mit zivilisatorisch entwickelten, handels- und machtpolitisch traditionsreichen und staatlich organisierten Städten bzw. Königreichen zu tun; es schließt Freundschaften, Verträge und Bündnisse (z. B. mit Sparta, Pergamon, den Aetolern, Achaeern und Numidien), ohne diese zuvor militärisch erzwungen zu haben, auch nicht in der Erwartung und Absicht, damit eine völlige Unterwerfung zu erreichen. Wiederholt übernehmen die Römer die Rolle des diplomatischen Vermittlers zwischen einzelnen zerstrittenen griechischen Staaten. Militärischem Eingreifen geht fast immer das Bemühen voraus, eine politische Lösung zu erzielen. Erst wenn das (mehrfach) scheitert, wird Rom massiv. Selbst Friedensregelungen nach vorangegangenen kriegerischen Auseinandersetzungen sind hier (Karthago, Makedonien, Antiochos III von Syrien) nicht automatisch gleichbedeutend mit Gebietsannektierungen und Einbehaltung als Provinz. Im griechisch-östlichen Raum ist der diplomatische Kontakt bisweilen sogar jahrzehntelang die ‚normale' Form des auswärtigen Engagements der Römer. Bestes Beispiel: die römisch-pergamenischen Beziehungen vor 133 v. Chr. Oder auch der lebhafte Austausch von Gesandtschaften zwischen Rom und der Insel Rhodos im 2. Jh. v. Chr.

Diejenigen ‚Staaten' hingegen, die aus römischer Perspektive noch nicht einmal vorübergehend den Kriterien politischer Gleichrangigkeit und Partnerschaft in der einen oder anderen Weise genügen – und das sind a priori alle barbarischen Stammesverbände und Völkerschaften (Spanien, Gallien) – fallen grundsätzlich, wenn überhaupt, lediglich dann in den Anwendungsbereich der Diplomatie Roms, wenn sie – nun gänzlich ihres ‚zivilen', politischen Gehalts beraubt – nurmehr der völkerrechtlichen Abwicklung kriegerischer Auseinandersetzungen dient. Sofern ein barbarischer Stamm, der ins Blickfeld der Römer geraten ist, deren Unmut oder auch nur militärpolitisches Interesse erregt, darf er kaum hoffen, von Rom des Versuchs für wert befunden zu werden, die wechselseitigen Beziehungen auf diplomatischem Wege in der gewünschten Weise zu gestalten. Unterwerfung und Annexion sind hier nicht letztes, sondern häufigstes und oftmals von Anbeginn einziges Mittel römischer Einflußnahme. Es gibt im eigentlichen Sinne kein diplomatisches Vorfeld.

Ausnahmen bestätigen nur die Regel: etwa die 178 v. Chr. von Gracchus in Spanien ausgehandelte Übereinkunft, in der Rom einen Teil der Keltiberer wenigstens als untergeordnete Vertrags-‚Partner' akzeptiert, einigen sogar ausdrücklich Autonomie zugesteht; beides allerdings nicht allzu lange. Oder der Freundschaftsvertrag mit den Haeduern (61 v. Chr.), der diesen den Rang des diplomatischen Gesprächspartners einräumt. Oder auch die Bezeichnung des Sueben Ariovist als „Freund des römischen Volkes", wobei vermutlich die monarchische Stellung des Germanen die Römer verleitet hat anzunehmen, ihr Verhältnis zum suebischen Reich auf diese Weise politisch regulieren zu können.

Daß die Römer im auswärtigen Verkehr normalerweise jedoch mit Stammesverbänden anders verfahren als mit Staaten, hat seinen Grund freilich sicher nicht allein in deren abschätziger Qualifizierung als ‚barbarisch', sondern auch in pragmatischen Überlegungen: die Vielfalt an selbständigen Stämmen und Völkerschaften, die die Römer sowohl in Spanien als auch in Gallien antreffen, hätte bei einer angestrebten friedlich-gewaltlosen Regelung überaus zahlreiche Vertragsabschlüsse notwendig gemacht, denen zudem auch noch komplizierte Verhandlungen hätten vorausgehen müssen.

Andere Bedenken und Risiken kommen noch hinzu und lassen der diplomatischen Lösung gegenüber der militärischen im ‚barbarischen' Ausland kaum eine Chance: die Aussicht – oder: Einsicht –, daß jedes einzelne Vertragswerk jeweils nur einen begrenzten Raum und eine kleine Stammeseinheit binden würde; des weiteren die für Rom nicht erkennbaren bzw. undurchschaubaren politischen Kompetenzen und Verantwortlichkeiten innerhalb eines Stammesverbandes; ferner das

Fehlen einer – nach römischem Verständnis – funktionsfähigen, personell greifbaren und damit politisch ansprechbaren ‚Regierung'; sowie auch schließlich die daraus resultierende Skepsis, ob getroffene Vereinbarungen überhaupt durchgesetzt und eingehalten werden könnten, bzw. ob die unkontrollierten inneren Machtstrukturen eines Stammes diese nicht binnen kurzem erneut hinfällig machen würden. All diese Gesichtspunkte, die das ‚angeborene' Mißtrauen und Unbehagen zivilisierter (römischer) Staatlichkeit gegenüber rückständigen und unterentwickelten anderen politischen Organisationsformen reflektieren, werden mit dazu beigetragen haben, daß sich das republikanische Rom um diese Art von Ausland nur höchst selten diplomatisch bemüht.

Wie wir aus Cicero wissen, haben die Römer selbst für ihr unterschiedliches auswärtiges Verhalten noch eine eigene Erklärung bereit: es gibt tödliche Feinde und bloße Konkurrenten um Ansehen und Macht; die Auseinandersetzung mit den einen wird ums Überleben geführt und kann nur in der Niederringung, gegebenenfalls Vernichtung des Kontrahenten ihren Abschluß finden; die andere zielt auf Vorherrschaft ab; sie kann auch mit einem diplomatischen (vertraglichen) Ausgleich enden. Der erstgenannten Kategorie von Gegnern weist Cicero unter anderen die spanischen Keltiberer zu; der letzteren hingegen z. B. die Karthager und den Griechen Pyrrhus. Auch diese Differenzierung ist demnach nur scheinbar ‚wertneutraler'; bei näherem Zusehen entspricht auch sie wiederum derjenigen zwischen Barbaren und Nicht-Barbaren.

Während sich also die auswärtige Politik Roms in manchen Bereichen (griechischer Osten, Karthago) durchaus verschiedener und abgestufter Mittel und Methoden bedient und der Herrschaftsanspruch der Römer auch keineswegs stets und von Anbeginn total ist, sie sich vielmehr – zumindest auf Zeit – mit einer Vor- und Schutz-Macht-Stellung und mit diplomatischen oder vertraglich-politisch gewährleisteten Lenkungs- und Eingriffsmöglichkeiten zufrieden geben, präsentiert sich die römische Außenpolitik in anderen Regionen (Spanien, Gallien) gänzlich ungeschminkt und undiplomatisch als reine Militärpolitik mit dem vorgefaßten Ziel direkter Machtübernahme und territorialer Eroberung.

Herrschaft durch Verträge

Freundschafts-,Pakt' (amicitia), Bündnis (societas, foedus) und Klientelverbindung sind die Formen, in denen sich die Beziehungen der Römer zur Außenwelt politisch zu einem Vertrags-Verhältnis verfestigen können.[5] Was beinhalten, bezwecken und bewirken sie im einzelnen?

Die von Rom mit einem nicht-römischen Gemeinwesen eingegangene amicitia enthält – in der Regel – keinerlei greifbare Vereinbarungen politischer, wirtschaftlicher oder militärischer Natur. Sie charakterisiert den losen außenpolitischen Kontakt, das Stadium einer vagen, nicht immer von Mißtrauen freien, aber durchaus (noch) wohlwollenden Zurkenntnisnahme des auswärtigen ,Nachbarn', und ist rechtlich unverbindlich genug, um gelegentlich auch gegenüber Barbaren (Haeduer, Ariovist) Anwendung finden zu können. Nicht unverbindlich genug allerdings, um römischerseits nicht mit der Erwartung entsprechender Gegenleistungen verknüpft zu werden. Roms amicitia versteht sich stets als besondere Gunstbezeigung und Auszeichnung, die man umsonst an niemanden verschwendet. Bei denjenigen Fürsten und Völkerschaften, denen der römische Staat die amicitia gewährt bzw. den Ehrentitel amicus populi Romani (Freund des römischen Volkes) zuerkennt, der normalerweise den ,echten' Verbündeten vorbehalten ist, wird zukünftiges Wohlverhalten auch ohne eine diesbezügliche vertragliche Regelung als selbstverständlich vorausgesetzt: beispielsweise – mindestens! – Neutralität im Falle einer Auseinandersetzung Roms mit Dritten oder auch wohlwollende Duldung römischer Kaufleute und Handelsreisender. Bisweilen dürften die Römer ein Freundschaftsverhältnis auch gleichsam präventiv eingegangen sein; will sagen: in der Befürchtung eines unfreundlichen, Rom gefährdenden Verhaltens und in der Hoffnung, diesem allein schon dadurch wirksam vorbeugen zu können, daß man die wechselseitige Beziehung als freundschaftlich deklariert. Wer die angebotene Freundschaft akzeptiert, ist in seinen zukünftigen Aktionen gebunden. Glauben jedenfalls die Römer.

Sollte das allerdings die römische Kalkulationsbasis gegenüber Ariovist gewesen sein, ist die Rechnung nicht aufgegangen: der

'Freund' sieht keinerlei Veranlassung, forthin seine Rom beunruhigenden Übergriffe auf gallische Gebiete einzustellen; imgrunde verhält sich der Germane damit freilich kaum anders als die Römer selbst, für die das diplomatische Stillhalteabkommen einer amicitia letztendlich niemals ein (späteres) militärisches Vorgehen bzw. die gewaltsame Unterwerfung unter direkte römische Oberhoheit ausschließt.

Zunächst einmal jedoch haben sich die Römer aufgrund einer amicitia stets moralisch verpflichtet gefühlt, dem in Bedrängnis geratenen 'Verbündeten' gegebenenfalls militärisch beizustehen und ihn gegen (angebliche oder tatsächliche) Bedrohung von außen zu schützen. Ergeht seitens eines 'Freundes' (angeblich oder tatsächlich) ein Hilfegesuch an Rom, bleibt es selten unbeantwortet. Die Bereitwilligkeit, mit der die Römer derartigen Bitten entsprechen, läßt sogar den Verdacht aufkommen, die (behauptete) Schutzverpflichtung dem befreundeten Staat gegenüber diene einer beabsichtigten auswärtigen Intervention lediglich als legitimierender Vorwand. Mit Sicherheit verhält es sich so im Falle des caesarischen Ausgreifens in Gallien nach dem Hilferuf der Haeduer. Meist liegen die Dinge jedoch weniger klar auf der Hand. Immerhin sind aber bestehende Freundschaftsverhältnisse mehrfach (Mit-)Anlaß römischer Kriegserklärungen gewesen.[6]

Von ihren möglichen außen- und militärpolitischen Implikationen her kommt demnach bereits der amicitia eine nicht zu unterschätzende Bedeutung innerhalb der grenzüberschreitenden Übereinkünfte und Verträge der Römer zu. Bezeichnend und des Merkens wert: auch schon die 'unverbindliche' amicitia begründet – zumal in römischen Augen – ein eher hierarchisches, indirekt-herrschaftliches denn wirklich partnerschaftliches Verhältnis. Sie intendiert die Ausrichtung der Politik des anderen auf römische Vorstellungen und impliziert (unausgesprochen) die Anerkennung römischer Stärke und Überlegenheit und damit letztlich römischer Oberhoheit.

Auch wenn die amicitia in einzelnen Fällen nur als Vorstufe und insoweit als Übergangsstadium zum völkerrechtlichen Vertrag im eigentlichen, strengeren Sinne erscheint, oder bisweilen auch mit einem solchen gekoppelt wird, ist sie dennoch als eigenständige Form außenpolitischer Beziehung zu werten. Sie *muß* auch nicht dem

Abschluß eines in seinem Inhalt rechtlich genauer definierten und daher in seiner Wirkung bindenderen Bündnisses (foedus) vorausgehen, das dann seinerseits den jeweiligen Partner in eine echte Vertragsgemeinschaft (societas) mit dem römischen Staat überführt und ihm den Status eines Bundesgenossen (socius) Roms verleiht.[7]

Die Vereinbarungen eines foedus werden schriftlich fixiert, in Rom publiziert und dort meist auf Bronzetafeln im ‚Staatsarchiv' auf dem Kapitol aufbewahrt. Von Intention und Anspruch her führt ein foedus einen den Göttern wohlgefälligen und unter ihrem Schutz stehenden, auf Dauer konzipierten, ewigen Friedenszustand herbei (pia et aeterna pax); unabhängig davon, ob es sich um ein ‚gleiches' (Grundtyp I) oder ‚ungleiches' (Grundtyp II) Bündnisverhältnis handelt (foedus aequum oder iniquum).

Der erste Grundtyp (foedus aequum) geht von der – theoretischen – Gleichberechtigung der Vertragsschließenden aus. Er verpflichtet beide Seiten zu gegenseitiger Hilfeleistung bei der *defensiven* Abwehr einer von Dritten drohenden Gefahr. Daß Rom trotz dieser restriktiven Bestimmung dennoch bei *allen* seinen militärischen Aktionen den Beistand seiner ‚gleichberechtigten' Verbündeten erwartet bzw. beansprucht hat, beweist weder den generellen Verteidigungscharakter seiner Kriege, noch aber auch einen wiederholten Vertragsbruch der Römer. Es zeigt lediglich, in welchem Maße der Tatbestand äußerer Gefährdung und notwendiger Verteidigung eine Frage subjektiver Interpretation und Definition ist. Und es wirft zudem ein bezeichnendes Licht auf den römischen Eroberer, der sich grundsätzlich nicht als Aggressor versteht, der Kriege nur als Angegriffener oder Beschützer anderer und Wahrer (nicht: Mehrer!) des eigenen Besitzstandes führt, und der es auch noch fertig bringt, seine Bundesgenossen von der Richtigkeit dieses seines Selbstverständnisses zu überzeugen. Wenn vielleicht auch nur aufgrund seiner Überlegenheit an Macht, die die Bündnistreue notfalls erzwingen könnte. Im übrigen kann man etwa aggressive Grenzverletzungen durch Drittländer auch geschickt provozieren, womit dann wieder der vertraglich vorgesehene Verteidigungsfall gegeben ist und die Verpflichtung des socius zur Defensiv-Hilfe automatisch in Kraft tritt.

Daß das ‚gleiche' Bündnis in militärischer Hinsicht allmählich doch den Charakter einer vorwiegend wenn nicht einseitig römischen Interessen dienenden Militärallianz annimmt, liegt sicher nicht daran, daß die Römer stets nur Hilfe gefordert, nicht aber selbst geleistet hätten. Diesen Vorwurf wird man ihnen schwerlich machen können. Was bezüglich des überaus bereitwilligen römischen Beistandes für die Freunde (amici) bereits gesagt wurde, gilt für die Verbündeten (socii) nur noch mehr. Die Gleichstellung der ‚Soziierten' wird jedoch zum einen machtpolitisch zur Fiktion, indem sich das reale Kräfteverhältnis mit der fortschreitenden Ausdehnung römischer Herrschaft mehr und mehr zuungunsten der Bundesgenossen Roms verschiebt und sie dadurch zwangsläufig in die Rolle des ‚Junior-Partners' gedrängt werden – sofern sie diese Position nicht ohnehin schon zum Zeitpunkt des Vertragsschlusses inne hatten. Zum anderen ist allein bereits die theoretische Wahrscheinlichkeit, daß es an einem Abschnitt der ausgedehnten römischen Grenzen zu Zwischenfällen und Konflikten kommt, naturgemäß und a priori größer, als bei den wesentlich kleineren Territorien der socii. Woraus folgt: die Römer ‚brauchen' ihre Alliierten häufiger (und länger) als diese Rom. In der Praxis verstärkt sich diese Entwicklung noch dadurch, daß mit der steigenden Zahl auswärtiger Bündnisverbindungen auch die Zahl derjenigen Fälle wächst, in denen Rom in Erfüllung seiner Vertragsverpflichtungen in Auseinandersetzungen hereingezogen wird bzw. sich hereinziehen läßt; und auch in diesen Situationen kann es wiederum die Unterstützung eines selbst gar nicht tangierten socius in Anspruch nehmen. Vielleicht am bedeutsamsten für den Ausbau der römischen Vormachtstellung innerhalb seines Bündnissystems ist schließlich noch ein anderer Umstand: die Bündnisverträge, die Rom eingeht, sind stets bilateral, nicht multilateral. So sehr sich auch der Kreis der mit Rom Liierten erweitern mag, es entsteht keine sie alle umfassende Verteidigungsgemeinschaft. Die societas bindet jeden einzelnen Partner ausschließlich an Rom, nicht aber die socii untereinander. Dies allenfalls insofern – was aber auch nur wieder die vorrangige Stellung der Römer unterstreicht – als Rom im Prinzip alle socii zu gemeinsamem Handeln vereinigen kann, wenn es selbst (Verteidigungs-)Krieg führende Partei ist. Rom ist demnach der eigentliche Knotenpunkt eines Vertragsnetzes, dessen Fäden alle in ihm zusammenlaufen und auch nur von hier aus in einer mehr als bloß zweiseitigen Richtung gezogen werden können.

Angesichts dieser Sachlage verwundert es nicht, wenn auch die ebenfalls im foedus aequum formal gewährleistete innenpolitische Autonomie der römischen Bündnispartner eher nur auf dem Papier steht, als daß sie den tatsächlichen Verhältnissen entsprochen hätte. Welchen realen Wert auch sollte sie haben, wenn letztlich doch der Wunsch, nicht das Mißfallen des mächtigeren Alliierten zu erregen, die Maßnahmen des Staates in Wirtschaft, Verwaltung und Gesetzgebung bestimmt, bestimmen muß!

Daß auch die Römer selbst sich gegenüber ihren socii – ähnlich wie bei den amici – als überlegener Partner sehen, verdeutlicht eine gebräuchliche römische Formulierung bei Cicero. In ihr wird als socius derjenige bezeichnet, der sich „in fidem populi Romani" begibt, bzw. von Rom in diese fides, also in ein Treue- und Schutzverhältnis, aufgenommen wird. Der Bündnisvertrag (foedus) begründet demnach *faktisch* nicht eine gleichberechtigte Partnerschaft, sondern eine Art von außenpolitischem Protektorat Roms. Wobei Rom nicht die letzte befreundete Schutzmacht ist, die aus dieser ihrer Stellung Herrschafts- und Interventionsrechte ableitet.

Außerhalb Italiens stellen die foedera aequa die Normalform der von Rom während seines Ausgreifens im Mittelmeerraum eingegangenen Verträge dar. Sie entstehen meist im Zuge militärischer Interessenwahrnehmung – vor, während, oder nach kriegerischen Auseinandersetzungen. Bevorzugte Vertragspartner sind am Konflikt selbst (noch) nicht beteiligte, umliegende Dritt-Länder, die man auf diese Weise zumindest neutralisiert. Aber auch mit dem ehemaligen Kriegs-Kontrahenten kann es zum Abschluß eines ‚gleichen' Bündnisses kommen: sofern er sich nicht zu unnachgiebig zeigte und rechtzeitig seine Bereitschaft zum ausgleichenden Frieden mit Rom erkennen ließ. Bisweilen auch dann, wenn ihn die Römer im Augenblick noch für zu mächtig oder auch für zu uninteressant halten, um ein möglicherweise verlustreiches weiteres gewaltsames Vorgehen gegen ihn opportun und gerechtfertigt erscheinen zu lassen.

Vor allem Städte, Staaten, Konfoederationen und Könige Griechenlands und Kleinasiens kommen in den ‚Genuß' eines formaliter partnerschaftlichen Vertragsverhältnisses mit Rom. Doch nicht nur sie: socii der Römer sind zeitweise auch die Karthager; die Einwohner von Massilia werden es im Verlauf des ersten punischen Krieges;

die Saguntiner – glaubt man Livius – vor Ausbruch des zweiten römisch-karthagischen Krieges. Um nur diese Beispiele zu nennen. Sie alle bilden den Kreis der civitates foederatae, der mit Rom verbundenen Gemeinwesen. Als socii werden darüberhinaus z. T. auch die von Rom als ‚frei' deklarierten Bürger- bzw. Völkerschaften (civitates liberae) bezeichnet, welchen Status etwa die griechischen Stadtstaaten nach 196 v. Chr. besitzen, oder auch – vorübergehend – die Numantiner und Arevaker nach dem Friedensschluß des Gracchus in Spanien. Wie wenig frei diese Freien jedoch gelegentlich sind, zeigt sich bei den civitates liberae Makedoniens und Afrikas, die zwar – 167 bzw. 145 v. Chr. – von der römischen Provinzialverwaltung noch verschont bleiben, aber nichtsdestoweniger Tribute an Rom zahlen dürfen.

Das, was sich aus einem foedus aequum faktisch und machtpolitisch entwickelt und ableiten läßt: die Unterordnung unter römische Hegemonie, schreibt der zweite Grundtyp römischer Bündnisverträge, das foedus iniquum, von vorneherein rechtlich fest. Rom ist hier von Anbeginn und de iure „in foedere superior", der überlegene Bündnispartner. Die Superiorität der Römer findet in militärischer Hinsicht ihren Ausdruck in der einseitigen und generellen Verpflichtung der ‚ungleichen' Bundesgenossen zur Stellung von Hilfstruppenkontingenten, sofern sie Rom anfordert, egal zu welchem Zweck. Umgekehrt ist eventueller römischer Beistand nicht Teil der vereinbarten Vertragsbedingungen, vielmehr allein der Entscheidung der Römer anheim gestellt, also letztlich davon abhängig, wie weit er mit römischen Interessen konform geht. Politisch bedeutet ein foedus iniquum für die socii den Verlust der Souveränität. Sie müssen sich vertraglich – nicht nur de facto – zur Anerkennung der übergeordneten „maiestas populi Romani" verstehen, und akzeptieren damit die (indirekte) Herrschaft des römischen Volkes. Foedera iniqua sind insbesondere in Italien die bestimmende Form der wechselseitigen Beziehungen zwischen Rom und den italischen Bundesgenossen gewesen; außerhalb Italiens finden sie demgegenüber seltener Anwendung. In jedem Falle setzen sie die militärische Niederringung des zukünftigen socius voraus und berauben ihn so jeglicher Möglichkeit, seinerseits den Abschluß des Bündnisvertrages an Bedingungen zu knüpfen. Nicht zu Unrecht hat man im foedus iniquum die außenpolitische Umsetzung des im innerstaatlichen Bereich seit alters praktizierten römischen Patronats- und Klientelwesens gesehen: beidesmal handelt es sich um ein Abhängigkeitsverhältnis des Schwächeren vom beschützenden Stärkeren, das jenem Dienstleistungen auferlegt, diesen zur Fürsorge ,nur' moralisch verpflichtet.

Dennoch sind es nicht die aus den ,ungleichen' Verträgen (foedera iniqua) resultierenden Verbindungen, die in der modernen althistorischen Literatur gemeinhin unter dem (den Römern selbst nicht geläufigen) Begriff der ,auswärtigen Klientel' subsumiert werden. Normalerweise sind damit auch nicht jene Patronatsbeziehungen angesprochen, wie sie vor allem im italischen Raum zwischen Angehörigen der römischen Nobilität und einzelnen Stadtgemeinden (Cicero – Capua; Caesar – Alba Fucens, u. a.) oder ganzen Provinzen (Marceller – Sizilien) bestanden. Vielmehr werden als ,auswärtige Klientel' diejenigen Staaten/Reiche bezeichnet, die zu Rom in einer Art Vasallen-Verhältnis stehen, ihre Eigenstaatlichkeit jedoch bewahrt haben. Ferner sind auch und gerade solche Gemeinwesen gemeint, die – obschon mit Rom ver-,bündet' – keinen ,Bund' im Sinne eines foedus (aequum oder iniquum) mit dem römischen Staat eingegangen sind.

Zwar wird man überhaupt nur dann von einem Klientelstaat Roms sprechen, wenn dieser freiwillig oder – nach einschlägiger Erfahrung mit dem römischen Machtpotential – gezwungenermaßen die Vorrangstellung und den hegemonialen Herrschaftsanspruch Roms als gegeben und berechtigt anerkennt. Doch kann dies auch durch bloße mündliche Willenserklärung geschehen und bedarf nicht notwendigerweise des Vertrages. Wo ein solcher dem Klientelverhältnis dennoch zugrunde liegt, folgt er – anders als die foedera aequa und iniqua – keinem festgelegten Schema, sondern weist zahlreiche Variationsmöglichkeiten auf. Sie reichen von der Zusage, sich aus von Rom beanspruchten Einflußsphären fernzuhalten und die von den Römern markierten Grenzen zu respektieren, über die Zusicherung von Handelsvergünstigungen und neutralen bis loyalen Verhaltens während eines von Rom gegen einen Dritten geführten Krieges, bis hin zu dem Versprechen des Klienten, auf römischen Wunsch Truppeneinheiten zur Verfügung zu stellen und sich die eigene Herrschaft bzw. die des präsumptiven Nachfolgers durch Rom bestätigen zu lassen.

Sowohl in republikanischer Zeit als auch im kaiserlichen Rom sind es vor allem Fürstentümer und Königreiche, die als de iure souveräne

Staaten in einem (zeitweiligen) Klientelverhältnis zu Rom stehen (Numidien, Galatien, Kappadokien, Bosporus, Pontus und auch Judaea; später besonders Parthien und Armenien). Das Zusammentreffen von monarchischer Regierungsform und Klientelstaatlichkeit ist sicher kein Zufall. In ihm findet die personale, ja persönliche Bindung, die auch dem innenpolitischen Klientelverhältnis eignet, ihre außenpolitische Entsprechung: nicht so sehr ein bestimmter Vertragsmodus, sondern die Person des Regenten ist Träger und Garant des geregelten Kontaktes. Jeder Herrscher-Wechsel oder Thronstreit birgt daher die Gefahr einer Krise der beidseitigen Beziehungen in sich und kann – und hat auch mehr als einmal – eine römische Intervention heraufbeschwören, die gegebenenfalls auch vor territorialer Annexion nicht zurückschreckt. Dann nämlich, wenn es durch den Regierungswechsel zu einer Verschlechterung oder gar zum Bruch des bislang bestehenden persönlichen ‚Treue'-Verhältnisses kommt und die Kontrolle über den Klientelstaat nicht mehr gewährleistet erscheint. Die Einbeziehung in die staatliche Verwaltung Roms ersetzt dann als Herrschaftsmittel die über den ‚königlichen' Klienten ferngesteuerte, indirekte politische Einflußnahme.

Bezeichnenderweise tritt auch der römische Staat als anonyme Institution bei der Begründung einer auswärtigen Klientelverbindung oftmals gegenüber der Person eines seiner Repräsentanten in den Hintergrund: nicht in erster Linie Rom ist es, dem sich z. B. Massinissa im zweiten punischen Krieg als Klient verpflichtet, sondern Roms General, Scipio d. Ä. Ähnliches gilt für das Vasallentum des Deiotarus von Galatien, das in dessen Freundschaft zu Pompeius und in persönlichen Absprachen mit ihm wurzelt. Zwischen-*staatlichen* Charakter gewinnt eine solche Übereinkunft imgrunde erst dann, wenn sowohl Patron als auch Klient in ihrem Staat ein hinreichendes Maß an Macht, Ansehen und Durchsetzungsvermögen besitzen, um diesen und seine Politik insgesamt auf eine wohlwollende Haltung zum Partner festlegen zu können.

Roms Wohlwollen, das im Klientelverhältnis mehr noch als seine Schutzfunktion im Vordergrund steht, äußert sich – ähnlich wie gegenüber dem Königreich Pergamon – nicht zuletzt darin, daß man von sich aus den ‚Vasallen' die Herrschaft über Gebiete zugesteht, die ihren angestammten Territorien benachbart sind und die Rom zwar auch selbst hätte kassieren können, auf die es aber (noch) verzichtet. Zudem wird dem auswärtigen Klienten bei der Entfaltung seines Machtstrebens meist weitgehend freie Hand gelassen und werden auch Gebietserweiterungen und aggressive Grenzübergriffe stillschweigend geduldet, sofern sie nicht eine Richtung einschlagen, die sich der der römischen Expansion bedenklich nähert. Diesem Verhaltensmuster folgend, wird ein Großteil des ehemals karthagischen Hoheitsbereichs in Nordafrika Numidien, und Teile von Kleinarmenien und Pontus Galatien zugeschlagen. Daß sich beide ‚Klienten', Massinissa ebensowenig wie Deiotarus, auch damit noch nicht zufrieden geben, stört die Römer – zunächst einmal – nicht.

Will man hinter dem solcherart entgegenkommenden römischen Verhalten nicht nur die wenig wahrscheinliche reine Selbstlosigkeit vermuten, bleibt als mögliches Motiv Roms Versuch, auf diese Weise ohne eigene Anstrengung zunehmend größere Räume kontrollieren zu können, und zwar mittelbar über die Person desjenigen, der sie direkt beherrscht und bereit ist, seine Rolle als loyaler Vasall Roms weiter zu spielen.

Ebenso wie sich Rom bevorzugt nur mit bestimmten Staatstypen, den zivilisierten (östlichen) Monarchien, in ein Klientelverhältnis einläßt, sind auch die zeitlichen und sachlichen Umstände, unter denen das geschieht, nicht beliebig austauschbar. Klientelverbindungen kommen zustande, wenn den Römern zwar nicht an einer Inbesitznahme, wohl aber daran gelegen ist, einen auswärtigen Bereich in seiner Politik und Entwicklung nicht mehr gänzlich sich selbst zu überlassen; wenn zudem erwartet werden kann, daß allein bereits ihr Ansehen in diesem Teil des Auslandes, ihre auctoritas apud exteras nationes wie sie sagen, eine Rücksichtnahme auf römische Interessen sicherstellt. Solange die außenpolitischen Ziele Roms nicht weiter gesteckt, und vielleicht sogar Anzeichen vorhanden sind, daß es den militärischen und verwaltungstechnischen Aufwand einer Unterwerfung und Provinzialisierung scheut, ist das gegebenenfalls auch vom zukünftigen Klientelstaat selbst ausgehende Angebot seiner Unterordnung unter Roms Hegemonie der bequemste Weg, um zu einem friedlichen, beide Seiten zufriedenstellenden Arrangement zu gelangen. Rom wahrt sein Gesicht als vorrangige Weltmacht, der Partner-Klient formal – bisweilen sogar faktisch – seine Unabhängigkeit.

Anders als bei dieser Konstellation, die letztlich römische Überlegenheit widerspiegelt, kann ein Klientelverhältnis auch Ausdruck römischen Unvermögens sein, mittels militärischer Eroberung eine Ausdehnung des Reichsterritoriums und des Raumes direkter Herrschaft zu erzwingen. Dieser Fall ist gegeben in Parthien und Armenien. Hier bleibt Rom nach der vernichtenden Niederlage des Crassus, nach den nicht ganz so ruinösen dafür aber zahlreicheren Mißerfolgen des Marc Anton und nach den wiederholten, momentan und partiell durchaus erfolgreichen, im Hinblick auf eine dauerhafte und umfassende Unterwerfung jedoch vergeblichen militärischen Anläufen unter den Kaisern Nero, Traian, Marc Aurel kaum etwas anderes übrig, als in die Klientel-Staaten-,Lösung' einzuwilligen.

Diese Art der auswärtigen Klientelbeziehung, in der sich die Römer mit weniger begnügen (müssen), als sie ursprünglich wollen, und sie ihren weltweiten Führungsanspruch auf ein durchsetzbares Minimum beschränken, fällt jedoch nicht nur als primär kaiserzeitliche Gegebenheit aus dem hier gesteckten zeitlichen – republikanischen – Rahmen. Sie ist für Rom in jeder Beziehung ein untypischer und ungewöhnlicher Sonderfall.

Außenpolitik: in Rom theoretisch kein Begriff

Bei aller Unterschiedlichkeit im formalen Detail haben die aufgezeigten politischen Mittel und Methoden, die Rom im Umgang mit auswärtigen Staaten und Völkerschaften anwendet, eines dennoch gemeinsam: sie sind von ihrer funktionalen Bestimmung her für Rom stets und von vorneherein ein Instrument herrschaftlicher Machterweiterung.

Natürlicher Anlaß, diplomatisch zu verhandeln oder Bündnisse einzugehen, ist nicht die akute eigene Bedrohung, auch nicht die selbst erlittene Niederlage; vielmehr die Überzeugung, sich in einer Position der Stärke – wenn nicht Überlegenheit – zu befinden, die es erlaubt, dem Gesprächspartner Bedingungen zu stellen. Nicht nur der Klient (Vasall) und der ,ungleiche' Vertrags-Partner eines foedus iniquum, auch die dem äußeren Anschein nach gleichrangigen Bundesgenossen und Freunde sind den Römern, sowohl nach deren subjektivem Selbstverständnis als auch objektiv, unterlegen. Rom gewährt freundschaftliche, vertragliche Beziehungen, erbittet sie nicht. Der Schutz, den es anderen bietet, ist selbstauferlegte Aufgabe; die Unterstützung, die es von ihnen empfängt, kann es verlangen.

Zweck des von Rom unterhaltenen zwischenstaatlichen Verkehrs und der von ihm getroffenen außenpolitischen Vereinbarungen ist die Erlangung von Einfluß- und Kontrollmöglichkeiten jenseits seines eigentlichen Hoheitsgebietes. Jedes Vertragsverhältnis, jedes Bündnis, das Rom eingeht, wird in der Erwartung der politischen Anpassung und Unterordnung des ‚Partners' geschlossen und begründet in diesem Sinne Herrschaft über die Reichsgrenzen hinweg, wenn auch nur in mittelbarer und indirekter Form. Sicher nicht nur zufälliges Ergebnis, sondern auch beabsichtigter Effekt römischer Außenpolitik ist es darüberhinaus – das lassen die inhaltlichen Abstufungen und der bilaterale Charakter der Bündnisse erkennen –, die auswärtige Staatenwelt zu spalten, ihre Mitglieder untereinander zu isolieren, allein auf Rom auszurichten und damit zusätzlich die eigene Vormachtstellung und Vor-Herrschaft zu stärken: divide et impera!

Trotz seiner relativen diplomatischen Inaktivität wird Rom auf diese Weise zunehmend zur weltpolitischen Drehscheibe. Von hier erwartet ein stetig wachsender Kreis von Mittelmeerstaaten schiedsrichterliche Entscheidungen und/oder verbale bzw. militärische Hilfestellung. In Rom löst zumal im 2. und 1. Jh. v. Chr. eine Gesandtschaft die andere ab.

Weder jedoch das Vorhandensein diplomatischer Kontakte, noch das Bestehen von Bündnis- und Vertragsverhältnissen gewährleisten einem Nachbarland Roms auf Dauer den Erhalt seiner – ohnehin schon eingeschränkten – Autonomie und Souveränität. Sie haben Rom letztlich nie daran gehindert, auch diese Gebiete dem Reich einzuverleiben. Welchen ‚Partnerstaat' auch immer man herausgreifen mag: stets und überall stellt sich rückschauend die einmal geknüpfte außenpolitische Verbindung als bloße Vorstufe direkter römischer Inbesitznahme und Beherrschung dar. Spätestens zu Beginn der Kaiserzeit sind die amici, socii und Klienten Roms in Nordafrika, Griechenland, Kleinasien (Spanien und Gallien) seine Untertanen und ihre Territorien römische Provinzen. Endpunkt römischer Außenpolitik und Machterweiterung ist nicht der wie auch immer geartete

,Vertrag', sondern die Annexion, die meist zudem noch mit Gewaltanwendung und Krieg gleichzusetzen ist – bei allerdings durchaus unterschiedlicher Intensität des Blutvergießens.

Nicht nur jedoch in dieser ihrer jeweils letzten Phase eskaliert die römische Außenpolitik zum Krieg. Vielmehr sind alle ihre möglichen Erscheinungsformen letztlich angesiedelt im weiteren Umfeld des Krieges und militärpolitischer Überlegungen und Ziele. Das gilt sowohl für die römische Diplomatie ganz allgemein, als auch für die Bündnisse und Verträge Roms im besonderen: sie beenden militärische Konflikte, oder beugen diesen vor; sie dienen der Grenzsicherung und der territorialen Besitzstandswahrung; oder es handelt sich bei ihnen a priori um militärische Beistandspakte.

Die starke Einbindung der römischen Außenpolitik in den Prozeß der Expansion und damit in die Militär-Politik bzw. -Strategie findet ihre Entsprechung in zwei auffallenden Tatbeständen, die den Eindruck, es habe in Rom eine vom Krieg völlig losgelöste Außenpolitik gar nicht gegeben, als zumindest nicht ganz unzutreffend erweisen, ihn eher bestätigen: gemeint ist einmal das Fehlen eigenständiger außenpolitischer Institutionen und Organe;[8] zum anderen die Nicht-Existenz einer – im Wortsinn – außen-*politischen* Theorie.

Obwohl Rom seit dem ,Epochejahr' 264 v. Chr. nahezu ununterbrochen außerhalb seines Staatsgebietes tätig ist, stößt dennoch ausgerechnet die Frage nach spezifisch außen-politischen Einrichtungen und Konzeptionen, selbst diejenige nach einem adaequaten römischen (lateinischen) Begriff für „Außenpolitik" zunächst einmal ins Leere: es gibt in Rom kein Ressort Außenpolitik. Auswärtiges Amt, Außenminister, Berufsdiplomaten, diplomatisches Corps, ständige staatlich-offizielle Vertretungen im Ausland sind unbekannt. Ebenso wird man allgemeine, vom konkreten Einzelfall abstrahierende Überlegungen und Erörterungen über Grundsätze und Maximen der Außenpolitik, bzw. darüber, wie internationale und zwischenstaatliche Kontakte abzuwickeln seien, in der römischen Literatur und Historiographie – von vereinzelten Ausnahmen abgesehen – vergeblich suchen. Zufall der Überlieferung? Wohl kaum. Es ist mehr als unwahrscheinlich, daß just diejenigen Passagen und Abhandlungen, die diese Themen behandelten, alle verloren gegangen sein sollen. Und der Begriff „Außenpolitik"? Er existiert als solcher nicht. Allenfalls begegnet eine Umschreibung dessen, was Außenpolitik nach römischem Verständnis meint: man spricht von den belli pacisque consilia, den Plänen/Maßnahmen, die den Krieg und den Frieden betreffen; wobei auffällt, daß der Krieg (bellum) an erster Stelle genannt wird und zudem das Wort pax in diesem Zusammenhang primär nur den dem Krieg folgenden Friedensschluß, nicht so sehr den Zustand des Friedens und die in ihm zu betreibende Politik bezeichnet. Eine zwischen Krieg und Frieden angesiedelte Zone – heute gerade sie Betätigungsfeld der Außen-Politik –, ein ‚Mittelding' zwischen beiden Zuständen gibt es nicht. So jedenfalls konstatiert es Cicero.

Die ‚Unterentwicklung' römischer Außenpolitik im institutionellen Bereich äußert sich nicht nur darin, was auch nach unseren Maßstäben noch nichts Ungewöhnliches wäre, daß im republikanischen Rom ein und dasselbe Gremium, der Senat, sowohl über Angelegenheiten der auswärtigen Politik, als auch über solche des Krieges und der militärischen Organisation entscheidet: die Aufnahme diplomatischer Beziehungen, die Entsendung von Gesandtschaften und der Abschluß von Verträgen fallen ebenso in seine Kompetenz wie – de facto – die Kriegserklärung, die Bewilligung der für militärische Operationen notwendigen Mittel und die Benennung des Oberbefehlshabers. Was den modernen Betrachter jedoch befremden muß: daß in Rom darüberhinaus zwischen den führenden Politikern und den hohen Militärs eine prinzipielle personale Identität besteht; wohlgemerkt keineswegs nur aufgrund ihrer gemeinsamen Zugehörigkeit zum ‚Stand' der Nobilität (Amtsadel), sondern auch insoweit, als normalerweise – und nicht nur in besonderen Notsituationen – tatsächlich die amtierenden bzw. gewesenen obersten zivilen Magistrate (Consuln und Praetoren) im Kriegsfall als Roms Feldherrn fungieren. Diese Personalunion zwischen politischer und militärischer Führung ist sogar rechtlich verankert: in der den zivilen ebenso wie den militärischen Bereich umfassenden magistratischen Amtsgewalt (imperium). In konsequenter Logik bilden daher auch militärische und politische Karriere eine Einheit, und sind die durchaus nicht unbedingt gleichartige Qualifikationen und Qualitäten verlangenden verschiedenen Aufgaben nicht getrennt. Dementsprechend ist dem politischen Ansehen und Aufstieg der militärische Erfolg nur förderlich, und die Bewährung in der Politik wird – obwohl den Römern manch schmerzlicher Gegenbeweis vorlag – geradezu als Garantie für Durchsetzungsvermögen und Geschick auch im Krieg gewertet. Eine vorbereitende Ausbildung und Schulung erhält die oberste römische Heeresleitung nicht. Roms Generalität hat nie eine Militärakademie à la West Point besucht, oder Frühjahrs- und Herbstmanöver mit den Alliierten abgehalten. Sie eignet sich ihre Kenntnisse und Fähigkeiten im aktiven Einsatz an. Man ist geneigt, angesichts dieser ‚Laienhaftigkeit' der römischen Feldherrn einerseits und der permanenten Sieghaftigkeit Roms andererseits, unter seinen Politikern ein nahezu unerschöpfliches Reservoir an militärischen Naturtalenten zu vermuten.

Selbst Roms ‚Diplomaten', seine Gesandten (legati), sind nicht Außenpolitiker qua Amt und Beruf. Sie treten überhaupt nur aushelfend in Erscheinung, wenn außenpolitische Missionen von den regulären Magistraten nicht wahrgenommen werden können (oder sollen), und führen – zumindest in ihrer Eigenschaft als Generalstäbler eines Provinzgouverneurs bzw. Feldherrn – auch rein militärische Aufträge aus. Ähnlich also wie bei den römischen Polit-Generälen vermischt sich auch beim ‚diplomatischen Dienst' Politisches mit Militärischem. Aber eben nicht, weil beides in der Praxis des öfteren zwangsläufig zusammenfließt, sondern weil Rom grundsätzlich und von vornherein eine organisatorische und personelle Scheidung nicht vornimmt, seiner Außenpolitik der institutionelle Rahmen fehlt, und es nach außen die Politik als *autonome* Form des Agierens offenbar nicht kennt.

Wenn manchem modernen Berichterstatter römischer Außenpolitik die Darstellung der auswärtigen Angelegenheiten (res externae) des römischen Staates bisweilen zur Kriegsgeschichte gerät, geschieht das demnach weder ganz zufällig, noch allein aufgrund einer allzu einseitigen Vorliebe für diese ‚militante' Art der Geschichtsschreibung. Schuld daran sind auch die tatsächlichen Verhältnisse. Ein Blick auf die zwischenstaatlichen Beziehungen Roms zeigt sehr bald, daß diese sich auf ein Minimum reduzieren, wenn man aus ihnen die militärisch und kriegerisch bedingten eliminiert. Kulturelle und wirtschaftliche Verbindungen zum Ausland mögen durchaus bestehen, sind aber nicht Domäne staatlichen Handelns. Sogar die diplomatischen Kontakte werden keineswegs immer von staatswegen begründet und gepflegt (vgl. oben S. 54 und 66). Überspitzt formuliert: der republikanische Staat (die res publica) erscheint als außen-,politischer' Handlungsträger nur im Krieg.

Angesichts dieser Tatbestände ist es nur natürlich, wenn sich auch schon in der Sicht und Schilderung der antiken, römischen und griechischen Autoren (Sallust, Livius, Polybios, Diodor, Appian etc.) das kriegerische Ereignis als selbstverständlicher Bestandteil der Außenpolitik Roms darstellt. Weder unternehmen sie den Versuch, noch lassen sie auch nur das Bedürfnis erkennen, zwischen auswärtiger Politik einerseits, und militärischer Aktion im Ausland andererseits zu differenzieren. Mehr noch: Berichte über Roms äußere Situation und die seiner Umwelt wird man imgrunde bei ihnen immer nur dann finden, wenn es gilt, (Grenz-)Konflikte und Kriege, in die Rom verwickelt ist, zu beschreiben und zu erläutern; sie enthalten demgemäß meist nichts anderes, als Angaben über deren Verlauf und Hintergründe. Was darüber hinaus geht (Zivilisation, Ethnographie, Geographie des Auslandes) sind ‚Abweichungen', Exkurse. Nicht von ungefähr setzt der lateinische Sprachgebrauch in der häufig verwandten Formel „domi militiaeque" Krieg mit auswärtigem Geschehen praktisch gleich. Der Ausdruck kann beides heißen: „Zuhause (in der Heimat) und im Ausland" oder: „im Frieden und im Krieg (im Feld)".

Augenfälligstes Zeugnis für die besondere Bedeutung, ja Dominanz des Krieges im zwischenstaatlichen Bereich ist Roms *theoretisches* Defizit in Sachen Außen-Politik: Zwar fehlt es weder bei den ‚republikanischen' Schriftstellern (Polybios, Livius, Sallust, Caesar) noch bei den kaiserzeitlichen (Tacitus, Cassius Dio) an konkreten Einzelangaben, die Aufschluß über die verschiedenartigen praktizierten außenpolitischen Verhaltensweisen und Maßnahmen der Römer geben. Die letztlich einzige Theorie jedoch, die die Römer je im Hinblick auf die Gestaltung und Regelung ihrer Beziehungen zu anderen, nichtrömischen Staatswesen und Stammesverbänden entwickelt haben und die wenigstens halbwegs diesen Namen verdient, ist bezeichnenderweise eine Kriegstheorie: die des gerechten Krieges (bellum iustum) und der gerechten Kriegsgründe (iustae causae belli). Wir werden beides gleich noch näher kennenlernen (S. 75 ff.).

Den römischen Politiker beschäftigt – anders als seinen modernen Kollegen, der darin eine seiner vornehmsten Aufgaben erblickt –

nicht die Frage, wie eine kriegerische Auseinandersetzung zu vermeiden sei, sondern wie man vor sich selbst und dem eigenen Verständnis von Gerechtigkeit eine solche rechtfertigen kann. Er weiß zwar mit Cicero, daß es grundsätzlich zwei Möglichkeiten gibt, um Konflikte mit anderen beizulegen: das klärende Gespräch (disceptatio) und die Gewaltanwendung (vis), und hält die erstere auch durchaus für die Menschen-würdigere, bezieht jedoch die letztere von Anbeginn in seine Gedanken mit ein. Sie erscheint ihm als legitime, sogar einzig richtige Methode, wenn Diskussionen und Verhandlungen keine für Rom akzeptable Lösung versprechen, wenn die friedliche Koexistenz nur unter Hinnahme von – subjektiv empfundenen – Ungerechtigkeiten (iniuriae) ‚erkauft' werden könnte, oder wenn der ausgehandelte Friede versteckte ‚Fallstricke' (insidiae) enthielte, die über kurz oder lang nur neuerlichen Zwist herbeiführen würden.

Diese Einstellung verdeutlicht zweierlei:

Erstens: die Römer denken, wenn sie von ‚Außenpolitik' sprechen, den Krieg stets mit. Er ist nicht allein ultima ratio der Politik, auch nicht nur ihre Fortsetzung mit anderen Mitteln, sondern in sie integriert, eine ihrer möglichen sachgemäßen Erscheinungsformen und Methoden.

Zweitens: Roms Politik ist gekennzeichnet von einer ungebrochenen Bereitschaft zum Krieg. Wer meint, zur Ehrenrettung Roms die militärisch-kriegerische Prägung seiner Außenpolitik in Abrede stellen zu müssen, verkennt, daß das imgrunde ganz unrömisch gedacht ist: zwar werten auch die Römer den Krieg – im Vergleich zum ruhigen Friedenszustand, nicht aber ‚moralisch'! – als ein Übel (zumal dann, wenn römisches Territorium in Mitleidenschaft gezogen wird); sie erachten ihn jedoch zugleich als notwendig und – bei erfolgreichem Ausgang– als dem römischen Ansehen durchaus zuträglich.

Und die Römer bekennen sich auch zu ihrer permanenten Kriegführung: seit dem Jahre 237 v. Chr. stehen in Rom die Pforten des Janus-Tempels offen, zum Zeichen, daß man irgendwo in irgendeinen Krieg verwickelt ist; erst der ‚Friedenskaiser' Augustus wird sie 29 v. Chr. wieder schließen. Rom selbst gibt damit zu, seine Machtstellung den Waffen zu verdanken und die Weltherrschaft vorwiegend mittels militärischer Intervention erlangt zu haben.

Vielleicht hat Heraklit Unrecht, wenn er *allen* Dingen den Krieg als Vater zuweist. Der des republikanischen Imperium Romanum ist er mit Sicherheit gewesen.

Gerechter Krieg und Kriegsrecht

Sofern man der römischen Expansion in den Jahren 264 v. Chr. bis Caesar/Augustus überhaupt eine wenigstens annähernd durchgehende gedankliche ‚Linie' unterstellen kann, dann die des ‚gerechten Krieges' (bellum iustum). Daß sie in der Praxis römischer Annexionspolitik ausnahmslos eingehalten worden sei, ist damit nicht gesagt; ganz unabhängig davon, mit welchem Maßstab man die Gerechtigkeit mißt: mit dem der Römer selbst, dem der nicht-römischen Zeitgenossen, oder mit dem uneinheitlichen ‚pluralistischen' unserer Tage.

Die Vorstellungen vom gerechten Krieg liegen freilich den römischen Eroberungen nicht als sie vorausplanende Konzeption zugrunde, sondern sind legitimierende Begleiterscheinung. Sie haben auch nirgends in der römischen Literatur eine in sich geschlossene, theoretische Erörterung erfahren. Vielmehr müssen sie aus verstreuten Äußerungen erst zu einem Gesamtbild zusammengefügt werden. Und der Begriff des bellum iustum selbst wird gar erst bei Cicero (Mitte 1. Jh. v. Chr.) für uns greifbar. Trotz allem kann man dennoch als sicher voraussetzen, daß die Maxime des gerechten Krieges seit alters her – und nicht erst in der Rückprojizierung eines späteren Selbstverständnisses – das außenpolitische Denken und Handeln der Römer bestimmt hat. Das ergibt sich einmal aus den Schilderungen des Livius, die ihrerseits auf den älteren Berichten der römischen Annalistik des 2. und beginnenden 1. Jh. v. Chr. fußen, und in denen sich bei der Begründung eines Krieges immer wieder Argumente finden, die der bellum-iustum-‚Theorie' entstammen; zum anderen aus der Einbindung des gerechten Krieges in das römische Fetialrecht und den Fetialritus, deren Ursprung – wie der der Priesterschaft der Fetialen selbst – bis in Roms Frühzeit zurückreicht.

Die Fetialen, Angehörige eines 20-köpfigen Kollegiums, sind vor allem im frühen Rom und solange sich römische Außenpolitik noch auf den italischen Raum beschränkt mit ‚diplomatischen' Aufgaben befaßt. Sie erscheinen als Gesandte bzw. werden bei Kriegserklärungen und Vertragsabschlüssen – ohne Entscheidungsbefugnis – hinzugezogen, um diesem Staatsakt die angemessene religiöse Weihe und sakralrechtliche Sanktionierung, und dem Krieg selbst ‚Heiligkeit' zu verleihen. Ihre Bedeutung sinkt in dem Maße, in dem sich Roms auswärtige Aktivitäten in außeritalische Bereiche verlagern und sich zudem der zwischenstaatliche Verkehr saekularisiert. Die ‚profanen' legati treten mehr und mehr an die Stelle der Fetialen.

Die Kriterien, die für den gerechten Krieg gelten, sind sowohl formaler, religiös-ritueller als auch inhaltlicher, politischer Natur. Aus den erstgenannten ergibt sich die direkte Verbindung der Fetial-Priester zum bellum iustum.

Ursprünglich ist nach Auffassung der Römer ein Krieg nur dann gerecht (iustus) und gottgewollt/gottgefällig (pius), wenn seine Erklärung im Rahmen eines vorgegebenen religiösen Zeremoniells erfolgt: kommt es zu einer Verletzung römischer Grenzen oder zu einem anderweitig provokativen Verhalten eines Nachbarstaates, entsendet der römische Senat einen Fetialen an den Ort des Geschehens, der dort – unter Anrufung Jupiters als Zeugen – das betreffende Gemeinwesen auffordert, Satisfaktion für die feindselige Handlung zu leisten. Geschieht das nicht binnen einer Frist von 30 Tagen, begibt sich der Fetiale zur Berichterstattung zurück nach Rom. Für den Fall, daß sich der Senat angesichts der verweigerten Wiedergutmachung zur Eröffnung des Krieges entschließt, muß diese Entscheidung dem Gegner vorab übermittelt werden: abermals macht sich ein Fetiale auf den Weg zur Grenze und schleudert als symbolische Kriegserklärung einen Speer ins Feindesland.

Die Kompliziertheit des Verfahrens könnte erklären, warum dieses Ritual nur innerhalb Italiens zur Anwendung gelangt. Praktische Gründe sind dafür jedoch offensichtlich nicht allein ausschlaggebend gewesen. Denn: hin- und herreisen zwecks Androhung und Verkündung eines Krieges werden später auch die ‚Nachfolger' der Fetialen, die Legaten. Zwar vom Ballast religiösen Zeremoniells befreit, aber über die weit größeren Entfernungen des gesamten Mittelmeerraumes. Und außerdem hat das römische Sakralrecht bei geographisch entlegeneren Kriegsschauplätzen ohnehin eine Ersatzhandlung zugelassen; nämlich den Vollzug der rituellen Kriegserklärung in Rom selbst, an der ‚Kriegssäule' (columna bellica) im Tempelbereich der Kriegsgöttin Bellona. Aber auch von dieser vereinfachten Lösung machen die Römer – soweit bekannt – in der ausgehenden Republik (und in der Kaiserzeit) bei ihren außeritalischen Kriegen wenn überhaupt nurmehr ausnahmsweise Gebrauch. Läßt uns lediglich die Überlieferung im Stich? Besaß Italien, auch als es noch von Rom aus gesehen Ausland war, einen außenpolitischen Sonderstatus? Oder ist das geänderte römische Verhalten, die Verwendung ‚weltlicher' Gesandter Anzeichen einer Ent-‚Mythologisierung' und Profanisierung des Krieges ganz allgemein? Vielleicht. Wir wissen es nicht.

Immerhin: trotz der allmählichen Abkehr vom fetialen Ritus bei der Eröffnung eines Krieges gilt auch noch im spätrepublikanischen Rom Ciceros der Grundsatz, daß es einen *gerechten* Krieg nicht geben kann, wenn dessen traditionelle formale Voraussetzungen, wie sie bereits das Fetialrecht kennt, nicht erfüllt sind. Nach wie vor muß der Kriegserklärung die Angabe der Dinge bzw. Tatbestände, die Rom zurückfordert bzw. rückgängig gemacht zu sehen wünscht (Satisfaktionsforderung; lateinischer terminus technicus: rerum repetitio), vorausgehen. Und ebenso unerläßlich ist auch jetzt noch die offizielle vorherige Bekanntgabe des ab sofort herrschenden Kriegszustandes.

Mehr noch als nach diesen Gesichtspunkten bemißt sich der legitime, gerechte Charakter eines Krieges nach seiner jeweiligen sachlichen Begründung. Die gerechten Kriegsgründe (iustae causae belli) sind das eigentlich Entscheidende. Sind sie gegeben – römischer Einschätzung zufolge, versteht sich – ist der Krieg, wie auch immer er sich in seinem weiteren Verlauf und der Praxis der Kriegführung gestalten mag, rechtens und unvermeidlich. Ihn zu führen nachgerade die Pflicht des römischen Staates, will er nicht vor sich selbst, d. h. im Hinblick auf seine eigenen geltenden Wertvorstellungen und Ordnungsprinzipien, und gegenüber dem Bündnispartner unglaubwürdig werden.

Die von den Römern selbst gefertigte Palette gerechter Kriegsgründe ist breit. Ihre wichtigsten Punkte: die – erbetene oder auch nicht erbetene – militärische Hilfeleistung für bedrohte oder bereits in Bedrängnis geratene Freunde und Bundesgenossen; der Schutz für einen Staat (Stamm), der sich Rom und römischer fides überantwortet und anvertraut hat; die Gefährdung bzw. Verletzung der Reichsgrenzen, also der Angriff auf römisches Territorium; und die Mißachtung, wenn nicht gar einseitige Aufkündigung bestehender Bündnisvereinbarungen und Vertragsverhältnisse.

Der gerechte Krieg ist demnach – so will und soll es scheinen – nicht aggressive römische Aktion, sondern stets defensive römische Reaktion auf provokatives Fehlverhalten der Außenwelt: Abwehr, Schutz, Verteidigung, Besitzstandswahrung und Erhalt des Status quo sind seine Motive, die Ziele, die er verfolgt. Dieser Deutung der Römer wird man freilich allenfalls nur dann zustimmen können, wenn man mit ihnen zugleich akzeptiert, daß nicht nur die (materielle) Existenz, sondern auch Ehre, Ruhm und Ansehen des Staates Güter sind, die billigerweise kriegerisch verteidigt werden dürfen und müssen. Ohne die Forderung nach Beachtung der gerechten Kriegsgründe preiszugeben, kennt die römische Theorie in der Tat grundsätzlich zwei Arten des bellum iustum: den Überlebenskampf, bei dem es um Sein oder Nichtsein geht, und den Krieg um des Reiches und seiner politischen und militärischen Geltung willen (de imperio; imperii gloria). Konsequent zu Ende gedacht heißt das: bereits die Nicht-Anerkennung der Suprematie Roms und seiner imperialen Vormachtstellung kann die kriegerische Intervention legitimieren.

Der weit gesteckte Rahmen des gerechten Krieges und vor allem die subjektive Dehnbarkeit, um nicht zu sagen: Manipulierbarkeit, des Begriffs der iusta causa belli haben es Rom leicht gemacht, die endlose Kette seiner Kriege in den letzten 2 ½ Jahrhunderten der Republik, selbst da, wo sie – nicht erst und nur für den modernen Betrachter – eine fatale Ähnlichkeit mit dem reinen Eroberungskrieg aufweisen, sub titulo Gerechtigkeit zu führen. Höchst selten nur – etwa beim 3. makedonischen Krieg – hat daher die römische Berichterstattung einige Mühe, die geschilderte Realität mit diesem Anspruch in Einklang zu bringen. Wenn die ungerechte Sache allzu offenkundig ist und selbst Beschönigung nichts mehr auszurichten vermag, stehen aufrechte Männer wie Livius und Cicero dann aber auch nicht an, dies zu beklagen und ein unrechtmäßiges römisches Verhalten einzugestehen. So werden dem Vorgehen des M. Popilius gegen die Ligurer im Jahre 173 v. Chr., dem Feldzug des Murena im 2. mithridatischen Krieg 83/82 v. Chr. (der seinem Führer dann aber doch die auszeichnende Ehre des Triumphes einbringt!) und auch dem parthischen

Unternehmen des Crassus 53 v. Chr. die gerechten Gründe mehr oder weniger unverhohlen abgesprochen. Bedauerliche Entgleisungen vom üblicherweise eingehaltenen Pfad gerechter Kriegführung!

Die von Anfang an geäußerte Kritik an Crassus' Partherzug wird nicht zuletzt durch dessen totales Mißlingen noch zusätzliche Nahrung erhalten haben. Denn: wie sollte je ein bellum iustum anders als erfolgreich enden? Gerecht – das ist zugleich: den Göttern genehm. Dies wiederum bewirkt, erzwingt geradezu den göttlichen Beistand, der seinen sichtbaren Niederschlag im römischen Sieg findet. Folgt man dieser religiösen gedanklichen Konstruktion, ist der für Rom positive Ausgang eines gerechten Krieges – und allein solche führt man – nur logisch, gleichsam vorprogrammiert. Der Glaube der Römer, die Welt ‚zu Recht' (gerecht) unterworfen zu haben, erfährt umgekehrt unter eben diesem Blickwinkel nirgends eine überzeugendere Bestätigung als in ihrer kontinuierlichen Sieghaftigkeit.

Die bellum-iustum-‚Theorie' ist auch für die römische Verhaltensweise im Krieg nicht ohne Bedeutung geblieben. Indem sie den Römern die unerschütterliche Gewißheit gibt, stets im Dienste einer vor Gott und den Menschen gerechten Sache zu kämpfen, hat sie zwar nicht gerade eine Kreuzzugsmentalität bei ihnen heraufbeschworen, wohl aber Rom dazu verleitet, den ‚guten' Zweck die brutalen Mittel heiligen zu lassen. Eine weitere bemerkenswerte Eigenart der römischen Vorstellungen über den gerechten Krieg ver-führt in dieselbe Richtung: wann immer sich römische Autoren Gedanken über seine Bemessungsgrundlage machen: die Kriegspraxis und der Austragungsmodus des Krieges bleiben ausgespart. Die Wertung des Krieges hängt demnach ausschließlich vom (Wie und) Warum seines Beginns ab, nicht jedoch vom Wie seiner Abwicklung.

Zeugen dafür, daß man mit dieser Feststellung der römischen Auffassung vom gerechten Krieg nicht fälschlicherweise eine spätere machiavellistische Jesuitenmoral (oder die ähnliche von Hobbes) unterstellt, sind die Römer selbst: sie kennen und gebrauchen sehr wohl und nicht selten bezüglich ihrer Kriegstaten den Begriff der iniuria belli (Unrecht im/des Krieg/es); von einem ungerechten Krieg (bellum iniustum) jedoch sprechen sie trotzdem – so gut wie – nie. Das aber kann nur heißen: im Verlauf eines Krieges begangenes Unrecht vermag dem insgesamt gerechten Charakter eines Krieges keinen

Abbruch zu tun. Der höhere Wert der gerechten Zielsetzung ‚verkraftet' auch das Fehlverhalten im ‚Detail', sprich: Mißgriffe bei der Wahl der Mittel.

Unrecht als Kontrast und Negation des Rechts setzt positiv dessen Existenz voraus. Wie also sieht es aus, das römische Kriegs-Recht? Nicht nur in Rom, sondern imgrunde während der gesamten Antike ist es – ähnlich wie das internationale Recht im allgemeinen – ausschließlich gewohnheitsrechtlich definiert. Bindende, ‚weltweit' geltende Vereinbarungen oder gar überstaatliche Kontrollinstanzen fehlen. Aber es gibt traditionelle ‚moralische' Spielregeln, an die sich die kriegführenden Parteien im Normalfall halten, auch wenn sie nicht kodifiziert sind. Mit den Richtlinien des Roten Kreuzes und der Genfer Konvention haben freilich auch sie wenig gemein.

Eine der noch am ehesten beachteten Regeln beinhaltet die Verpflichtung zur offiziellen Erklärung des Kriegszustandes. Sie soll ein überfallartiges Vorgehen gegen einen anderen Staat verhindern. Eine andere Norm gilt der Unverletzlichkeit der Gesandten, die im antiken Krieg als einziges Kommunikationsmittel eine besondere Bedeutung besitzen. Übergriffe gegen sie – unwürdige Behandlung, Inhaftierung, Tötung – kommen zwar vor, verfallen jedoch selbst als ultima ratio einhelliger Mißbilligung und haben stets eine weitere Verschlechterung der Beziehungen und eine Verschärfung der militärischen Aktionen zur Folge. Angriffe auf auswärtige Gesandtschaften bedürfen sogar im eigenen Lager der Rechtfertigung; z. B. mittels des Hinweises, es habe sich in Wahrheit gar nicht um Gesandte, sondern um feindliche Spione gehandelt. Schließlich gewährt das gewohnheitsmäßige Kriegsrecht der Antike auch Heiligtümern und Tempeln seinen Schutz. Sie sind theoretisch generell dem Zugriff des Gegners entzogen. Zuwiderhandlungen bleiben aber auch hier nicht aus. Römische Selbstkritik rufen sie jedoch allenfalls dann hervor, wenn sie sich in nicht von Barbaren bewohnten Gebieten ereignen. Schändung und Zerstörung von ‚barbarischen' sakralen Einrichtungen werden leichter hingenommen, schon weil die Wirksamkeit der Barbaren-Götter von Rom als gering bzw. nicht existent eingeschätzt wird, ein göttliches Strafgericht demnach nicht zu fürchten steht.

Der bei den Griechen bis in die klassische Zeit hinein eingehaltene Brauch, auf Bitten des Gegners einen Waffenstillstand zu gewähren, um ihm die Beisetzung der Gefallenen zu ermöglichen, ist von den Römern nie als stillschweigende völkerrechtliche Verpflichtung angesehen worden. Sie sind auch keine zwischenstaatliche Übereinkunft eingegangen, die in Anlehnung an die von den Schutzmächten Delphis getroffenen (freilich auch nicht immer beachteten) Vereinbarungen etwa die Niederringung des Gegners mittels Vernichtung seiner materiellen Existenzgrundlage, einer Politik der verbrannten Erde also, und die Bezwingung einer belagerten Stadt durch Abgraben des Wassers verboten hätte. Daß Rom an diese Regeln nicht anknüpft, erklärt sich teilweise sicher daraus, daß seine Kriege nicht wie die der Griechen untereinander permanente Bruderkriege sind, dieser Grund zur Mäßigung zumindest außerhalb Italiens also entfällt. Zugleich jedoch ist es Indiz für die rigorosere Härte römischer Kriegführung. Die Römer haben den ,totalen' Krieg zwar weder als erste noch als letzte praktiziert, ihm aber – vor allem während der späten Republik – zu traurigem Ruhm und Erfolg verholfen. Ohne Skrupel nutzen sie (wenn sie wollen) den Spielraum, den ihnen das antike Kriegsrecht läßt. Und der ist weit.

Rechtens und legitim sind Plünderung und Zerstörung des gegnerischen Eigentums, seiner Häuser, Siedlungen, Stadtanlagen; die Verwüstung von agrarischen Anbaugebieten und ,industriellen' Produktionsstätten; ebenso die Vernichtung des Viehbestandes. Rom nimmt seine Rechte wahr, sofern dem nicht ein *akutes* Eigeninteresse – etwa der Zwang zur Verpflegung und Versorgung der römischen Truppen aus den Beständen des Feindes – entgegensteht. Die *langfristige* Aussicht, bei Inbesitznahme vorher eigenhändig ruinierter Gebiete sich selbst zu schaden, scheint demgegenüber nur wenig zu schrecken. Sonst wäre man wohl in Karthago, Korinth, Spanien und Gallien anders vorgegangen.

Rechtens und legitim ist auch die physische Vernichtung des Gegners, bis hin zu seiner Ausrottung. Wenn Übergabe- und Kapitulations-Vereinbarungen nichts anderes bestimmen, ist der Kriegsgefangene, auch der, der sich freiwillig ergibt, der uneingeschränkten Gewalt des Siegers unterworfen. Sie umschließt auch das Recht auf Tötung. Nicht nur einzelner Personen, sondern ganzer Stadtbevölkerungen und Stämme. Das ebenfalls der Entscheidung des siegreichen römischen Feldherrn anheimgestellte, häufig angewandte Alternativ-

Verfahren: der Verkauf der Unterlegenen in die Sklaverei, hat zumal bei den Römern, die den Sklaven als Sache absolut rechtlos der freien Willkür seines Herrn überantworten, schwerlich etwas mit humaner Gesinnung und Milderung des Kriegsrechts zu tun. Eher mit wirtschaftlichen Überlegungen und der Erkenntnis, daß ein lebender Gefangener ein gewinnbringenderer Beuteanteil ist als ein toter.

Noch nicht einmal auf irgendeinem Papier genießt die nicht waffentragende bzw. nicht waffenfähige Zivilbevölkerung – Kinder, Frauen, Greise – besonderen Schutz. Ebensowenig wie sie während noch laufender Kampfhandlungen von Brandschatzung, Mord, Vergewaltigung verschont bleiben, macht nach Einstellung der Kämpfe die Versklavung vor ihnen Halt. Und niemand wird den römischen Offizier oder General, der solches billigt oder veranlaßt, zur Rechenschaft ziehen.

Gewiß: selbst Rom hat keineswegs immer die Möglichkeiten des Kriegsrechts in der geschilderten Weise bis zur letzten Konsequenz ausgeschöpft. Entscheidend jedoch: wo Rom mit Nicht-Römern im Krieg anders verfährt, oder wenn es seine Untaten und Unrecht-Handlungen (iniuriae), die formal-juristisch keine sind, zugibt, geschieht das gleichsam freiwillig, auf dem Hintergrund eigener Wertvorstellungen und selbst entwickelter Verhaltensnormen. Nicht generell, aber unter bestimmten Voraussetzungen wirken sie als mäßigendes Regulativ auf die römische Kriegführung.

Als das Kriegsrecht mildernde Umstände können gelten: die Enthaltsamkeit des Gegners von Grausamkeiten und Unmenschlichkeiten gegenüber Römern während der Auseinandersetzung; die ‚freiwillige' Kapitulation (deditio), mit der sich der Feind bei gleichzeitiger Niederlegung der Waffen Rom auf Treu und Glauben ergibt; sowie auch der spezifische Charakter eines Krieges selbst, wenn nicht Roms physische und materielle Existenz auf dem Spiel steht, der Krieg vielmehr ‚nur' um des (hegemonialen) Ansehens, der gloria imperii willen geführt wird.

In diesen Fällen ist es ein Gebot römischer Großmut und entspricht es der ‚patronalen' Verantwortung und Fürsorge Roms, Gnade vor Recht ergehen zu lassen und dem Besiegten Verzeihung, Schonung und Schutz zu gewähren, statt ihn der Vernichtung oder Versklavung anheim zu geben; insgesamt also weniger rücksichtslos vorzugehen, als im allgemeinen üblich. Ob und wann die Römer jedoch ihre Überlegenheit und Stärke in Form von Nachsicht und gnädigem Wohlwollen oder mittels rigoroser Gewaltanwendung demonstrieren, hängt einzig und allein von ihnen ab.

Schwer vorstellbar, wie sich auf diesem Boden oder auf dem des antiken, römischen Kriegsrechts und der bellum-iustum-,Theorie' der Begriff des Kriegs-Verbrechens im Sinne eines justiziablen Vergehens hätte entwickeln sollen. Tatsächlich ist in Rom, bei aller gelegentlichen Selbst-Kritik, kein *im Krieg* begangenes Unrecht je in einem Prozeß bzw. in der Verurteilung eines römischen Heerführers aktenkundig geworden. Obwohl andererseits der Verstoß eines Feldherrn gegen das Sakralrecht, als welcher etwa die Eröffnung einer Schlacht ohne vorherige rituelle Befragung der Götter bzw. entgegen der von ihnen gesandten Vorzeichen gewertet wird, sehr wohl gerichtliche Verfolgung nach sich zieht. Vor allem dann, wenn aus dem Sakrileg eine militärische Niederlage erwachsen war.

Ein durchaus typisches Beispiel für die römische Haltung: Caesar wird von einigen seiner Zeitgenossen attackiert, weil er wiederholt formale religiöse Vorschriften mißachtet; Unmut – allerdings nur beim parteipolitischen Kontrahenten Cato – erregt auch die Inhaftierung der Gesandten der Usipeter und Tencterer; niemand jedoch kommt auf die Idee, Caesar wegen der systematischen Ausrottung der Eburonen und der Verstümmelung der Einwohner von Uxellodunum belangen zu wollen, oder auch nur Vorhaltungen zu machen. Caesar weiß das: er verschweigt diese ,Verbrechen' der römischen Öffentlichkeit nicht, weil sie dort weder als strafbar noch als anstößig empfunden werden.

Und die Welt-Öffentlichkeit? Sie fällt als richterliche oder auch nur ,moralische' Kontrollinstanz aus. Aus zwei Gründen:

Erstens: Das römische Selbstverständnis und Selbstbewußtsein, richtig zu handeln, bedarf keiner Bestätigung von außen. Die Handlungsmaximen, an die sich der Römer gebunden fühlt, sind ausschließlich römische. Allein römische Normen bestimmen sein Verhalten. Aus ihnen leitet er seine Rechtfertigung ab. Die römische Nobilität in erster Linie und das römische Volk in zweiter Linie sind daher die einzigen, denen er gegebenenfalls Rechenschaft schuldig ist. Nur ihr moralisches (oder gerichtliches) Urteil ist ausschlaggebend.

Nicht das der Reichsbewohner, denen als Besiegten bzw. Unterworfenen ein solches ohnehin schlecht ansteht. Und schon gar nicht das einer – zudem noch rein imaginären – Weltöffentlichkeit. Denn:

Zweitens: Eine Weltöffentlichkeit, die mehr ist als eine bloße Ansammlung von Nachbarstaaten, gibt es nicht. Was existiert, ist eine unzusammenhängende, unorganisierte Umwelt. Ihr mangeln alle Voraussetzungen, um sich einheitlich oder auch nur in mit Rom konkurrenzfähigen Machtblöcken zu artikulieren: internationale Vereinbarungen und Verträge, überstaatliche Gremien und Institutionen, verbindliche bzw. verbindende ‚Ideologien' von weltweiter Bedeutung und Geltung fehlen – die religiösen ebenso wie die politischen. Ganz zu schweigen von den Schwierigkeiten einer überregionalen Kommunikation und Information. Eine ‚Weltmeinung' als Orientierungspunkt kann sich unter diesen Umständen schwerlich bilden. Selbst wenn Rom also bereit gewesen wäre, sie zu ergründen, um sich nach ihr zu richten, es hätte statt ihrer ohnedies nur eine verwirrende Vielfalt angetroffen. Und wenn schon Meinungs-Pluralismus herrscht, warum dann das eigenen römischen Vorstellungen folgende Verhalten ändern? Zumal der Erfolg kaum Zweifel an dessen Richtigkeit zuläßt.

Der Krieg, der gerechte Krieg und das Kriegsrecht haben der römischen Außenpolitik in der expansiven Phase der Republik weit mehr ihren Stempel aufgedrückt als Diplomatie und Verträge. Militärischer Druck bis hin zur Intervention sind diejenigen ‚außenpolitischen' Mittel, mit denen Rom spätestens in letzter Instanz die Anerkennung seiner hegemonialen Vormachtstellung erzwingt und die nahezu ausnahmslos da Anwendung finden, wo Rom bestrebt ist, territoriale Ansprüche und direkte Herrschaft durchzusetzen.

Entrüstung über die Härte und Brutalität römischer Kriegführung erscheint auf der Ebene ethisch-moralischer Wertung durchaus angebracht; wobei sich freilich der Historiker bewußt bleiben sollte, daß auch deren Maßstäbe divergieren und sich verändern. Sie rechtfertigt sich aber nicht aus ‚besseren' Gegebenheiten der Neuzeit: die sehen realiter nach wie vor nicht viel anders aus als die römischen. Daran haben weder christliche Gebote, noch Aufklärung und Humanismus, noch moderne internationale Konventionen etwas geändert. Einziger bemerkenswerter Unterschied: man entwickelt Schuldgefühle, schlechtes Gewissen, wo Rom beides nicht kennt. Anders als Caesar schreibt niemand mehr sein ‚Mylai' in den eigenen Tatenbericht. Die Römer sind ehrlicher; können es sein, weil ihnen für den Kriegsfall weder das eigene Recht, noch Völkerrecht und Weltöffentlichkeit Beschränkungen auferlegen, an denen die Realität dann doch vorbeigeht. ‚Humanisierung des Krieges' ist ein Widerspruch in sich, ein Paradoxon. Und die sophistische Verlogenheit dieser ‚Idee' wird spätestens dann offenbar, wenn in ihrem Namen über die Einführung der Neutronenbombe diskutiert werden kann.

Drittes Kapitel

Motive, Ziele und Hintergründe der Großreichsbildung
Mehr Fragen als sichere Antworten

Welcher Umgangsformen und Methoden sich die Römer bei ihren auswärtigen Aktivitäten bedienen und in welchem Maße ihr außenpolitisches Handeln auf militärische Herrschaftssicherung und -erweiterung hinausläuft, wissen wir bereits. Und wir kennen auch schon *ein* Ergebnis ihres externen Engagements: die Unterwerfung aller Mittelmeer-Anlieger-Staaten.

Was darüber hinaus interessiert, sind die Auswirkungen und Folgen dieser extrovertierten Politik im Innern (vgl. dazu unten S. 110 bzw. 125 ff.) und die Antwort auf die nur allzu berechtigte und naheliegende Frage: wozu das alles? Warum, zu welchem Zweck expandiert der italische Stadtstaat zum überdimensionalen Großreich? Was veranlaßt ihn, sukzessive seine gesamte, keineswegs nur die nächstliegende Umwelt der eigenen – indirekten oder direkten – Kontrolle zu unterstellen? Gibt es dafür überhaupt plausible Gründe? Ist die Welteroberung intendiert? Entspringt bzw. entspricht sie einem vorgefaßten und konsequent verfolgten Plan? Und weiter: wo liegt das ‚Geheimnis' des machtpolitisch imgrunde ‚irrationalen' Erfolgs des kleinen Rom? Wie erklärt sich die offenkundige Überlegenheit Roms gegenüber dem nicht-römischen Ausland und der Sieg der Römer, wo doch die Zahl der Gegner die römische Niederlage unvermeidlich erscheinen lassen mußte?

An Deutungsmöglichkeiten und -vorschlägen mangelt es nicht. Sie sind ebenso zahlreich wie kontrovers. Auch der neuerliche Versuch, eine Antwort zu geben, wird letzte Klarheit nicht überall bringen.

Zweifelhafter Imperialismus

Die Zielsetzungen und Motive, die die Römer selbst als Triebkräfte ihrer expansiven Außenpolitik nennen, sind grundsätzlich identisch mit den von ihnen als gerecht erachteten Kriegsgründen. Und wie diese geben auch sie zwar hinreichend Aufschluß über das subjektive römische Selbstverständnis, eignen sich aber gerade deswegen kaum zur Offenlegung der wahren Sachverhalte. Wäre dem so, müßte man zugleich mit den Römern glauben, die Weltherrschaft sei letztlich ‚zufälliges' Produkt einer rein defensiven, allein auf die Sicherung des Staats- und Reichsgebietes, die Wahrung römischen Ansehens und den Schutz der mit Rom Verbündeten bedachten Politik. Eine Erklärung, die schwerlich befriedigt, weil sie die imperiale Stellung Roms und seine weltweite Beschützerfunktion bereits als natürlich und gegeben voraussetzt, und gar nicht mehr nach deren ursächlichen Hintergründen fragt, diese also letztlich mehr verschleiert denn erhellt.

Führt demnach die Befragung der Römer nach dem Warum ihres Verhaltens zu keinem Ergebnis, bleibt nur das zugegebenermaßen recht spekulative Verfahren, allgemein mögliche und vorstellbare Motive einer ausgreifenden, hegemonialen bzw. – wie sie heute heißt – imperialistischen Politik dahingehend zu untersuchen, inwieweit sie auch für Rom zutreffend gewesen sein könnten.

Die moderne Imperialismus-Forschung unterscheidet drei Hauptkategorien: den oekonomischen, den militärischen und den politischen Imperialismus;[9] wobei freilich eine genaue Abgrenzung oft nicht möglich ist, weil die Übergänge fließend sind. Zudem kann eine tendenziell imperialistische Politik zumal in der Neuzeit sowohl in indirekter Beherrschung (Hegemonie) anderer, als auch in direkter Machtübernahme (territoriale Annexion) ihren Niederschlag finden. Schließlich ist zu differenzieren zwischen einem Imperialismus mit oekonomischen, militärischen oder politischen *Mitteln* (z. B.: Herrschaft durch wirtschaftlichen Druck) und einem Imperialismus aus eben diesen *Gründen* (z. B.: Herrschaft zum wirtschaftlichen Zweck). Die angewandte Methode kann dabei durchaus jeweils anderer Natur sein als das anvisierte Ziel (z. B.: militärische Eroberung zur Erlangung oekonomischer Vorteile).

Es braucht nicht eigens betont zu werden, daß die auch nur ansatzweise Übertragung moderner Begriffe ganz allgemein und im besonderen die einer Theorie, die das 19. (und 20.) Jh. im Blick hat, auf antike, römische Verhältnisse a priori überaus fragwürdig ist. *Wie* fragwürdig, wird noch zu zeigen sein. Wenn die Imperialismus-Theorie hier dennoch – freilich losgelöst vom strengen Schema – als Ausgangsbasis benutzt wird, dann nur als ‚Notlösung' und vorläufige gedankliche Hilfskonstruktion, um für die potentiellen Beweggründe der römischen Expansion überhaupt ein abstraktes, ordnendes Koordinatensystem an die Hand zu bekommen. Denn Rom selbst liefert keines.

Speziell ergeben sich folgende Fragen:

1. Geht es Rom um zusätzliches Siedlungsland, den Gewinn anderweitiger wirtschaftlicher Ressourcen (Bodenschätze, Rohstoffe), neue Absatzmärkte für eigene Erzeugnisse, oder um die Erlangung von Handelsvorteilen durch Unterwerfung der Konkurrenten und möglichen ‚Partner'?
2. Expandiert Rom, um durch die Besetzung wichtiger strategischer Punkte und Regionen einem nicht befriedigten Sicherheitsbedürfnis nachzukommen?
3. Sind es Vormachtstreben, politisches Prestigedenken (des Staates oder Einzelner), oder auch der Wunsch, durch auswärtige Betätigung von innenpolitischen Schwierigkeiten abzulenken, die Rom zur Ausdehnung über den italischen Raum hinaus veranlassen?

Generell gilt es zu klären, ob es berechtigt ist, die schließliche unmittelbare Inbesitznahme etwaiger (wirtschaftlicher, militärischer oder politischer) Interessengebiete als von vorneherein gewollt zu unterstellen.

Wie und mit welchen Mitteln die Römer bei der Verwirklichung ihrer (möglichen) Absichten vorgehen, ist bereits gesagt worden: instrumentell, methodisch gesehen betreibt Rom allenfalls militärischen, manchmal – auch dann allerdings seine militärische Potenz ausspielend – politischen, nicht jedoch wirtschaftlichen Imperialismus.

Zu 1: Bedarf an ‚Lebensraum', sei es ein echter oder einer, der im agrarischen Profitdenken wurzelt, kommt als Movens römischer

Außenpolitik nur bei der (hier nicht behandelten) Unterwerfung italischer Landstriche in Betracht: der in Roms Frühzeit zurückreichende religiöse Brauch des ver sacrum, d.h. die Weihung aller während des nächstfolgenden Frühlings geborenen Lebewesen an die Götter und die darin für die betroffenen Kinder enthaltene Verpflichtung, nach ihrem Heranwachsen auszuwandern, läßt auf eine zeitweise Überbevölkerung römischen Territoriums schließen. Der Wunsch, neues Siedlungsland zu gewinnen, scheidet jedoch als Ursache des aggressiven Vorgehens der Römer außerhalb Italiens aus. Denn: deutlich erkennbare Schwierigkeiten bei der Versorgung römischer Bürger mit italischem Land treten überhaupt erst etwa seit der Mitte des 2. Jh. v. Chr. auf; und das auch jetzt noch eher aufgrund einer zunehmenden Konzentration italischer Ländereien in den Händen weniger Großgrundbesitzer, als aufgrund eines effektiven Mangels. Bezeichnend ist vor allem, daß erst eigentlich ab Caesar außeritalisches Provinzialland gezielt und nicht nur vereinzelt als römisches Siedlungsgebiet verwendet wird (Anlage von Kolonien). Wer es sich als römischer Nobilis leisten kann, hat zwar auch schon davor Teile seines Kapitals in griechischen, spanischen oder auch nordafrikanischen Grundbesitz investiert. Das aber ist bereits eine – zudem nur allmähliche – *Folge* der römischen Expansion, nicht das sie auslösende Moment oder die sie treibende Zielvorstellung. Ein weiteres Argument gegen die Vermutung, Rom habe es auf auswärtige Landnahme abgesehen, liefert das lange Zögern der Römer, das ‚unterworfene' Nordafrika und Griechenland dem Reich zu inkorporieren. Hätte das Verlangen nach zusätzlichem territorialem Besitz die Auseinandersetzung mit Karthago bestimmt und das römische Ausgreifen im griechischen Osten veranlaßt, wäre der jahrzehntelange Verzicht auf die Annexion dieser Gebiete, die der Gegner nicht einmal mehr hätte verhindern können, nicht nur unverständlich sondern widersinnig.

Auch die Suche nach Absatzmärkten – in der imperialistischen Politik der Großmächte des 19. Jh. ein tragender Faktor – fällt als Begründung und Erklärung der römischen Welteroberung aus. Zu der Zeit, als Rom beginnt, sich den Mittelmeerraum untertan zu machen, kann man weder im agrarischen noch im ‚industriellen' Bereich von einer römischen Überschuß-Produktion ausgehen, die hinreichend Anreiz geboten hätte, das Risiko großangelegter militärischer Unternehmungen einzugehen. Die weitere Entwicklung verläuft sogar eher in umgekehrter Richtung: die Gebiete und Staaten, die Rom in seinen Vormachtsanspruch oder direkt ins Reich einbezieht, werden weniger zu Abnehmern römisch-italischer Erzeugnisse, sondern vielmehr Material- und Waren-Lieferanten für Rom (und Italien); teils unfreiwillig (besonders während der Republik), aufgrund römischer Reparations- und Tributforderungen, Ausplünderung und Erpressung, teils freiwillig (besonders während der Kaiserzeit), angelockt vom aufnahmebereiten Markt der unersättlichen Metropole. Die Tendenz, daß Italien mehr importiert als exportiert, verstärkt sich zunehmend.

Allerdings legt die Bereitschaft, ja Gier, mit der das (spät-)republikanische Rom das in den Provinzen vorhandene finanzielle und wirtschaftliche Potential dann schließlich genutzt hat, in der Tat den Gedanken nahe, eben dieses Potential sei es gewesen, dessen die Römer sich bemächtigen wollten und auf dessen Aneignung sie zielstrebig ihre Politik ausrichteten. Also doch – trotz relativer Abstinenz bei der direkten Landnahme und trotz fehlenden Interesses an Absatzmärkten – Herrschaftsstreben und Eroberung aus oekonomischen Gesichtspunkten und Beweggründen?

Manches könnte dafür sprechen. Vieles spricht dagegen.

Dafür: z. B. die unbeirrbare Hartnäckigkeit und die von Anbeginn zu beobachtende Entschlossenheit Roms bei der Unterwerfung des an Silbervorkommen reichen Spaniens; oder auch die sofortige Inbesitznahme der Kornkammer Sizilien gleich nach dem ersten punischen Krieg. Ein zweifelndes „Aber" drängt sich allerdings auch schon in diesen Fällen auf: reicht die möglicherweise oekonomische Motivation *allein* wirklich aus, um die ungeheuren Eigenbelastungen zu erklären, die Rom in beiden Auseinandersetzungen auf sich nimmt? Der Kontrolle über Sizilien auf der Haben-Seite steht das Soll eines mehr als 20 Jahre währenden Ringens mit Karthago gegenüber: hohe Verluste an Menschen und Material und ein finanziell ruinierter Staat, der nur dank privater Opferbereitschaft noch imstande ist, neuerlich notwendig werdende Flottenrüstungen durchzuführen. Und den Besitz der iberischen Halbinsel erkauft Rom mit jahrzehntelangen äußerst verlustreichen Kämpfen; mit der durch die langen Abwesenheiten im Kriegsdienst bedingten Verarmung des kleinen und mittleren Bauerntums, dessen Güter nicht bewirtschaftet werden und verkommen; und mit daraus ihrerseits resultierenden inneren Unruhen und Widerständen gegen die vom Staat immer wieder angeordneten Rekrutierungen.

Dagegen: wenn ‚Silber' (Bodenschätze) und ‚Getreide' (naturale Ressourcen) bzw. ganz allgemein materieller Gewinn und ein zu erwartendes hohes Steuereinkommen tatsächlich die Ziele waren, die Roms Politiker verleiteten, sich ‚imperialistisch' zu gebärden, dann stellt sich zwangsläufig auch hier wieder die Frage: warum ‚vertagt' das siegreiche Rom wiederholt ihre endgültige Realisierung? Warum bleiben nach der vernichtenden Niederlage der Karthager bei Zama (202 v. Chr.) die fruchtbaren und ertragreichen nordafrikanischen Küstenstriche ‚selbständig'; wird Makedonien mit seinen gewinnbringenden Gold- und Silberbergwerken erst Jahrzehnte nach der für Rom erfolgreichen Entscheidungsschlacht römische Provinz; verfügt der römische Senat 167 v. Chr. die Stillegung der makedonischen Minen und scheut – wie Livius schreibt – den Aufwand, mit der Ausbeutung Pachtgesellschaften (publicani) zu beauftragen; und warum fallen die wohlhabenden Stadtstaaten und Königreiche der Aegaeis und Kleinasiens erst mit jahrzehntelanger ‚Verspätung' römischer Annexion anheim? Obwohl doch nur eine direkte Unterstellung dieser Territorien unter römische Verwaltung die uneingeschränkte wirtschaftliche Nutzung ermöglicht. Und obwohl ferner auch hier die Belastungen, die die Römer im Zuge der jeweiligen Auseinandersetzungen zu tragen hatten, beträchtlich waren: die Verluste bei Cannae (216 v. Chr.) treiben den römischen Staat an den Rand seiner Existenz; weite Teile Italiens werden im hannibalischen Krieg verwüstet; um sich in Griechenland und Kleinasien als Ordnungsfaktor Anerkennung zu verschaffen und behaupten zu können, bedarf es nicht nur ununterbrochenen diplomatischen Engagements, sondern mehrfacher aufwendiger Interventionen der römischen Armee. Wenn trotz allem dennoch die errungenen Siege in der geschilderten Weise langfristig zunächst ungenutzt bleiben und man sich mit – z. T. freilich reichlich bemessenen – Reparationen als einziger (Aus-)Beute begnügt, läßt das nicht gerade auf eine am wirtschaftlichen Profit orientierte Außenpolitik Roms schließen.

Und die römischen Handelsinteressen? Selbst da, wo sie gegeben ist, setzt Rom seine machtpolitische Überlegenheit nicht in Handelsmonopole um. Weder innerhalb des Imperiums noch außerhalb. Weder in personeller Hinsicht, indem nur – oder vorwiegend – römische Geschäftsleute und Gesellschaften mit der Abwicklung des Handels befaßt sind, noch dahingehend, daß Rom für sich allein das Recht auf Produktion und Vertrieb bestimmter Waren beansprucht. Eine Haltung, die kaum den Wirtschaftsimperialisten kennzeichnet.

Natürlich wehrt sich Rom gegen Behinderungen seines Handels: etwa gegen die unter Verletzung getroffener Absprachen vom Königreich Illyrien geduldete, wenn nicht selbst betriebene Piraterie in der Adria. Die zweimalige römische Intervention (229 und 219 v. Chr.) ist insoweit jedoch Reaktion auf aggressiv-expansionistische Tendenzen im Handelsgebaren der anderen Seite. Und zweifelsohne spielen auch bei der letztendlichen Ausschaltung Karthagos – also in der *Schluß*phase der punischen Kriege, nicht aber am Anfang, als sie auslösender Ur-Grund – Mißgunst und Mißtrauen der Römer gegen den neuerlichen Aufstieg der Karthager als Handelsmacht im Mittelmeer eine Rolle.

Grundsätzlich jedoch hat Rom zur Ausweitung seiner Handelsbeziehungen und seines Handelsvolumens die unmittelbare Eingliederung (Unterwerfung) des Handelspartners und seiner Umschlagplätze in den Reichsverband offenbar nicht als unabdingbare Notwendigkeit erachtet. Der Warenverkehr beispielsweise zwischen Kleinasien und Ägypten auf der einen, und Rom und Italien auf der anderen Seite floriert auch bereits zu Zeiten, als die Römer dort zwar als Groß- bzw. Vormacht anerkannt, keineswegs aber schon die direkten Machthaber sind. Römische Kaufleute betreiben Handelsgeschäfte im freien Germanien, in Dacien, Südrußland, Arabien und im mittleren und fernen Osten bevor noch diese Regionen, bzw. ohne daß sie je in römische Abhängigkeit geraten. Noch nicht einmal das Konkurrenzverhältnis und die zeitweilige offene Gegnerschaft zum Partherreich scheinen Roms handelspolitische Kontakte ebenda und jenseits der parthischen Grenzen ernstlich beeinträchtigt zu haben; zumindest nicht bis hin zur Herrschaftsübernahme der Sassaniden im 3. Jh. n. Chr. Alles in allem ist es demnach höchst unwahrscheinlich, daß Handelsinteressen dem expansiven Herrschaftsstreben der Römer den entscheidenden Impuls gegeben haben.

Zu 2: Um die in der 2. Hälfte des 3. Jh. v. Chr. einsetzende und in der Folgezeit immer weiter von Italien entfernte Gebiete erfassende Ausdehnung Roms im Mittelmeerbecken als Ausfluß eines legitimen Bedürfnisses nach militärisch-strategischer Sicherung der italischen Halbinsel verstehen zu können, fehlen nahezu alle sachlichen Voraussetzungen: im Westen, Süden und Osten umschlossen vom Meer, im Norden geschützt durch die ‚Mauern' (Cato d. Ä.) der Alpen, besitzt das italische Territorium der Römer seit dem 3. Jh. (spätestens seit Beginn des 2. Jh. v. Chr.) imgrunde die sichersten Grenzen, die sich ein antiker Staat nur wünschen kann. Zumindest subjektiv, aus römischer Sicht verständlich mag noch erscheinen, wenn Rom nach dem ersten punischen Krieg die Italien westlich vorgelagerten Inseln Korsika, Sardinien und Sizilien einzieht und sich – vielleicht in unliebsamer Erinnerung an die Invasion Italiens durch Pyrrhus von Epirus – auch die Kontrolle in der Adria verschafft, indem es (erstmals 229 v. Chr.) auf Illyrien und Albanien übergreift. Das Streben nach (Vor-) Herrschaft hingegen in Spanien, Nordafrika, Griechenland/Makedonien und Kleinasien hat mit defensiven oder auch praeventiv-aggressiven Schutzmaßnahmen für das römisch-italische Kernland nichts mehr zu tun. Anscheinend auch im Bewußtsein der Römer nicht. Andernfalls könnte die – außer in Spanien – zögernde Annexionspolitik wiederum nur verwundern, und müßte auch die vergleichsweise geringe Anzahl an Streitkräften, die Rom als sichernde Besatzungen in ‚Übersee' fest stationiert, befremden.

Freilich: wie jede Großreichs-Bildung hat auch die der Römer die fatale Eigenschaft, eine im Wunsch nach Sicherheit und Besitzstandswahrung wurzelnde expansive Eigendynamik zu entwickeln. Nicht mehr allein das römische Italien gilt es zu verteidigen, sondern das gesamte römische Imperium. Imperiales Sicherheitsdenken löst das regionale ab. Jedes neu hinzugewonnene Territorium trägt automatisch den Keim weiterer Interventionen und Eroberungen in sich, wenn anders die Behauptung eines Reichs-(bzw. Interessen-)gebiets nicht mehr gewährleistet erscheint. Und diese ‚natürliche' Kettenreaktion kommt zumal dann in Gang, wenn die Offensive, die gegebenenfalls auch die Annexion der tatsächlichen oder auch nur vermeintlichen Gefahrenzonen einschließt, als wirksamste Abwehrstrategie betrachtet wird. Wie das im republikanischen Rom der Fall ist. Zur gezielten defensiven Sicherung der bestehenden Reichsgrenzen, etwa durch Limesanlagen wie in Britannien, Germanien, den Donauprovinzen, im vorderen Orient (arabische Halbinsel), in Numidien und Mauretanien, sind erst – allmählich – die römischen Kaiser übergegangen.

Sicherheitspolitische Erwägungen sind demnach als für die expansive römische Außenpolitik mit-verantwortliche Faktoren insoweit in Rechnung zu stellen, als sie die Kontinuität und das Nicht-zum-Stillstand-Kommen des Welteroberungs-Prozesses teilweise erklären. Festzuhalten bleibt jedoch: sie setzen einen imperialen Machtanspruch Roms bereits als gegeben voraus, stehen somit nicht am Anfang der Entwicklung.

Zu 3: Das bisher Gesagte zwingt zu der Annahme, daß das Streben nach Ansehen und Herrschaft, der ‚Wille zur Macht' um ihrer selbst willen, kausal wie final das römische Handeln in ausgeprägtem Maße bestimmt haben müssen. Dieses scheinbar banale – weil zu ‚einfache' und zu wenig ‚hintergründige' – Ergebnis leitet sich jedoch nicht nur formal logisch aus der weitgehenden Negation anderer vorstellbarer Beweggründe ab, sondern kann sich darüber hinaus auch auf einige ‚positive' Anhaltspunkte stützen.

Zunächst ist da das bereits erwähnte römische Eingeständnis, Kriege auch ohne konkretes (wirtschaftliches, militärpolitisches) Motiv und Ziel, sprich: zur Wiederherstellung bzw. Bestätigung des imperialen Prestiges zu führen. Ganz abgesehen einmal von der ebenfalls römischen, aber aufgrund ihres unverkennbar selbst-apologetischen Charakters nicht sonderlich überzeugenden Behauptung, nur um höherer ‚ideeller' Werte willen (Vertragstreue, Schutzverpflichtungen) aggressiv zu werden. Dann das wesentlich beweiskräftigere wiederholte Sich-Begnügen mit einer hegemonialen Suprematie, wo auch direkte Machtübernahme möglich gewesen wäre. Und schließlich sind zu nennen die Vereinbarungen, Vertragsabschlüsse und Bündnisse, die römische Überlegenheit und Unterordnung des ‚Partners' manifestieren, ohne entsprechende wirtschafts- und handelspolitische Absprachen und Bedingungen zu enthalten, ja die noch nicht einmal generell eine militärische Allianz begründen.

Wenn Macht- und Prestigegewinn, für die man sich unmittelbar nichts kaufen kann, den Römern offensichtlich nicht als nutzloses l'art pour l'art erscheinen, hat das seinen sachlichen Hintergrund in der allgemein antiken Vorstellung, derzufolge sich die Bedeutung und weltpolitische Geltung eines Staatswesens nicht primär nach seinem wirtschaftlichen Vermögen (im doppelten Wortsinn) bemißt, sondern vielmehr nach militärischer Stärke, geographischer Größe und der Zahl derer, die es beherrscht. Andere sich untertan zu machen, ist als solches ein ‚staatsdienliches' und für sich erstrebenswertes Ziel. Das Verlangen, den Bereich eigener direkter oder indirekter Herrschaft auszudehnen, bedarf in der antik-römischen (Gedanken-)Welt keiner außerhalb seiner selbst liegenden Begründung. Die Frage, was man denn darüber hinaus nun ‚wirklich' mit der Expansion gewollt und bezweckt habe, hätten Roms Politiker und Generäle vermutlich gar nicht verstanden. Auch wenn sie später, in den schließlich annektierten Gebieten durchaus auf die Wahrnehmung sich bietender materieller Vorteile bedacht sind.

Bezeichnenderweise ist auch die Zuerkennung des Triumphes, der höchsten Auszeichnung, die einem römischen ‚Außenpolitiker' durch den regierenden Senat zuteil werden kann, nicht davon abhängig, inwieweit eigener militärischer Aufwand und erzielter Gewinn in einer vertretbaren Relation zueinander stehen, oder welchen Nutzen und Ertrag man sich von dem errungenen Sieg verspricht. Maßgeblich und entscheidend ist allein dessen ‚Glanz' und Ausmaß: die Zahl der getöteten Feinde (Minimum: 5000) und der eroberten Städte. Wenn die Beute zudem noch reich ist, ist das eine erfreuliche Begleiterscheinung (die gelegentlich Senats-intern den Entschluß zur Gewährung eines Triumphes erleichtert haben wird), niemals jedoch – auch nicht inoffiziell – conditio sine qua non.

Ihre ‚ideologische' Voraussetzung (oder konsequente Entsprechung?) findet die Bejahung reiner Machtpolitik in dem Umstand, daß weder in römischer noch in vorrömischer Zeit der Errichtung einer Hegemonie bzw. der kriegerischen Reichsbildung auf Kosten der Unabhängigkeit anderer a priori etwas Negatives anhaftet. Dem ‚Naturgesetz', daß der Schwächere sich dem Stärkeren zu beugen habe, steht in der Antike noch nicht der völkerrechtliche Grundsatz nationaler Selbstbestimmung entgegen. Vormachtstreben und Eroberungspolitik sind ‚natürliche', nicht von vorneherein unrechtmäßige staatliche Verhaltensweisen. Ihrer befleißigen sich – so gut und so lange sie können – auch jene, die Rom unterwirft. Die Unterlegenen sind da um keinen Deut ‚besser' als der Sieger, nur weniger erfolgreich.

Die auf den ersten Blick vielleicht abwegig erscheinende Vermutung, Rom sei es um Herrschaft an sich gegangen, gewinnt demnach im Rahmen antiker Betrachtungsweise und Wertung, und sofern man Herrschaftsstreben auch nicht automatisch mit territorialer Annexionspolitik gleichsetzt, durchaus an Plausibilität: Ziel der Römer ist es, als Hegemonialmacht anerkannt zu werden und seine Umwelt zu kontrollieren. Möglich ist das nur, wenn Rom außerhalb seines eigenen direkten Hoheitsgebietes auf den Erhalt eines gewissen Kräfte-(besser: Schwäche-)Gleichgewichts achtet und die Bildung von anderweitigen Großreichen verhindert, die ihm als schiedsrichterlichem Hegemon Konkurrenz machen könnten. Genau das sind die Gründe, derentwegen die Römer in Nordafrika (Karthago), Griechenland (Makedonien) und Kleinasien (Syrien) intervenieren. Sie ziehen sich wieder zurück, wenn ihnen die indirekte politische Kontrolle gewährleistet erscheint. Ändert sich dieser Zustand, werden sie erneut diplomatisch bzw. militärisch vorstellig: in Makedonien ebenso wie gegenüber dem wieder erstarkten Karthago und dem achaeischen Bund, der sich mächtig genug dünkt, um in Griechenland eine Vormachtstellung anzustreben. Aufmerksam und mißtrauisch verfolgen sie auch die Ausweitung des pergamenischen Reiches und ergreifen für Bithynien Partei, um Pergamon Einhalt zu gebieten. Dem Numiderkönig Jugurtha erklären sie den Krieg, als dieser Nachfahre des treuen Vasallen Massinissa sich die Richtlinien seiner Politik nicht länger von Rom vorschreiben lassen will. Erst wenn auch diese wiederholten, zeitlich begrenzten Interventionen nicht den gewünschten Erfolg zeitigen, wird das ‚unruhige' Gebiet annektiert. *Sofort* und gleichsam ohne Vorwarnung geschieht das nur, wenn Rom glaubt, anders – indirekt – seinen Einfluß nicht geltend machen zu können: in den barbarischen Nicht-Staaten Spanien und Gallien. Was sich ansonsten, gegenüber den ‚zivilisierten' Staaten in der Praxis als unentschlossene römische Schaukel-Politik darstellt, ist die notwendige Folge einer im Bewußtsein bzw. aus der Position eigener Überlegenheit betriebenen Politik, die einerseits den auswärtigen Kontakt generell als Unterordnung des anderen begreift, andererseits aber zögert, aus diesem Vormachtstreben die letzte Konsequenz (territoriale Annexion) zu ziehen.

Das politisch hegemoniale und militärisch expansive Verhalten der Römer muß zweifelsohne auch auf dem Hintergrund des innenpolitischen Konkurrenzkampfes der führenden römischen Adelsfamilien (Nobilität) und der in Rom gängigen positiven Einschätzung auch und gerade des militärischen Erfolges gesehen werden. Da nicht zuletzt er es ist, der erfahrungsgemäß in den Augen der Mitbürger das Ansehen (auctoritas) des Politikers steigert, und zudem die legal (oder auch unter der Hand) einbehaltenen Teile der Kriegsbeute in Wahlbestechungen, Stimmenkauf und den Schuldner verpflichtende Kreditgewährung politisch umsetzbar sind, wird die militärische Betätigung zum nachgerade unverzichtbaren Bestandteil der politischen Karriere eines jeden ehrgeizigen Nobilitätsangehörigen. Wer sich gar aus der Gruppe lösen und über seine Standesgenossen hinausheben will, muß ‚Siege' aufweisen. Man gehe die republikanischen Größen durch: nur wenige besitzen keine kriegerische Vergangenheit. Die römische Expansion ist zwar nicht – anders als etwa im Frankreich Napoleons III – Flucht der Regierung in die Außenpolitik und in den erhofften auswärtigen Erfolg; um ein solches *gezieltes* Ablenkungsmanöver von innenpolitischen Schwierigkeiten und Krisen zu starten, fehlt Rom das Bewußtsein seiner innerstaatlichen Krisensituation; man bemerkt sie erst, als es imgrunde für eine systemimmanente Lösung schon zu spät ist; und selbst dann sind diese ‚man' nur einige wenige, wie z. B. die beiden Gracchen (vgl. unten S. 136). Wohl aber sind innenpolitisches Prestigedenken Einzelner und machtpolitische Auseinandersetzungen innerhalb der aristokratischen (senatorischen) Führungsschicht Roms mit Sicherheit *ein* Stimulans des militärischen Ausgreifens des römischen Staates gewesen. Solange er ‚republikanisch', das heißt hier: vom adligen Familienverband Senat regiert wird, bestimmt die in den auswärtigen Bereich transponierte Konkurrenz seiner Mitglieder das staatliche Handeln Roms mit.

Ebenfalls nicht Urgrund, aber kaum minder wirksamer Impetus der einmal in Gang gekommenen Welteroberung, der die Römer auch bei Rückschlägen und Niederlagen nie am Endsieg zweifeln läßt, ist schließlich ihr ‚Sendungsbewußtsein': die Überzeugung, mit der Ausdehnung römischer Herrschaft als Vollstrecker göttlichen Willens zu handeln. Die Befriedung der Umwelt, sie römischer Ordnung teilhaftig werden zu lassen, erscheint Rom als Verpflichtung und historische Daseinsbestimmung. Es entspricht der Logik dieser Vorstellung, daß nichts die Römer so sehr zu neuerlichen militärischen Anstrengungen motiviert, wie der erlittene Mißerfolg: er *muß* revidiert werden. Würde doch seine Hinnahme, der unterlassene Versuch, doch noch zu siegen, Nichtausführung eines höheren Auftrages bedeuten, der da lautet: debellare superbos – die niederzukämpfen, die sich römischer Ordnung nicht beugen wollen (Vergil).

Das römische ‚Sendungsbewußtsein' erinnert in gewisser Weise an den neuzeitlichen französischen ‚Kulturimperialismus'. Wie dieser entspringt es einem Gefühl kulturell-zivilisatorischer Überlegenheit gegenüber ‚barbarischen' Völkern und wertet deren Unterwerfung gleichsam als Entwicklungshilfe. Mit dem einen nicht unwesentlichen Unterschied freilich, daß zumindest das republikanische Rom eine gezielte staatliche Kulturpolitik nicht betreibt. Eine weitere Parallele findet das römische Selbstverständnis im Verhalten der USA der Vor-Vietnam-Zeit und in deren ‚idealistischem' weltpolitischen Denkkonzept. Wie die Römer führen auch die USA nur moralisch gerechte Kriege und betrachten ihr „way of life" – zivilisatorisch und politisch – als vorbildliche Norm, dessen Export auch gelegentliche Auslands-Interventionen legitimiert. Man will ja lediglich ein Gut verbreiten, das man für allgemein erstrebenswert hält. Auf Roms Bannern stehen allerdings noch nicht Menschenrechte, Freiheit und Demokratie, sondern – elementarer – Ordnung schlechthin, als Alternative zum vor-staatlichen Chaos der Barbaren und zur permanenten Un-Ordnung einer sich selbst überlassenen und sich in gegenseitigen Angriffen aufreibenden (griechischen) Staatenwelt aus zu kleinen und zu vielen Stadtstaaten (Poleis) und Fürstentümern. Aus ihrem subjektiv empfundenen Besser- bzw. Weiter-Sein als andere leiten beide Weltmächte – die antike wie die moderne – ihren imperialen Führungsanspruch ab, der jedoch – auch dies eine römisch-amerikanische Gemeinsamkeit – nicht grundsätzlich und a priori gleichbedeutend ist mit dem Wunsch nach direkter Kontrolle und Machtübernahme.

Und das Fazit unserer Suche nach den Beweggründen und Zielen römischer Welteroberung? Insgesamt eher ein non liquet. Sicher ist nur, daß es *den* treibenden Motor, *die* entscheidende Ursache nicht gibt; daß das *Ergebnis* römischer Außenpolitik in den letzten drei Jahrhunderten der Republik die Frage nach deren *Intentionen* nicht beantwortet; und daß die schließlich vollzogene direkte Unterwerfung und Annexion der Mittelmeerländer nur partiell (Spanien, Gallien) von Anbeginn gewollt ist. So konsequent sich auch in der Rückschau die römische Großreichsbildung als Ganzes darstellen mag: weder steht an ihrem Anfang ein auf sie ausgerichtetes ‚imperialistisches' Konzept, noch folgt sie in ihrem Gesamtab- und -verlauf zielstrebig einem vorgefaßten Plan. In mehreren Fällen – so im ersten und zweiten punischen Krieg und besonders auch in Griechenland und Kleinasien – ist angesichts des langwierigen Prozesses bis zur jeweils endgültigen direkten Machtergreifung eher sogar anzunehmen, daß sich die Römer weder über die zeitliche noch über die räumliche Dimension ihres Engagements genau im klaren gewesen sind.

Ist es unter diesen Umständen sinnvoll und legitim, von einer imperialistischen Politik Roms zu sprechen? Wenn überhaupt, nur unter Vorbehalten. Eindeutig imperialistische Züge – in territorialer und oekonomischer Hinsicht – nimmt Roms Verhalten gegenüber seiner Umwelt erst im jeweiligen Endstadium des zwischenstaatlichen Verkehrs an: mit und nach der Einrichtung einer Region als Provinz. Erst dieser Vorgang bedeutet im Regelfall tatsächlich Annektierung von Land, militärische Besetzung, Aufhebung politischer und wirtschaftlicher Autonomie auf über-kommunaler Ebene und materielle Ausbeutung. Imperialismus also im Ergebnis und von diesem her gesehen. Allein diese Feststellung ist freilich imgrunde ein Widerspruch in sich. Sie kreiert eine ‚Variante' von Imperialismus, der gerade die typische und für ihn beinahe konstitutive Eigenschaft fehlt, konzeptionell intendiert und leitende Richtschnur der Außenpolitik zu sein. In Einklang bringen mit dem modernen Imperialismus-Begriff läßt sich die römische Expansion nur, wenn man entweder jener ‚Definition' folgt, wonach bereits jede Beziehung zwischen ungleich entwikkelten Staaten im Kern und in der Tendenz imperialistisch ist (J. Galtung); fragt sich allerdings, was eine derart weit gefaßte ‚Definition' noch mit definieren (von Lateinisch: definire = etwas ab/be-grenzen, einschränken, näher bestimmen) zu tun hat. Oder wenn man es für methodisch und sachlich vertretbar hält, Roms Politik mit einer begrifflichen Elle zu messen, die es selbst – wie überhaupt die Antike – so oder ähnlich nicht kennt und nicht einmal verstanden hätte. Rom über den imperialistischen Kamm scheren zu wollen, macht es ferner erforderlich, daß man imperiales Denken grundsätzlich mit dessen Pejorativum Imperialismus gleichsetzt und – scheinbar objektiv, in Wahrheit aber lediglich die römische Subjektivität durch die eigene ersetzend – die gerechten Defensivkriege Roms als planmäßig betriebene Aggression und Expansion bezeichnet.

Der Vorwurf des Imperialismus trifft mit dem spätrepublikanischen römischen Staat sicher nicht einen ganz Unschuldigen. Nur: viel mehr als die Genugtuung, damit moralischer Entrüstung Ausdruck verliehen zu haben, bringt das nicht. Inhaltlich charakterisiert der Begriff die römischen Gegebenheiten nur bedingt; als Wertmaßstab ist er fragwürdig; und eine Erklärung der römischen Reichsbildung liefert er ohnehin nicht. Statt Erkenntnis zu vermitteln, verleitet der Imperial-Ismus – dies hat er mit anderen ‚Ismen' gemein – dazu, a-historische und oftmals zudem noch ideologisch gefärbte und verzerrende Schematisierung mit historischer Analyse zu verwechseln: vergangenen Epochen werden unzeitgemäße Denkkategorien übergestülpt und Geschichte wird nicht bewältigt, sondern zugunsten einer in arroganter Selbstüberschätzung für allgemein gültig und stimmig gehaltenen modernen Theorie vergewaltigt. Um dieses Risiko im Falle Roms zu vermeiden, sollte man zukünftig besser davon absehen, seiner Politik das begriffliche Korsett ‚Imperialismus' anpassen zu wollen.

Hypothetische Erfolgsanalyse

Das Bemühen, dem Geheimnis der unaufhaltsamen Machtausdehnung des römisch-republikanischen Staates und seinem Erfolgsrezept auf die Spur zu kommen, ist so alt, wie es Menschen gibt, die über die Geschichte und Geschicke Roms nachdenken. Ein Lieblingskind historischer Forschung allein schon deswegen, weil der Glaube an eine Zufälligkeit des Geschehens, die Einführung des Zufalls als deus ex machina geschichtlicher Deutung, der eigenen Bankrotterklärung gleichkäme. In der Hoffnung, bei ihnen Antwort auf seine Fragen zu finden, wendet sich der Historiker den zeitgenössischen Zeugen, den antiken Autoren, zu. Sie lassen ihn jedoch – wie auch schon bei der Ermittlung der motivierenden Hintergründe der Expansion – weitgehend im Stich, indem sie ihm weiß zu machen versuchen, der römische Sieg en permanence lasse sich auf den einfachen zweifachen Nenner einer besonderen Staatsverfassung und eines besonderen Ethos der römischen Bürgerschaft bringen.

Polybios, der römisch argumentierende Nicht-Römer, den angesichts der wechselvollen bis chaotischen Geschichte der zahllosen Kleinstaaten seiner griechischen Heimat der kontinuierliche Aufbau und die Stabilität der Weltmacht Rom besonders interessiert und fasziniert, glaubt, deren eigentlicher Urgrund liege in der römischen Verfassung: ihre ausgewogene Mischung monarchischer, aristokratischer und demokratischer Elemente (Consulat, Senat, Volksversammlung) verhindere radikale politische Entwicklungen, sowohl in der einen (Oligarchie oder gar Tyrannis) als auch in der anderen (Ochlokratie) Richtung; sie gebe jedem Bürger die Möglichkeit, sich mit ‚seinem' Staat zu identifizieren und verleihe diesem damit eine innere Geschlossenheit und Festigkeit, die seine Überlegenheit gegenüber allen anderen Gemeinwesen, die anders (sprich: einseitig(er)) organisiert sind, begründe und verständlich mache. Cicero schließt sich ein Jahrhundert später diesen polybianischen Gedankengängen an. Und auch beim augusteischen Livius schimmern derartige Überlegungen noch durch.

Aber offenbar ist auch ihnen diese monokausale Erklärung als nicht hinreichend erschienen. Ansatzweise schon Polybios, vor allem aber Livius, Cicero und auch ihr (Fast-)Zeitgenosse Sallust fügen ein weiteres Argument hinzu. Cicero und Sallust nicht zuletzt auch in der Absicht, damit zugleich dem keineswegs mehr so wie in der (Vor-) Polybios-Zeit gefestigten, vielmehr von inneren Unruhen erschütterten und moralisch verkommenen Staat der ausgehenden Republik den rechten Ausweg aus der Krise zu weisen. Roms Größe, sagen sie, sein auswärtiger Erfolg resultiere aus und basiere auf einem ethisch-moralischen Vorsprung: dem Gemeinsinn, der Opferbereitschaft und der persönlichen Integrität eines jeden Einzelnen seiner Bürgerschaft, sowie der Bereitschaft, Eigen-Interessen dem Gemeinwohl unterzuordnen. Nicht zu vergessen sei ferner die Tatsache, daß Rom sich gegenüber Verbündeten *und* Feinden stets so gerecht verhalten habe, daß diese selbst bei nur einiger Einsicht die Richtigkeit und den Nutzen römischer Politik erkannten und anerkannten. Darüber hinaus besitze Rom den Vorteil, seine militärischen Siege nicht der singulären und kurzlebigen Leistung eines genialen, imgrunde über und außerhalb des Gemeinwesens stehenden Einzelnen zu verdanken, sondern der gleichbleibenden, nie ermüdenden Tatkraft der Bürger und ihrer gewählten Repräsentanten insgesamt. Auf diese Feststellung legt Livius besonderen Wert. Er macht sich Gedanken, wie wohl ein – offenbar zum Bedauern ‚revanchistischer' Kreise in Griechenland ausgebliebener – Zweikampf zwischen Rom und dem makedonischen Welteroberer Alexander d. Gr. ausgegangen wäre. Ihn, den ansonsten geschmähten ‚Zerstörer griechischer Freiheit' bezeichnen die Griechen wenigstens immer dann gerne als einen der Ihren, wenn sie die demütigende Überheblichkeit der siegreichen ‚barbarischen' Militärmacht Rom dämpfen möchten.

Die Erfolgsgründe, die die Römer selbst nennen, sind gewiß nicht in toto als falsch zu verwerfen. Aber um im ganzen den militärisch-machtpolitischen Aufstieg zu erklären, genügen sie nicht. Der stark moralisierende Charakter der römischen Deutungsversuche könnte fast zu der – vermutlich jedoch unrichtigen – Annahme verleiten, die Römer hätten sich, selbst verwundert über ihre steile Karriere und weil ihnen anders das ‚Rätsel' nicht lösbar erschien, historiographisch in den Bereich von Ethik und Moral geflüchtet. Eine Ebene, auf der die Argumentation massenpsychologisch ebenso wirksam wie sachlich-faktisch schwer widerleglich und unkontrollierbar wird.

Gibt es zusätzliche, konkretere, handfestere, ‚politischere' Gründe?

Da sich die römische Expansion vorwiegend kriegerisch vollzieht, liegt es nahe, *die* oder zumindest doch eine wichtige Ursache des auswärtigen Durchsetzungsvermögens der Römer im rein militärischen Sektor zu suchen. Was man hier jedoch findet, ist nach antiken Verhältnissen eher normal, durchschnittlich als außergewöhnlich. Die republikanische Armee ist bis zum 1. Jh. v. Chr. eine aus römischen Bürgern und Italikern bestehende Miliz; weder ein stehendes noch ein Berufsheer. Sie unterscheidet sich darin kaum grundsätzlich vom militärischen Aufgebot der jeweiligen Gegner, die auch nur teilweise und gelegentlich – wie etwa Karthago – mit Söldnerverbänden operieren. Von einer zahlenmäßigen Übermacht der Römer kann man keineswegs generell ausgehen. Üblicherweise stehen einem römischen Consul bzw. Proconsul zunächst einmal nur zwei Legionen (à ca. 4–6000 Mann) zur Verfügung; natürlich wird diese ‚Mindestausstattung' im Bedarfsfall aufgestockt. Ein Kommando über mehr als sechs Legionen darf aber bereits als ‚irregulär' gelten. Das sind Größenordnungen, die zwar bei weitem in den Schatten stellen, was kleinere griechische und kleinasiatische Stadtstaaten auf die Beine zu bringen vermochten, die aber umgekehrt angesichts der Dimension des Erreichten als verblüffend klein erscheinen. Wenn also offensichtlich nicht die Masse das Entscheidende ist, dann vielleicht die besondere Qualität der römischen Truppen? Gewiß, die Römer haben beispielsweise im Belagerungswesen und in der Pioniertechnik Verbesserungen und Fortschritte erzielt. Andererseits ist die Ausrüstung und Bewaffnung der römischen Armee ausgesprochen konventionell. Sie enthält nichts, was nicht auch andernorts bekannt und gebräuchlich war. Und die Beweglichkeit und Anpassungsfähigkeit des römischen Heeres? Sie ist unzweifelhaft größer als diejenige asiatischer (Mithridates) oder gallischer (Vercingetorix) Massenaufgebote; ebenso unzweifelhaft aber geringer als die etwa der spanischen Guerilla-Einheiten. Auf militärischem Gebiet reduziert sich demnach die römische Überlegenheit auf zwei Faktoren: Disziplin und Organisation. Das heißt im einzelnen: ungebrochene Bereitschaft zu uneingeschränktem militärischem Gehorsam, strikte Einhaltung der Gefechtsordnung und intensive taktische bzw. waffentechnische Schulung, planmäßige Vorbereitung einer Schlacht, sorgfältiges Auskundschaften des Geländes, Sicherung der Verpflegung (Nachschub) und nach Möglichkeit Anlage eines festen Lagers; notfalls geordneter Rückzug. Tatsächlich sind Eigenmächtigkeiten, gar Meutereien, Fahnenflucht, Überläufe römischer Soldaten oder Offiziere Ausnahmeerscheinungen; häufiger werden sie erst in den Bürgerkriegen der späten Republik. Und Roms militärische Aktionen zeichnen sich weniger durch Genialität und gekonntes Improvisieren als durch penible Ordnung und Planung aus. Vorzüge, die sicherlich zum römischen Erfolg beigetragen haben, allein ihn aber doch nicht ausmachen können. Im übrigen erklärt sich auch die Diszipliniertheit der römischen Armee (die Armeeführung eingeschlossen) ja nicht aus sich selbst heraus. Wenn schon, muß demnach die Ursache der auf ihr beruhenden überdurchschnittlichen militärischen Leistung da gesucht werden, wo Disziplin und organisierte Ordnung ihren Ursprung haben bzw. ihre politisch-gesellschaftliche Entsprechung finden.

Als mögliche Bereiche bieten sich hier an: einmal die römische Familie, in der alle Gewalt das Oberhaupt (pater familias) inne hat und somit die Angehörigen seit Kindestagen an Unterordnung und bedingungslosen Gehorsam gewöhnt sind. Zum anderen das römische Klientelwesen, das auch den mündigen Bürger, sofern er nicht selbst zur sozialen Führungsschicht zählt, in wirtschaftlicher und politischer Abhängigkeit an einen Patron bindet; ihm sich zu fügen, empfindet der Einzelne jedoch nicht als unzumutbaren Zwang und entwürdigende Bevormundung, sondern als selbstverständlichen Tribut an die überlegene ‚Autorität' (auctoritas) des ‚adligen' Patron. Und schließlich der ‚Verband' der staatstragenden Nobilität, deren Mitglieder jahrhundertelang genügend politische Selbstdisziplin besitzen, um trotz interner Querelen und Konkurrenzen zugunsten von Homogenität und Geschlossenheit der Gruppe auf eine diese sprengende Politik und auf persönliche Machtanhäufung weitgehend zu verzichten; sie akzeptieren während der ‚klassischen' Republik auch das Prinzip der Kollegialität, Annuität und der räumlichen Begrenzung magistratischer Amtsgewalten, obwohl es sie in ihrer Machtentfaltung einengt. Natürlich sind auch diese gesellschaftlichen und politischen Verhaltensformen keine Selbstverständlichkeiten. Die Frage jedoch nach deren Voraussetzungen und Vorbedingungen verliert sich in den ‚dark ages' römischer Frühzeit und mündet letztlich in dubiose Spekulationen über die Besonderheiten des römischen ‚Volkscharakters' ein.

Ähnliches wie für die Bereitschaft der Römer zur Disziplin gilt auch für ihre Bereitschaft zur wenn nötig permanenten Kriegführung: ihre eigenen ‚letzten' Ursachen bleiben im Dunkeln, sie ist aber selbst ganz sicher Mit-Ursache des kontinuierlichen auswärtigen Erfolgs der Römer. Vor allem, weil sie generell, bei der Gesamtheit der römischen Bevölkerung besteht. Widerstände gegen Rekrutierungen, wie sie Mitte des 2. Jh. v. Chr. während der Kämpfe in Spanien vorkommen, sind höchst selten und richten sich auch nicht gegen die Eroberungspolitik als solche, sondern gegen zu lange Kriegsdienstverpflichtungen des Einzelnen im Einzelfall. Selbst als die negativen Auswirkungen der Expansion auf die materielle Situation des kleinen und mittleren Bürger- und Bauerntums spürbar werden (vgl. unten S. 126ff.), erheben die Betroffenen zwar die Forderung nach sozialen Reformen im Innern, nicht aber die nach einer grundsätzlichen Umkehr in der Außenpolitik und nach einer Einstellung der Kriege. Es ist ein Irrglaube nicht zuletzt der marxistischen Geschichtsbetrachtung zu meinen, das Volk, der gemeine Mann mit seinem von unmäßiger Profitgier nicht vernebelten gesunden Menschenverstand habe in Rom der Großreichsbildung und der ausgreifenden Militärpolitik mit größeren Vorbehalten gegenübergestanden als die regierende Aristokratie. Fast erscheint die gegenteilige Annahme gerechtfertigt: beispielsweise ist es die Volksversammlung, die zur Eröffnung des ersten punischen Krieges drängt; und sie auch ist es, die über ihre ‚popularen' Führer ein militärisches Eingreifen in Nordafrika gegen Jugurtha und die Verleihung großer militärischer Imperien zur Bekämpfung der Mittelmeerpiraten und des Mithridates von Pontus fordert.

Nicht nur jedoch Gegebenheiten innerhalb der römischen Bürgerschaft und innerstaatliche Faktoren spielen als Träger und Garanten der erfolgreichen Machtpolitik Roms eine Rolle, sondern auch die politischen Konstellationen in seiner auswärtigen Umwelt und das – bewußt oder unbewußt – taktisch geschickte Verhalten der Römer ihr gegenüber. Wie wir sahen, fehlt es der nicht-römischen Welt spätestens seit der Zerstörung des karthagischen ‚Reiches', das aber auch eher als Handelsimperium denn als politisch organisierter Territorialstaat anzusprechen ist, an einer (Groß-)Macht oder auch an einer großräumigen Allianz mehrerer Staaten, die ein wirkliches Gegengewicht zu Rom hätte sein können. Die meist kurzlebigen griechischen Staatenbünde, das mithridatische Königreich Pontus, oder auch das nur ad hoc in der Abwehr der Römer vorübergehend einige und geeinte Spanien und Gallien stellen ein solches nicht dar; allenfalls in einzelnen Schlachten, nicht aber auf Dauer und als staatliche Organisation. Die Königreiche Makedonien und Syrien hätten die Funktion des mächtigen Gegenpols vielleicht übernehmen können, wenn sie sich nicht zugleich in gegenseitiger Konkurrenz und in der mit ihren eifersüchtigen griechisch-kleinasiatischen ‚Volksgenossen' zerrieben hätten.

Und nicht zu vergessen: die Römer tun, wo und wann immer sie können, das Ihre, um die Bildung eben einer solchen (alliierten) Gegenmacht, die auch den kleineren und schwächeren Nachbarn eine Alternative zur römischen Protektion und Hilfsbereitschaft hätte bieten können, zu verhindern: indem sie diplomatisch oder militärisch intervenieren, bevor es zu spät ist; bzw. indem sie die potentiellen Bündnispartner des Gegners durch mehr oder weniger direkten militärischen Druck von einer Koalition mit ihm abschrecken, oder sie ihm vertraglich abspenstig machen. Bemerkenswerterweise gelingt es Rom in entscheidenden Situationen stets, Verbündete im ‚gegnerischen Lager' zu finden; auch als es sich noch keineswegs als die allein führende, Angst einflößende, weil immer siegreiche und anscheinend unbezwingbare Mittelmeermacht profiliert hat. Rom wird die freiwillige ‚Unterwerfung' anderer auch schon zuteil, als dies noch nicht der einzig gangbare Weg war, der gewaltsamen Angliederung zu entgehen. Hieron von Syrakus schließt sich kurze Zeit nach Ausbruch der Kämpfe auf Sizilien den Römern gegen Karthago an; Sagunt schwächt durch seine romfreundliche Haltung die Position der Karthager in Spanien; der Numiderkönig Massinissa wechselt noch während des zweiten punischen Krieges von der karthagischen auf die römische Seite; griechische Städte und ganze Staatenbünde kollaborieren mit den Römern gegen andere Griechen; Pergamon und Bithynien ziehen ein Bündnis mit Rom einem Zusammengehen mit den ‚syrischen' Seleukiden vor; im Kampf gegen Jugurtha gewinnt Rom schließlich doch noch dessen anfänglichen Verbündeten, den Mauretanerfürsten Bocchus, für sich; in Gallien leisten die Haeduer, Remer u. a. Caesar bei seiner Eroberung gute Dienste; ähnlich können Lucullus, Pompeius und auch die Principes der Kaiserzeit Armenier gegen Parther und umgekehrt ausspielen. Furcht vor den starken Bataillonen Roms ist in den genannten Fällen nicht das *entscheidende* Motiv für den jeweiligen Entschluß, die Römer zu unterstützen. Es ist woanders zu suchen: in rivalisierenden machtpolitischen und territorialen Ansprüchen auf regionaler Ebene; in der erwiesenermaßen (Pergamon, Numidien) nicht ganz unberechtigten Hoffnung, eigene Interessen mit Roms Hilfe – sozusagen als ‚Vergütung' für den ihm geleisteten Beistand – gegen den Nachbarn durchsetzen zu können; in der durchaus auf Erfahrungen (Griechenland, Kleinasien) beruhenden Erwartung, der römische Schutzpatron werde sich nach gewährter Unterstützung wieder völlig zurückziehen; und in der Überlegung, daß eine sich eventuell ergebende (indirekte) Abhängigkeit vom ‚fernen' Rom leichter zu ertragen sei und die eigene Handlungsfreiheit weniger beschneide, als eine mögliche (partielle) Annexion oder Einflußnahme seitens des ‚nahen' Konkurrenten. Auch diese Kurzsichtigkeit der Umwelt, die sich in ihrem politischen Verhalten vorwiegend an aktuellen Opportunitäten und lokalen Problemen und Konflikten orientiert und dabei mögliche langfristige und ‚weltweite' Entwicklungen aus dem Auge verliert, auch diese ‚Borniertheit' ist es, die den Römern und ihrer Hegemonialpolitik zugute kommt. Vielleicht zeigt sich an dem vielfach nicht notgedrungenen Anschluß an Rom aber auch, daß den antiken Zeitgenossen selbst – im Unterschied zu einigen modernen Historikern – die Römer keineswegs als die zielstrebigen, Staaten verschlingenden Welteroberer erschienen sind.

Wie dem auch sei: um im eigenen Sicherheits- und Herrschaftsinteresse nach dem Motto divide et impera die Staatenwelt des Mittelmeerraumes auseinander zu dividieren, bedarf es römischerseits keiner übermäßigen Anstrengungen. Die Zwietracht, die Rom Macht und Siege ernten läßt, braucht es oftmals noch nicht einmal selbst zu säen. Wenn sich Rom durch inhaltlich abgestufte zwischenstaatliche Verträge und Absprachen (amicitiae, foedera, Klientelvereinbarungen), sowie durch die auswärtigen Partner untereinander isolierende, ausschließlich bilaterale Kontakte und Allianzen ein differenziertes, heterogenes und damit leicht handhabbares außenpolitisches Umfeld schafft, beweist das nicht nur römisches Geschick, sondern in gleichem Maße das Unvermögen der anderen, sich unter Verzicht auf die momentanen ‚nationalen' Vorteile, die dem einzelnen ein Bündnis mit den Römern bringen mag, und unter Hintansetzung der üblichen nachbarlichen Stammesfehden zwecks wirksamer inter-‚nationaler' Abwehr gegen den Zugriff der Römer zu organisieren. Was dann gelegentlich doch an ‚großen' Koalitionen gegen Rom zustandekommt: etwa die des Puniers Hannibal mit Philipp von Makedonien, die der Aetoler mit dem ‚Syrer' Antiochos, oder auch die des aufständischen Römers Sertorius in Spanien mit Mithridates von Pontus, erweist sich als letztlich absolut uneffektiv, weil unpraktikabel; allein schon aufgrund der geographischen Entfernungen und der daraus resultierenden Schwierigkeiten eines aufeinander abgestimmten gemeinschaftlichen Vorgehens können diese Bündnisse nicht funktionieren. Der auf dem Papier deklarierte ,Weltkrieg' findet nicht statt.

Die Gründe für das weitgehende Fehlen räumlich geschlossener, in ihrem Potential den Römern ebenbürtiger Machtblöcke und für das Versagen der – zudem noch seltenen – ,globalen' anti-römischen Allianzen sind verschieden. In ihrer Wirkung jedoch potenzieren sich beide Mangelerscheinungen des nicht-römischen Auslandes: Rom kann mit vergleichsweise geringem Kraftaufwand und ohne das stete Risiko eines Zwei- oder Mehr-Frontenkrieges seine hegemoniale Stellung ausbauen und die jeweiligen Anlieger-Staaten und -Stämme seines Hoheitsgebietes einzeln und sukzessive ausschalten, bzw. nach Wunsch auch annektieren. Wer nach den Ursachen des römischen Erfolges fragt, hat auch diesen Gesichtspunkt zu berücksichtigen: die am Ende unbestreitbar (er-)drückende Übermacht Roms ist kaum weniger von anderen passiv ,verschuldet', als von den Römern selbst aktiv ,verdient'.

Ein Argument schließlich, das schon – anders akzentuiert – bei dem Versuch, die Beweggründe des römischen Expansivdranges aufzuspüren, herangezogen wurde, muß auch an dieser Stelle als mögliche Teil-Erklärung nochmals erwogen werden: das in dem Glauben, Träger einer überlegenen politischen und rechtlichen Ordnung zu sein, wurzelnde und sich in der Vorstellung, nur gerechte Kriege zu führen, widerspiegelnde ,Sendungs'- und Selbstbewußtsein der Römer. Es ist zwar in seinen konkreten Auswirkungen auf das außenpolitische und militärische Durchsetzungsvermögen der Römer schwer auszurechnen und bestimmbar, hat aber mit Sicherheit als Ansporn gewirkt und ist als ,ideeller' Unterbau aus der erfolgreichen Konstruktion des Großreiches kaum wegzudenken.

Trotz allem: ein ungeklärter Rest bleibt. Weder ist auszuschließen, daß noch andere als die angeführten, sich unserer Kenntnis entziehende Faktoren den römischen Siegeszug getragen haben, noch läßt sich die Richtigkeit der dargebotenen Überlegungen im einzelnen definitiv beweisen. Sie kommen oftmals über ein ,,Vielleicht" nicht hinaus. Auch zusammengenommen enträtseln sie das Phaenomen römischer Welteroberung nicht vollständig. Geben aber immerhin den – nicht nur für Rom gültigen – Hinweis, daß die hegemonial-imperiale Machtentfaltung eines Staates nicht nur von dessen innerer Struktur und eigener Leistungsfähigkeit, sondern auch und entscheidend von derjenigen der ‚anderen' abhängt; davon, was seine Um-Welt zuläßt. Niemand wird behaupten können, es habe von Anbeginn für das Verhalten und Handeln der Rom schließlich zum Opfer Gefallenen keine Alternativen gegeben. Die entfallen erst – dann allerdings wirklich und für Jahrhunderte –, als sich das Imperium Romanum etabliert hat. Der Weg jedoch zur Weltbeherrschung und die ununterbrochenen außenpolitischen Erfolge der Römer waren zwingend nicht vorgezeichnet.

Viertes Kapitel

Wirkung und Folgen der Welteroberung
Studie eines Pyrrhus-Siege(r)s

Was das republikanische Rom in Sachen Welteroberung leistet, ist ohne Frage beachtlich. Seine effiziente Außen- bzw. Militärpolitik und die Ausdehnung des römischen Reiches setzen Maßstäbe, an denen sich die Imperien nachkommender Jahrhunderte werden messen lassen müssen. Und dies nicht zu Unrecht: binnen 200 Jahren wird die italische Vormacht Rom konkurrenzlose Weltmacht und bringt ihre eigenen Grenzen mit denen des bekannten Erdkreises nahezu in Deckung. So gesehen – von der reinen Machtentfaltung und territorialen Expansion her – ein Aufstieg ohnegleichen.

Wie aber sieht es hinter dieser im doppelten Sinn blendenden Fassade des äußeren Erfolges aus? Was fangen die Römer mit den unterworfenen Gebieten an? Sind sie fähig und willens, dem Riesenreich politisch Gestalt und Inhalt zu geben, wie ihnen das vormals in Italien mit der Schaffung des sog. Italischen Bundes als (herrschaftlichem) Ordnungssystem gelungen war? Oder bleibt dieses ‚Reich' ein hohler Koloß, dem zudem das tragfähige Fundament fehlt, weil das vorhandene – der Stadtstaat Rom – viel zu klein und versteinert ist, um sich den neuen Maßen anzupassen und daher unter der wachsenden Last zerbricht? Wie hoch ist der Preis, den der römische Sieger seinen Provinzen für die ‚Befriedung' abverlangt und den er – innenpolitisch – selbst zahlt für sein fortwährendes auswärtiges Engagement und den Ruhm, militärisch unschlagbar und Beherrscher des Mittelmeeres zu sein?

Erst der Nachweis, die Welt nicht nur erobert, sondern sie als Reich geordnet zu haben, könnte Roms expansive Politik nachträglich rechtfertigen. Und erst auch ein Blick auf deren Auswirkungen im Innern des römischen Staates vermag zu zeigen, inwieweit der bis heute keineswegs nur von schwärmerischen Poeten besungene Aufstieg des republikanischen Rom wirklich ein solcher war.

Von Reichspolitik keine Spur

Oft dauert es Jahrzehnte bis die Römer ein schon längst nicht mehr von ihnen unabhängiges Territorium annektieren und als römische Provinz einrichten.[10] Wie verschieden und verschlungen aber auch immer die Wege zur Erlangung direkter Herrschaft gewesen sein mögen, wie undurchsichtig – selten vorgefaßt – der Plan und das Ziel, dem Rom dabei folgt: ist der Schritt zur neuerlichen Erweiterung des Reichsgebietes erst einmal getan, gibt es die hinzugewonnene Provinz freiwillig nicht mehr aus der Hand. Rom macht auch kein Hehl aus seiner Entschlossenheit, etwaigen provinzialen Widerständen gegen die Staatsgewalt, gar Unabhängigkeitsbestrebungen gegebenenfalls massiv militärisch zu begegnen. In diesem Sinne des territorialen Besitzanspruches zeigt bereits die Republik ein ausgeprägtes Reichsbewußtsein. Bei allen Fehlern und Versäumnissen, die sich die Römer während der ersten zwei Jahrhunderte weltweiter Machtausübung nachsagen lassen müssen: mangelnden Einsatz für Erhalt und Sicherung (auch nach außen) des jeweiligen Reichsbestandes kann man ihnen ganz gewiß nicht vorwerfen. Rom hat sein riesiges Herrschaftsgebiet fest im Griff.

Es als politische Einheit, als Reichsverband, neu und nach eigenen römischen Vorstellungen zu organisieren, würde am Widerstand der Provinzialen mit Sicherheit nicht scheitern. Vorausgesetzt, die Römer hätten ein Interesse daran und ein entsprechendes Reichs-Konzept. Als sie beginnen, sich jenseits der italischen Halbinsel im Mittelmeer zu etablieren, haben sie – verständlicherweise – beides noch nicht. Aber – unverständlicherweise – entwickeln sie es auch nicht im Verlauf des zwei Jahrhunderte währenden Prozesses weltweiter Expansion. Die ‚Reichspolitik' der Republik Rom, wie sie sich in der politischen und wirtschaftlichen Verwaltung der Provinzen manifestiert, stagniert auf der Ebene stadtstaatlicher Großmachtpolitik. Und diese paradoxe Kombination zweier von Natur unvereinbarer und divergierender Prinzipien kann für beide Seiten – den Stadtstaat und das Reich – zwangsläufig nur negative Folgen haben.

Um einen Eindruck zu vermitteln, wie diese republikanische ‚Reichspolitik', die keine ist, ausgesehen hat, bedarf es nicht der detaillierten, Provinz für Provinz gesondert berücksichtigenden Schilderung. Gewiß, es gibt Nuancen, aber keine grundsätzlichen Unterschiede. Das ‚System' ist überall dasselbe. Und immer. Rom lernt nichts dazu. Es verfährt im Prinzip in der Geburtsstunde der ersten ‚Reichs'-Provinz Sizilien genauso wie noch rund 160 Jahre später, als es mit den Provinzen Bithynien-Pontus und Cilicien seinem inzwischen zum Weltreich angewachsenen Territorium endgültig auch weite Teile des kleinasiatischen Kontinents einverleibt. Bereits die allgemeinen, typischen Grundelemente römischer Reichsverwaltung (genauer: Provinzialverwaltung, denn bestenfalls von einer solchen kann die Rede sein), jene Maßnahmen also, die für den römischen Staat offenbar den Kern einer gut bis befriedigend funktionierenden Verwaltung ausmachen, verdeutlichen hinreichend deren ‚Qualitäten'.

Statthalter des römischen Staates und Repräsentanten seiner Hoheit sind in den Provinzen ursprünglich die Praetoren. Sie nehmen unter den ‚normalen' Magistraten der Römer (ausgenommen also Censor und Dictator) nach den Consuln den zweit-höchsten Rang ein. Seit Beginn des 2. Jh. (bis hin zu Sulla) gibt es insgesamt 6 Praetoren, von denen jedoch nur 4 für die Provinzen zur Verfügung stehen, da 2 mit der Rechtsprechung in Rom befaßt und dort gebunden sind. Als 4 Praetoren nicht mehr ausreichen, um mit ihnen die vorhandenen Statthalterposten besetzen zu können, geht man dazu über, auch die ‚stadtrömischen' Praetoren sowie ferner die Consuln nach Ablauf ihrer regulären Amtszeit als Pro-Magistrate in die Provinzen zu entsenden. Wer wo tätig werden soll, entscheidet – in der Theorie – das Los (sors). In der Praxis freilich setzt der Senat wiederholt seinen Anspruch durch, die Provinzverteilung „extra sortem" vornehmen zu können. Und schließlich bleibt dem zukünftigen Statthalter, wenn ihm eine so wenig Gewinn- und Prestige-bringende ‚Provinz' wie etwa die Verwaltung der italischen Triften und Forste zugefallen war, auch noch die Möglichkeit, sich per Volksbeschluß einen dankbareren Aufgabenbereich übertragen zu lassen. Die Amtszeit der römischen Provinz-Gouverneure beläuft sich im Prinzip auf nur 1 Jahr. Lediglich in Ausnahmefällen, etwa wenn es im Hinblick auf die Führung eines Krieges opportun erscheint, sind Verlängerungen möglich, bzw. wird dann – dies jedoch häufiger erst in der späten Republik – eine Statthalterschaft oder ein militärisches Kommando von vorneherein auf mehrere (2–5) Jahre befristet. Der Provinz-Gouverneur hat vor seiner Rückkehr nach Rom die Ankunft seines Nachfolgers abzuwarten, muß dann aber in jedem Falle binnen 30 Tagen seinen bisherigen Amtsbereich verlassen.

Mit dem Statthalter wechselt auch der römische Verwaltungsapparat einer Provinz jährlich, insoweit er mit dem persönlichen Stab, den ein Pro-Consul bzw. Pro-Praetor mit sich führt, identisch ist. Die personale Zusammensetzung dieser Begleitmannschaft kann der Statthalter in der Regel selbst bestimmen: außer allenfalls die höheren Chargen: seine Stellvertreter (die Legati) und den Quaestor, der durch Los ermittelt wird und der ihn als Finanzverwalter begleitet. Selbst bei den Legaten darf man jedoch davon ausgehen, daß ihre Benennung zumindest nicht ohne – inoffizielle – Rücksprache mit dem zukünftigen Statthalter erfolgt; bisweilen kann er sogar sie frei wählen. Daß bei diesem Verfahren der Verwaltungs-Stabs-Bildung nicht immer Sachkenntnis, sondern eher (partei)politische und familiäre Beziehungen den Ausschlag geben, liegt auf der Hand.

Das Imperium (= Amtsgewalt) des Pro-Consuls/Praetors erhebt diesen zum alleinigen und unumschränkten Souverän der ihm unterstellten Provinz. Es verleiht ihm oberste zivile und militärische Entscheidungsbefugnis. Lediglich das Ressort Finanzen (Steuern) gehört nur teilweise zu seinem Kompetenzbereich. Gestützt auf dieses umfassende Imperium nimmt der Statthalter, sofern er verantwortungsbewußt und gewissenhaft ist, nicht von ausgreifenden Militäraktionen absorbiert wird und seinen Aufenthalt in der Provinz auch nicht nur als Vergnügungsurlaub betrachtet, oder ihm gar ausschließlich als lukrativer Geschäftsreise Bedeutung beimißt, folgende Aufgaben wahr:

- er kümmert sich um die Aufrechterhaltung von Ruhe und Ordnung; gegebenenfalls auch um die Verteidigung der Grenzen. Sind dazu die (eventuell) bereits vor Ort befindlichen Truppenverbände zu gering, kann er Aushebungen unter den ansässigen römischen Bürgern vornehmen bzw. einheimische Hilfstruppenkontingente anfordern. Notfalls schickt er ein Hilfegesuch nach Rom;

- er bereist sein Land, um Gerichtstage abzuhalten und Recht zu sprechen. Eine Möglichkeit, gegen seinen höchst-richterlichen Entscheid zu interzedieren, gibt es für die Provinzialen nicht; Revision ist nur erlaubt, wenn er selbst sie zuläßt; übergeordnete Appellationsinstanzen fehlen;
- er überwacht die einheimischen kommunalen Verwaltungseinrichtungen, die die Römer, sofern sie ihnen funktionsfähig und mit ihrer eigenen rechtlichen Ordnung und Administration vereinbar erscheinen, insbesondere im griechischen Osten durchaus weiter bestehen lassen. Zumal das republikanische Rom muß sich allerdings die Frage gefallen lassen, ob es nicht aus purer Bequemlichkeit so ‚liberal' verfährt: wozu sich neue Aufgaben aufbürden, für die das Personal ohnehin fehlt, solange es auch anders ‚läuft', die Provinzialen sich ruhig verhalten und vorschriftsmäßig ihre Steuern zahlen.

Kann – oder will – der Provinzstatthalter selbst nicht alle erforderlichen Maßnahmen und Entscheidungen treffen, ist er befugt, sie an einen seiner Legaten zu deligieren und sich durch ihn vertreten zu lassen. Im Extremfall, den aber auch die an Irregularitäten gewöhnten Spätrepublikaner noch als solchen empfinden, überläßt der Promagistrat die Verwaltung seiner Provinz sogar gänzlich seinen Legaten (so geschehen bei Pompeius Ende der 50-er Jahre des 1. Jh. v. Chr.). Er selbst bleibt dann in Rom, um sich dort ‚wichtigeren' Dingen widmen zu können.

Seine Grenze findet das provinziale Imperium des römischen Gouverneurs lediglich in der sog. Lex provinciae. Hierbei handelt es sich um ein Gesetz, das jeweils von Roms siegreichem Feldherrn und einer ihm vom Senat beratend und kontrollierend an die Seite gestellten Zehnerkommission ausgearbeitet wird, und das bei der Annexion eines bestimmten Gebietes und dessen Einrichtung als Provinz dieser aufoktroyiert wird. Es legt die speziell für eine Provinz (nicht einheitlich für alle Provinzen) gültigen Richtlinien der Verwaltung fest. Die in diesem Gesetz enthaltenen Verfügungen betreffen den eventuellen Weiterbestand und das künftige Ausmaß lokaler Selbstverwaltung, die Einteilung in (Verwaltungs/Steuer-)Distrikte, den Modus der Besteuerung und die Jurisdiktion. Sicher ist dieses Rahmen-Gesetz als Versuch zu werten, eine gewisse Kontinuität in der Provinz-Administration zu gewährleisten, vielleicht sogar der unterworfenen Bevölkerung in bescheidenem Maße das Gefühl der Rechtssicherheit zu vermitteln oder wenigstens vorzuspiegeln. Doch in der alltäglichen Realität hält die Lex provinciae kaum, was sie auf dem Papier verspricht: jeder Statthalter hat nämlich das Recht (und nimmt dieses auch wahr), bei Amtsantritt das vorgegebene Provinz-Statut durch eigene Erlasse und Edikte zu ergänzen und zu ,verbessern', ohne daß diese ihrerseits wieder für den jeweiligen Amtsnachfolger bindend gewesen wären. Roms Gouverneure können also die ohnehin niedrigen, weil sehr allgemein gehaltenen Schranken, die die Lex provinciae ihrer persönlichen Willkür auferlegt, ,legal' überschreiten, solange ihr Verhalten nicht mit dem geltenden römischen Strafrecht kollidiert. Und auch die Verpflichtung der (Pro-)Magistrate, bei ihrer Rückkehr nach Rom Senat und Volk einen Rechenschaftsbericht vorlegen zu müssen, hat nur wenig abschreckende Wirkung: es mußte sich erst einmal ein Ankläger finden, um etwaige tunlichst verschwiegene Verstöße gegen die Lex provinciae anzuprangern; und ein Gericht, das bereit sein würde, sie zu ahnden. Vor allem an letzterem mangelt es. Legte nämlich eine Provinz Beschwerde gegen einen Statthalter ein, der stets selbst Senatsmitglied ist, wurde diese nicht von einem ,unabhängigen' Richtergremium sondern vor dem Senat verhandelt. Gegebenenfalls eingeleitete Verfahren enden daher meist mit mehr oder weniger skandalösen Freisprüchen des beschuldigten Senatsangehörigen. 149 v. Chr. wird zwar – spät genug – die häufigste Art provinzialmagistratischer Mißwirtschaft, die erpresserische Bereicherung, erstmals gesetzlich verboten (Lex Calpurnia); aber auch der mit ihrer strafrechtlichen Verfolgung betraute, gleichzeitig geschaffene, ständige sog. Repetunden-Gerichtshof[11] setzt sich wiederum ausschließlich aus Senatoren zusammen (vgl. unten S. 120 mit Anm. 12).

Eines wird durch das Repetunden-Gesetz des Tribunen Calpurnius zur Gewißheit: das Ausmaß der ,Wirtschaftskriminalität' im Rahmen der römischen Provinzialverwaltung muß beachtlich gewesen sein, wenn zu ihrer Bekämpfung sogar die Römer selbst sich veranlaßt sehen, gesetzliche und gerichtliche Maßnahmen einzuleiten. Der nähere Augenschein bestätigt es:

Für die wirtschaftliche ,Verwaltung' einer Provinz fühlt sich der römische Staat – repräsentiert durch seine magistratischen Organe –

direkt nur teilweise zuständig. Als sein Finanzbeauftragter fungiert in jeder Provinz ein Quaestor (nur in Sizilien sind es zwei). Neben der Aufsicht über die ordnungsgemäße Verwendung der Gelder, die der Senat dem Statthalter für die Besoldung und den Unterhalt seiner Truppen und des sonstigen offiziellen Gefolges bewilligt hat, haben die Provinz-Quaestoren die Aufgabe, zum einen gegebenenfalls die einer Provinz auferlegten Reparationen zu kassieren, zum anderen die regulären direkten (Kopf/Grund-)Steuern (tributum) entweder selbst einzuziehen, oder von einheimischen Behörden, die sie für Rom eintreiben, in Empfang zu nehmen. Dieses tributum ist die Haupteinnahmequelle des römischen Staates, seit er nach Beendigung des dritten makedonischen Krieges (167 v. Chr.) es sich leisten kann, von der Beute zu leben und seinen Bürgern die direkten Steuerabgaben zu erlassen. Es ist entweder eine pauschal für eine Provinz insgesamt festgesetzte Summe, oder richtet sich nach einem individuell bemessenen Vermögens-Census der Bevölkerung. Art und Höhe des an die Römer abzuführenden tributum entsprechen in der Regel dem in einem Gebiet auch schon vor der römischen Machtübernahme üblichen Steuer-System bzw. -Satz. Über die aus Kriegsentschädigungen und direkten Steuern gewonnenen Einnahmen legt der Provinz-Quaestor nach Ablauf seiner Amtsperiode in seines und seines Vorgesetzten, des Statthalters, Namen in Rom Rechnung ab.

Im ganzen gesehen erwecken diese wirtschaftlichen Forderungen des römischen Staates an seine nicht-römischen Untertanen zunächst einmal durchaus nicht den Eindruck krasser Ungerechtigkeit und maßloser, unerträglicher Ausbeutung. Selbst wenn man in Rechnung stellt, daß die Provinzen über die genannten Zahlungen hinaus verpflichtet sind, anwesende römische Truppen und die Begleitmannschaft des Statthalters mit Lebensmitteln und Zugtieren zu versorgen und Quartiere bereit zu halten, will auch dies noch nicht als grundsätzlich unbillige und unzumutbare Belastung erscheinen. Dennoch herrscht – zu Recht! – in der ‚bürgerlichen' wie der marxistischen Forschung (und demgemäß ausnahmsweise auch zwischen beiden Richtungen) seltene Einmütigkeit darüber, daß vor allem das spätrepublikanische Rom seine Provinzen wirtschaftlich über Gebühr beansprucht hat und sie Opfer einer mehr oder weniger hemmungslosen, nur bisweilen von der persönlichen Integrität eines Statthalters gebremsten Ausbeutungspolitik geworden sind. Wie äußert sich dieser Tatbestand? Worauf ist er zurückzuführen?

Römische Autoren selbst (z. B. Cicero, Sallust, Livius) sowie auch ihre griechischen Kollegen (z. B. Plutarch, Appian, Casssius Dio) liefern eine Vielzahl von Beweisen dafür, daß römische Gouverneure – ungeachtet eines aus dem Jahre 195 (oder 198?) v. Chr. stammenden Gesetzes (Lex Porcia) über Art und Umfang der an sie zu erbringenden materiellen Leistungen zur Deckung ihres Amtsaufwandes – ihren Provinzen immer wieder zusätzliche Lasten aufbürden, die weit über den abgesteckten Rahmen der ‚Aufwandsentschädigung' hinausgehen: Versorgungsgüter werden angefordert, ohne daß akuter Bedarf besteht; ebenso Luxusartikel (seltene Nahrungsmittel, kostbare handwerkliche Erzeugnisse, hübsche Sklav(inn)en) zur Verschönerung des Gouverneurs-Alltags oder zum gewinnbringenden Weiter-Vertrieb; was man im Kriegszustand unverhohlen aber korrekt Plünderung nennt, wird in der befriedeten Provinz als freiwillige ‚Geschenksendung' deklariert; ‚gerechtes' und ‚mildes' Verhalten in einem Prozeß ist dem Statthalter zuvor angemessen zu vergüten; will eine Stadt Truppeneinquartierungen entgehen, hat auch die Erfüllung dieser Bitte ihren Preis; gelegentlich läßt sich der scheidende römische Magistrat auch noch seinen kostspieligen Triumph in Rom von eben jenen Provinzialen vorfinanzieren, deren Niederwerfung ihm seitens des Senats diese militärische Auszeichnung eingebracht hat; schließlich gehört Kunstraub beinahe zu den charakteristischen Tätigkeitsmerkmalen der Statthalter: nicht alle betreiben ihn im ganz großen Stil des Eroberers von Korinth, Mummius (146 v. Chr.); dennoch haben die Briten in ihnen fraglos ihre unerreichten Lehrmeister gefunden.

Wie einträglich provinziale Verwaltungs-Geschäfte sein können und wie hoch die erpreßten Summen, veranschaulicht der – wenn vielleicht auch extreme – Fall Verres: als Pro-Praetor in Sizilien erwirbt er sich in den Jahren 73/71 v. Chr. ein derartiges (Kunst-)Besitztum und Vermögen, daß ihm selbst nach einer Schadenersatzzahlung von 40 Millionen Sesterze, zu der ihn (nicht zuletzt aufgrund der flammenden Anklagereden Ciceros) der Repetunden-Gerichtshof verurteilt, noch genügend verbleibt, um ihn 30 Jahre später dem M. Anton, Octavian und Lepidus als lohnendes Proskriptions-Objekt erscheinen zu lassen. Als durchaus ,normal' gilt es offensichtlich, wenn ein mit 25 Millionen Sesterze scheinbar hoffnungslos verschuldeter Magistrat (Caesar) nach bloß einjähriger Amtszeit in einer Provinz nicht nur schuldenfrei heimkehrt, sondern darüberhinaus auch noch in der Lage ist, mit reichlichen Bestechungsgeldern einen Wahlkampf um das Consulat zu führen. Von einem Prozeß gegen Caesar wegen Erpressung ist jedenfalls bezeichnenderweise nichts überliefert.

Aber auch in ihrem Ausmaß ,unnormale' Bereicherungen auf Kosten der Provinzen sind in der ausgehenden Republik an der Tagesordnung; die zahlreichen Repetunden-Verfahren bezeugen es. Sie betreffen im übrigen ,volksfreundliche' Politiker (Populares) ebenso wie traditionelle Verfechter aristokratischer Ordnung (Optimates). In der Frage der ,Nutzung' der Provinzen sind sich die Parteien einig. Mit Sicherheit darf man darüberhinaus annehmen, daß die abgewickelten Prozeßfälle, die sich zudem eher aus persönlichen und innenpolitischen Rivalitäten denn aus uneigennütziger und ehrlicher Entrüstung über die schlechte Behandlung der Provinzialen erklären, nur die kleine Spitze eines riesigen Eisberges provinzialer Mißwirtschaft und Ausbeutung zutage fördern. Und nur einen Teil der ohne Frage zu Recht Beschuldigten ereilt wie Verres der gerechte Schuldspruch. Andere – wie z. B. Galba (Pro-Praetor in Spanien, 151/50 v. Chr.), Lepidus (Pro-Praetor in Sizilien, 80 v. Chr., Vater des oben erwähnten Triumvirn), Dolabella (Pro-Consul in Makedonien, 78 v. Chr.), M. Iuncus (Pro-Praetor in Bithynien, 75 v. Chr.), Catilina (Pro-Praetor in Nordafrika, 76/66 v. Chr.) – werden freigesprochen, bzw. die Verfahren gegen sie eingestellt.

Im Hinblick auf die geschilderten regulären, gesetzlich verankerten materiellen Forderungen der Römer an die unterworfenen Reichsbewohner stellen die spätrepublikanischen Ausplünderungspraktiken der Provinz-Statthalter zugegebenermaßen unzulässige Auswüchse dar. Man wäre daher geneigt, sie nicht generell dem römischen Staat und seiner Politik oder der (führenden) römischen Gesellschaft insgesamt anzulasten, hätten sie sich nicht derart gehäuft, daß sie letztlich einen typischen Normalzustand kennzeichnen, gegen den zudem die staatlichen Behörden und die Gerichte nichts oder zu wenig unternehmen. Weil Erpressung der Provinzialen, abgesehen von einigen besonders krassen Ausnahmen, als Kavaliersdelikt gewertet wird? Zweifelsohne auch deswegen. Nur selten beendet die Fama statthalterlicher Willkür eine politische Karriere.

Aber diese Einstellung allein erklärt nicht alles. Andere Gegebenheiten tragen entscheidender dazu bei, daß Provinzen ausgebeutet werden: etwa die kurzfristige, normalerweise nur 1-jährige Amtszeit der Administratoren. Dieser Umstand kann – muß nicht – dazu verleiten, die Sanierung der eigenen Finanzen auf Kosten der Provinzialen besonders rigoros zu betreiben. Die Zeit drängt, und wie es um die Provinz im kommenden Jahr bestellt sein würde, braucht nicht die Sorge eines Ein-Jahres-‚Beamten' zu sein. Eine weitere Wurzel des Übels liegt in der bereits angesprochenen nur partiellen Zuständigkeit des Staates im Bereich der Steuer- und Finanz-Verwaltung der Provinzen. Eine dritte – teilweise ‚natürlicher' Seitentrieb der zweiten – in der verhängnisvollen Mischung von mangelnder, beschränkter Kompetenz und Parteilichkeit der Gerichte.

Von Beginn der Politik der Provinzialisierung besiegter Gebiete an, gibt der römische Staat den Einzug der von den Nicht-Römern zu zahlenden *indirekten* Steuern – wie Hafengebühren, Warenzölle, an den Staat zu entrichtende Pachtzinsen (portoria, vectigalia) – sowie des agrarischen Zehnten (decuma), wie er vorrömischer Tradition gemäß in Sizilien und der Provinz Asia erhoben wird, aus der Hand: er verpachtet diesen Teil der Steuereintreibung an den Ordo publicanorum, jenen ‚Stand' privater Geschäftsleute aus der Vermögensklasse der Ritter, der laut Livius spätestens seit dem zweiten punischen Krieg existiert und auch anderweitige Staatsaufgaben (z. B. Durchführung öffentlicher Bauprojekte) wahrnimmt. Die Publicani, die sich vielfach in Gesellschaften (societates publicanorum) zusammenschließen, um gegebenenfalls gemeinschaftlich die geforderten Pachtsummen aufbringen zu können, zahlen dem Staat im voraus, ehe sie sich in die Provinzen begeben, eine von diesem veranschlagte Steuerpauschale und erhalten damit gleichsam einen Freibrief für den Steuereinzug in der Provinz selbst. Es müßte in der Tat überraschen, hätte diese Geschäftsgrundlage das Profitdenken der Publicani nicht beflügelt und nicht dazu geführt, möglichst weit über der geleisteten Pacht liegende Einnahmen erzielen zu wollen. Dem Staat sind diese Aktivitäten seiner Privatunternehmer durchaus bekannt. Statt jedoch – wenigstens allmählich – das Betätigungsfeld und den Handlungsspielraum der Publicani einzuengen, wird ihr Aufgabengebiet offensichtlich noch ausgedehnt: aus Angaben Ciceros ist zu schließen, daß sich der römische Staat ihrer ‚Hilfe' zunehmend auch bei der Vereinnahme der *direkten* Steuer (tributum) bedient hat.

Die Möglichkeiten, Publicani zu kontrollieren oder gerichtlich zu belangen, sind gleich null. Es fehlen alle Voraussetzungen: juristisch, weil die Steuerpächter nicht rechenschaftspflichtig sind und die römischen Repetunden-Gerichte nur Erpessungsklagen gegen die hohen Staats‚beamten' behandeln; faktisch, weil der senatorische Statthalter einer Provinz, der kraft seines Imperiums zumindest in Fällen eindeutig ungesetzlicher, durch das Recht des Steuereinzugs nicht legitimierter finanzieller Forderungen der Publicani gegen sie hätte einschreiten können, meist mit ihnen unter einer Decke steckt: sei es, daß er über einen Strohmann am Steuergeschäft der Publicani partizipiert (direkte Mitgliedschaft in einer Steuerpachtgesellschaft ist ihm als Senator untersagt); sei es, daß er es wohlweislich vermeiden möchte, sich den Unmut des Ritterstandes zuzuziehen, dem die Publicani entstammen. Denn: seit der Zeit der Gracchen bilden Senatoren und Ritter gemeinsam die Repetunden-Gerichtshöfe;[12] für den Eventualfall einer dort gegen ihn eingehenden Anklage empfiehlt es sich demnach für den Provinz-Gouverneur, die ritterlichen Richter nicht im vorhinein unnötig zu verstimmen. Solcherart abgesichert, können die Publicani, bis sich seit Augustus ein schrittweiser Bedeutungsschwund des privaten ‚Unternehmertums' in der Reichsverwaltung abzeichnet, nahezu ungehindert ihr Unwesen treiben.

Die doppelt negative Auswirkung des Publikanen-Systems: erstens das durch die fehlende Aufsicht mögliche Unterlaufen des öffentlichen Rechts als Folge der ‚Privatisierung' einer staatlichen Aufgabe, und zweitens die hemmungslose finanzielle Unterdrückung der Provinzialen, scheint immerhin allmählich auch den Römern selbst klar geworden zu sein. Das Verdikt des Augustus-Zeitgenossen Livius über die Publikanen-Wirtschaft ist an Deutlichkeit und Schärfe kaum zu überbieten: „ubi publicanus esset, ibi aut ius publicum vanum aut libertatem ... nullam": wo es Publicani gibt, fehlt von Recht und Freiheit jede Spur. Dem abzuhelfen und entgegenzuwirken, hat jedoch die Republik nichts getan.

Dabei hätte die theoretische Trennung zwischen ritterlicher und senatorischer Tätigkeit in den Provinzen und zwischen privatem (vom Staat in Kommission gegebenem) und behördlich-staatlichem Steuereinzug, sowie auch die Herausnahme des Finanzressorts (Quaestur) aus der direkten Kompetenz des Statthalters durchaus im Sinne einer heilsamen gegenseitigen Kontrolle wirken können. Tatsächlich jedoch tritt in der Praxis das genaue Gegenteil ein, führt die ‚gemischte' Provinzverwaltung im Endeffekt nur zu einer heillosen Interessenverfilzung und Mehrfach-Belastung der Provinzialen. Warum? Weil alle beteiligten Stellen – die privaten wie die offiziellen – ‚ertragreich' arbeiten, d. h. Überschüsse erzielen wollen; weil bei allen das gemeinsame Gewinnstreben stärker ist als das Verantwortungsgefühl für das Reich und seine Bewohner; und weil sich die herrschenden Subjekte (Römer) – trotz aller etwaigen sonstigen Differenzen – immer noch leichter untereinander, als mit den unterworfenen Objekten (Nicht-Römer) solidarisieren. Auch vor Gericht. Denn schließlich haben alle Anlaß, dem Eine-Hand-wäscht-die-andere-Prinzip zu huldigen: der private ritterliche Steuerpächter braucht zur ungestörten Geschäftsabwicklung das wohlwollende Nicht-Hinsehen des offiziellen senatorischen Statthalters, und dieser jenen u. U. als verständnisvollen Richter. Von seinen über ihn zu Gericht sitzenden senatorischen Standesgenossen droht dem Magistraten ohnehin kaum Gefahr: sie könnten selbst einmal auf die Anklagebank des Repetunden-Gerichtshofs geraten, werden also den Kollegen nicht vorschnell verurteilen. Und wie um Iustitia vollends die Augen zu verbinden, erklärt es das ehrwürdige mos maiorum, die ‚gute Sitte' der Väter, auch noch für unstatthaft und unzulässig, daß der Quaestor, der vermutlich noch am ehesten über ‚Unregelmäßigkeiten' in der Verwaltung und im Finanzgebaren des ihm während seiner Amtszeit vorgesetzten Provinzstatthalters Auskünfte hätte geben können, gegen diesen aussagt.

Überblickt man die republikanische Reichsverwaltung, ist aus der Sicht der Provinzialen Positives schwerlich zu entdecken. An Negativposten, Fehlern und Unterlassungen hingegen ergibt sich ein ganzer Katalog:

- Rom versäumt es, die institutionellen Voraussetzungen, sprich: einen adaequaten Verwaltungsapparat, zur Bewältigung der im Reich anfallenden Aufgaben zu schaffen. Wobei es vom Effekt her – Chaos und Mißwirtschaft – unerheblich ist, ob aus fehlender Bereitschaft oder aus Unvermögen. Zeitmangel als Entschuldigung kann nur gelten lassen, wer, wie die Römer selbst, auswärtiger Betätigung und Expansion den absoluten Vorrang vor reichspolitischen Maßnahmen einräumt.

- Die Magistrate, die Rom in seine Provinzen entsendet, sind in der Regel weder mit der Reichsverwaltung im allgemeinen, noch mit den spezifischen Belangen und Gegebenheiten in ‚ihrer' Provinz vertraut, noch auch gibt ihnen die kurze Amtsperiode hinreichend Zeit und Gelegenheit, sich diesbezügliche fundierte Kenntnisse anzueignen und Erfahrungen zu sammeln.
- Der jährliche Magistratswechsel macht eine kontinuierliche Verwaltungsarbeit unmöglich; ebenso jegliche längerfristige Planung. Republikanische Reichs-Politik ist daher gekennzeichnet von Diskontinuität, Konzeptionslosigkeit und ad-hoc-Improvisation. Sie verdient schwerlich überhaupt diesen Namen.
- Nicht weniger eklatant ist der Mangel an Einheitlichkeit und zentraler Lenkung. Dies wäre per se noch kein Unglück, vielleicht sogar zu begrüßen, würden sich darin foederative, gar ‚demokratische' Organisationsformen und Strukturen auf Reichsebene spiegeln. Da diese jedoch nicht vorliegen und angesichts der geographischen Ausdehnung des Reichsterritoriums und der sich daraus in der Antike ‚natürlicherweise' ergebenden technischen Kommunikationsschwierigkeiten auch gar nicht zu erwarten sind, bedeutet der angesprochene Mangel in Verbindung mit der nahezu unumschränkten ‚individuellen' Machtbefugnis des Provinzstatthalters, daß während der Republik von einem Römischen Reich als politischer Einheit nicht die Rede sein kann. Allein der Entscheidung und dem Gutdünken des jeweiligen mehr oder weniger integren und qualifizierten Pro-Magistraten bleibt es überlassen, wie ein bestimmtes einzelnes Reichsgebiet behandelt und verwaltet wird. Noch nicht einmal ein einheitliches (was nicht heißt: starres, die unterschiedliche Leistungsfähigkeit einzelner Bevölkerungsgruppen und Provinzgemeinden nicht berücksichtigendes) System der Besteuerung hat die römische Republik entwickelt. ‚Grenzüberschreitende' staatliche Regelungen, die die Verwaltung der verschiedenen

Reichsteile in einen gemeinsamen Rahmen eingebunden hätten, fehlen.

- Die vorhandenen staatlichen Kontroll-Vorschriften und -Organe sind entweder unzureichend oder ungeeignet, um im Ernstfall Willkür, Eigenmächtigkeiten und Übergriffen in Verwaltung, Rechtsprechung und Wirtschaft Einhalt gebieten zu können.
- Rom trifft keinerlei Anstalten, die Kluft zwischen römischem Bürgerverband und nicht-römischer Reichsbevölkerung wenigstens allmählich zu schließen und damit den Prozeß einer welt-reichs-weiten Integration einzuleiten, die die Unterworfenen zu Mit-Trägern des Imperiums erhoben hätte. Das römische Bürgerrecht ist während der gesamten Republik nahezu unerreichbar für Provinziale. Und auch der ‚umgekehrte' Weg: die Durchdringung des Reiches mit römischen Ansiedlungen, wird konsequent nicht beschritten. Von keiner Seite kann daher ein Zusammengehörigkeitsgefühl entstehen: vom civis Romanus nicht, weil er nur Rom und Italien als Heimat ansieht; vom Provinzialen nicht, weil ihm – selbst wenn er sich in Rom oder Italien niederläßt – der Bürgerverband verschlossen bleibt.
- Der wirtschaftliche Verbund, der zwischen Rom und seinen Provinzen besteht, ist, was die Gewinnverteilung anlangt, am römischen Eigennutz, nicht am Wohl des Reiches orientiert. Die Römer ziehen es vor, sich mit dem Recht des Siegers, also mittels Steuern, Reparationsforderungen, Plünderung, (Kunst-)Raub und Erpressung, zu nehmen, was sie brauchen und möchten, anstatt als Geschäftspartner dafür zu zahlen. Und da die weise Maxime des Kaisers Tiberius: man könne Schafe ruhig scheren, solange sie dabei nur nicht zugrunde gerichtet werden, in der Republik noch nicht bekannt ist, sind die finanziellen und materiellen Bürden, die man den Provinzen auflastet, oftmals so groß, daß der für etwaigen Handel notwendige Produktionsüberschuß gar nicht erwirtschaftet werden kann. Gerade im wirtschaftlichen Bereich denkt Rom ebenso kurzfristig, wie es kurzsichtig handelt. Denn: auch wenn man billigerweise von den römischen Okkupatoren nicht humane Selbstlosigkeit als oberste Richtschnur ihrer Einstellung zu den provinzialen Untertanen verlangen kann, hätten doch allein schon Vernunft und Eigeninteresse ein zumindest ‚oekonomisches' Verhalten

ratsam erscheinen lassen müssen; wie einzelne Statthalter und die Publicani jedoch verfahren, ist weder staats- noch reichsdienlich, und entspricht eher einer auf längere Sicht für alle schädlichen, unoekonomischen Nach-uns-die-Sintflut-Theorie.

Verantwortlich für die genannten Fehlentwicklungen und Mißstände sind erst in zweiter Linie die römischen Amtsträger als Einzelpersonen. In erster Linie ist es der vom Senat und der aristokratisch-ritterlichen Gruppe der Nobilität repräsentierte Staat, der versagt. Er, der im kleineren Rahmen, als Hegemon Italiens, durchaus auch politisches Organisationstalent bewiesen hatte, wird mit den neuen weltweiten Dimensionen nicht fertig. Weil er sich als Ordnungsfaktor gleichsam verweigert, indem er auch jetzt noch dem stadtstaatlichen, Rom-zentrischen Denken verhaftet bleibt und sich strukturell und organisatorisch dem Welt-Reich nicht ‚anpaßt'. Er gibt dem Reich keinen rechtlichen Rahmen und schafft auch keine Gesetze und Institutionen, die Basis einer Reichspolitik hätten sein können. Roms Reichsverweser, seine Statthalter und Steuerpächter, sind nur so schlecht, wie es das ‚System' zuläßt. Die Versäumnisse und Auswüchse in der Reichsverwaltung sind systemimmanent und nachgerade vorprogrammiert, solange der Stadtstaat sein Reich nur als Anhängsel sieht und sich nicht selbst als Teil desselben begreift.

Die römische Republik hat in diesem Sinne nicht umgedacht. Sie – ihre staatlichen Organe, politischen Führungspersönlichkeiten und Bürger – zeigt Interesse am Reich nur insoweit, als es ihren ‚nationalen' Egoismus bzw. den einzelner ihrer Individuen in politischer und materieller Hinsicht befriedigt. Das Reich, die eroberte Welt ist lediglich Herrschafts- und Machtsymbol Roms und die Provinz für den Statthalter nur von Bedeutung für sein persönliches Prestige und die (weitere) Karriere in Rom. Von staatlicher und privater Seite werden die Reichsprovinzen vornehmlich als ‚Versorgungsinstitut' und als wirtschaftliches Ausbeutungsobjekt betrachtet, nicht aber als konstitutive Elemente eines Reichsstaates behandelt.

Wo kein Reichsbewußtsein ist, kann es Reichspolitik und demzufolge auch einen imperialen Staat nicht geben. Was existiert, ist nicht mehr als ein riesiges territoriales Gebilde, mit dem sich politisch niemand – noch nicht einmal der römische Machthaber selbst – identifiziert.

Krankheiten und Tod der stadtstaatlichen Republik

Roms auswärtiger machtpolitischer Aufstieg im Mittelmeerraum bringt seiner Umwelt den Verlust der Eigenstaatlichkeit und Selbständigkeit, ohne daß diese Einbußen durch den Eintritt in eine neue, ‚höhere' reichs- bzw. weltstaatliche Organisationsform kompensiert werden.

Und der römisch-republikanische Stadtstaat selbst? Ist er, der klare militärische Sieger, ist er der große, wahre Gewinner? Beantworten läßt sich diese Frage nur, wenn man einmal nicht primär auf den äußerlich-äußeren Erfolg, sondern die Folgeerscheinungen der Expansion im Innern blickt: auf jene Auswirkungen also, die die ständigen, immer zahlreicheren und in immer größeren Entfernungen von Rom und Italien stattfindenden Kriege, die fortschreitend wachsenden militärischen und administrativen Aufgaben und nicht zuletzt auch der immense Zuwachs an Landbesitz und Reichtümern aller Art auf das politische und soziale Gefüge des republikanischen Staates und seiner Bürger gezeitigt haben.

Was wird aus der relativen Stabilität der römischen Gesellschaft, wie wir sie noch für Rom als Vormacht Italiens zu Beginn des 3. Jh. v. Chr. unterstellen dürfen? Was aus der republikanischen Ordnung insgesamt,

- die zwar weder demokratisch noch sozial ist, in die sich aber alle fügen und die alle tragen: die einen, die begüterten Nobiles, die Magistrate und Senatoren, indem sie sich dem Gemeinwesen als Ganzem verpflichtet fühlen und demgemäß handeln, die anderen, die weniger begüterten Bürger, die Klienten der Aristokratie, indem sie sich der Autorität der politischen Führung beugen und deren Entscheidungen durch ihre Zustimmung legitimieren;
- in der sich der einzelne Mächtige den Ratschlüssen seiner ‚Standesvertretung' unterwirft und der persönliche Ehrgeiz an der Gruppensolidarität seine Grenze findet;
- die zwar krasse Unterschiede zwischen arm und reich kennt, in der aber ein Massen-Proletariat fehlt und die vor allem im Bauernstand eine vergleichsweise breite Mittelschicht besitzt;

- für die der Ständekampf eine historische Reminiszenz und der Bürgerkrieg eine noch nicht gemachte Erfahrung darstellt;
- in der sich auch die politischen ‚Parteien' der ‚rechten' Optimaten und der ‚linken' Popularen noch nicht zerfleischen, weil sie noch gar nicht existieren;
- und in der schließlich (diktatorische) Sondervollmachten, die das herrschende Prinzip magistratischer Kollegialität und Annuität sprengen, allenfalls im militärischen Ausnahmezustand notwendig und akzeptabel erscheinen.

Das Bild, das Staat und Gesellschaft der Republik nach dem auswärtigen Siegeszug Roms etwa in der ersten Hälfte des 1. Jh. v. Chr. bieten, ist ein völlig anderes. Wie zu zeigen sein wird: ein alles andere als positiveres. Wie entsteht es? Wie sieht es aus?

Solange Rom nur Kriege in Italien führt, kann es dies ohne bleibende Schädigung seiner wehrfähigen und wehrpflichtigen Bevölkerung tun. Normalerweise kann man sich mit mehrmonatigen Sommerfeldzügen begnügen, so daß die kleinen und mittleren römisch-italischen Bauern, die das Gros der römischen Miliz-Armee stellen, ihre soldatischen Verpflichtungen durchaus mit den notwendigen landwirtschaftlichen Arbeiten in Einklang bringen können, ihre materielle Existenz also nicht gefährdet wird. Dies ändert sich, ist dann nicht mehr möglich, wenn sich die Kriegsschauplätze in Gebiete verlagern, die zu erreichen Wochen dauert, und ein nur kurzfristiger militärischer Einsatz im Ausland unrentabel und unpraktikabel wird; wenn zudem der auswärtige Kriegszustand zum Normalzustand und der sporadische Wehrdienst damit zur Dauerverpflichtung wird. Genau das ist seit den punischen Kriegen die Regel. Rom trifft mit Karthago, Spanien, Makedonien, Mithridates auf Gegner, deren Niederringung aufgrund ihres Machtpotentials römischerseits oftmals mehrjährige militärische Anstrengungen und immer umfangreichere Rekrutierungen erfordert, so daß eine immer größere Zahl an Bauern über Jahre aus der agrarischen Produktion abgezogen werden muß.

Die zwangsläufigen Folgen lassen sich leicht absehen: während denjenigen, der sein Anwesen nicht vorwiegend selbst bewirtschaftet, den Großgrundbesitzer also, auch eine längere Abwesenheit im Felde nicht in seiner Existenz bedroht, da sein Land weiter bebaut wird, können diejenigen Bauern, und das ist die Mehrzahl, die die Landwirtschaft als Ein-Familien-Unternehmen betreiben mit einem ohnehin nur geringen Ertragsüberschuß als ,Polster' für Notzeiten, einen langjährigen Kriegsdienst nicht unbeschadet überstehen; ihr Land verkommt, bleibt brach liegen und kann sie und ihre Familie nicht mehr ernähren. Auch nach der Rückkehr des Besitzers nicht, weil meist die Mittel für Neuinvestitionen (Saatgut, Viehbestand) fehlen. Die weitere Konsequenz: der ruinierte Bauer begibt sich in ,patronale' Abhängigkeit, indem er sich verschuldet oder seinen Besitz an einen groß-begüterten Nachbarn, der den Krieg besser verkraftet hat, überschreibt und forthin das ehemals eigene Land nur noch als Pächter bearbeitet. Viele – allem Anschein nach die meisten – verlassen sogar ihr Anwesen und wandern mit ihren Familien in die Stadt, nach Rom ab. Teils gezwungenermaßen, wenn die Schuldenlast, die sie sich aufbürdeten, um als freie Bauern zu überleben, den Wert ihres Landbesitzes übersteigt; teils ,freiwillig', wenn sie den mühsamen Neubeginn auf dem Lande scheuen und als Tagelöhner oder kleiner Handwerker in der Stadt (Rom) ihr ,Glück' machen wollen; vielleicht auch in der Hoffnung, sich und ihre Familie dort dank der Getreidespenden des Staates und der um Wählerstimmen buhlenden Politiker über Wasser halten zu können. Der Effekt des Ganzen: ein ebenso unaufhaltsam schrumpfender Klein-Bauernstand wie sich vermehrender Großgrundbesitz, eine sich zusehends – zahlen- und besitzstandsmäßig – vergrößernde Kluft zwischen wenigen sehr Reichen und vielen Armen, und zuguterletzt ein stetig anwachsendes städtisches Proletariat.

Die Situation der Bauern wird zusätzlich dadurch erschwert, daß gleichzeitig mit dem geschilderten Prozeß, und vermutlich nicht nur in dessen Gefolge sondern als ihn weiter beschleunigender Motor, noch ein anderer – auch er eindeutig Folge und Resultat der Eroberungspolitik der Römer – in Gang kommt: die in Italien auf breiter Ebene erfolgende Umstellung des Agrarbetriebes. Die für das bäuerliche Familienunternehmen typische intensive, weicht der weitgehend von Sklaven getragenen extensiven Felder-Bewirtschaftung. Mit ihr geht eine Abnahme des Getreideanbaus und eine Zunahme des Obst-, Gemüse- und Wein-Anbaus sowie der Weidewirtschaft Hand in Hand. Die von Rom neu hinzugewonnenen Kornkammern Sizilien und Nordafrika sowie – als noch freier Handelspartner – auch Ägypten versorgen Italien mit Getreide. Ein Ausweichen auf andere agrarische Erzeugnisse verspricht mehr Gewinn als ein Konkurrenzgeschäft mit den außeritalischen Getreidelieferanten.

Voraussetzungen für diese Umstrukturierung der Landwirtschaft sind: erstens hinreichend große Anbauflächen (Latifundien); die liefern ungewollt die im Zuge der römischen Expansionskriege bankrott gegangenen Kleinbauern. Zweitens möglichst viele billige Arbeitskräfte (Sklaven); die liefern Roms siegreiche Feldherren aus allen Teilen der Mittelmeerwelt. Beide Voraussetzungen kann der *kleine* Grundbesitzer – sofern er es überhaupt noch ist – nicht erfüllen: die eine ‚statusgemäß' nicht; die andere nicht, weil es ihm an Bargeld mangelt, um ins Sklavengeschäft einzusteigen. War er schon immer auf dem Markt nur bedingt konkurrenzfähig gegenüber dem Großgrundbesitzer, wird er jetzt mit seinem ‚veralteten' Warenangebot und seiner ebenso unzeitgemäßen, weitgehend sklavenlosen Arbeits- bzw. Produktionsmethode gänzlich in die Rolle des ausschließlichen Selbstversorgers gedrängt.

Verhängnisvoller noch als auf den zwar ins wirtschaftliche Abseits geratenden, aber immerhin noch existenzfähigen Kleinbauern wirkt sich der durch Roms außenpolitischen Erfolg bedingte massenweise Zustrom von Arbeitskräften zu Schleuderpreisen nach Italien auf die aus, die ihren Besitz bereits verloren bzw. verkauft haben. Der Sklavenimport führt dazu, daß freie Landarbeiter, seien sie nun Kleinpächter oder Tagelöhner, nur noch selten gefragt sind. Er zerstört also auch diese Erwerbschance, und macht darüberhinaus jeglichen Versuch, sich als regulär bezahlter Arbeiter im städtischen Bereich, in Handwerk, ‚Industrie', im Baugewerbe oder im ‚öffentlichen Dienst' zu verdingen, immer aussichtsloser: Tag für Tag überschwemmen Sklaven Roms Märkte und decken seinen Bedarf an Arbeitskräften nahezu ab. Der entwurzelte Bauer, der in Rom neu anfangen wollte, bleibt daher, was er war, als er sein Landgut veräußerte und in die Stadt zog: ein ‚Prolet', dessen einziges ‚Kapital' seine Nachkommenschaft (proles) ist. Bis Caesar wird sich die Zahl der – mehr oder weniger – auf staatliche Fürsorge Angewiesenen allein in Rom auf 320000 erhöhen. Römische Bürger zwar, aber Almosenempfänger.

Wenn je sich das Wort von dem einen Übel, das das andere gebiert, bewahrheitet hat, dann in der ausgehenden römischen Republik: die bisher aufgezeigten negativen Begleiterscheinungen römischer Großmachtpolitik im innerstaatlichen Bereich sind nur die ersten Glieder einer sich stetig verlängernden Kette von Reaktionen. Ihre weiteren Glieder:

1. Das Sklavenproblem. In der Sehweise der Römer selbst stellt es sich zwar nicht als eines der römischen Gesellschaft dar; für sie steht der Sklave – als eine juristisch zur Sache degradierte Person – außerhalb jeder staatlichen und bürgerlichen Gemeinschaft. Dennoch *ist* es ein Problem, das den spätrepublikanischen Staat belastet hat. Nicht nur, weil die Sklaverei, wie wir sahen, den Prozeß der Proletarisierung innerhalb des römischen Bürgerverbandes fördert, sondern auch, weil die große Masse der nach Italien gelangenden Sklaven mehrfach den römischen Staat durch Aufstände erschüttert. Freilich mit Sicherheit nicht in seinen Grundfesten. Die in der (älteren) marxistischen Literatur immer wieder im Sinne des Klassenkampfgedankens behauptete *breite* Solidarisierung der freien unteren Bevölkerungsschichten mit den Sklaven, die eine solche *elementare* Erschütterung hätte hervorrufen können, läßt sich in den Quellen nirgends verifizieren. Sie bleibt aus. Trotzdem: die Sklavenerhebungen erreichen beachtliche Ausmaße: u. a. soll der syrische Sklavenführer Eunus auf Sizilien zeitweise bis zu 70000 Sklaven in einer Aufstandsbewegung gegen Rom vereinigt haben. In den Jahren 135–132 v. Chr. entsteht unter seiner Leitung ein regelrechter sizilischer Sklavenstaat mit Henna als Hauptstadt. Eunus selbst wird von seinen Anhängern zum König ausgerufen und versucht, ein Königreich nach seleukidischem Muster zu errichten. Beides zeugt nicht gerade für ein ausgeprägtes proletarisches Bewußtsein der Sklaven, oder für ein Streben nach Verwirklichung einer neuen, klassenlosen Gesellschaft. Herr des Aufstandes werden die Römer erst, als sie ein consularisches Heer nach Sizilien entsenden.

Unmittelbarer noch bedroht wird Rom sechzig Jahre später von der Erhebung der Sklaven unter Spartacus. Sie nimmt 73 v. Chr. in der Gladiatorenschule von Capua ihren Ausgang, verbreitet sich aber schnell in ganz Süditalien (vor allem in Lukanien), insbesondere unter den in der Landwirtschaft eingesetzten Sklaven. Bis zum Jahre 71 v. Chr. sammelt der Thraker Spartacus an die 60000 Sklaven um sich und nimmt sogar Kontakt mit den damals das Mittelmeer verunsichernden und Roms Seehandelswege zum Osten empfindlich störenden kilikischen Seeräubern auf. Die sollten ihm und seiner Armee aber nicht etwa bei der Revolutionierung der römischen Gesellschaft helfen, sondern den Abzug aus Italien ermöglichen. Spartacus besiegt nacheinander mehrere gegen ihn entsandte römische Heere in offener Schlacht und leistet vorübergehend sogar vier Legionen erfolgreichen Widerstand. Der Krieg findet erst unter dem Kommando des Proconsuls Crassus ein Ende.

Rom muß also das im 2. und 1. Jh. v. Chr. vor allem im Agrarbereich üblich gewordene System der Sklavenbewirtschaftung unter ungeheurem militärischem Aufwand sichern. Notfalls muß es ganze Armeen ins Feld schicken, um den Latifundienbetrieb seiner senatorischen Führungsschicht funktionsfähig zu erhalten.

Die notwendigen Lehren: Abbau der Sklavenmassen und Verbesserung ihrer katastrophalen Lebensbedingungen, hat das republikanische Rom aus den Sklavenaufständen nicht gezogen. Es reagiert mit rigorosen Strafmaßnahmen und Hinrichtungen: nach dem sizilischen Krieg soll es deren 30000, unter Crassus 6000 gegeben haben. Zumeist Kreuzigungen. Auch im sozialen Programm der beiden Gracchen fehlt der Punkt ‚Besserstellung der Sklaven' völlig. Erst Caesar wird wenigstens versuchen, die Zahl der in der Landwirtschaft tätigen Sklaven einzudämmen. Er verfügt per Gesetz die Verwendung freier Arbeiter in der Weidewirtschaft; Sklaven und Freie sollten im Verhältnis 3 : 1 eingesetzt werden. Zu einer ‚Humanisierung' der Sklavenhaltung wird es in Ansätzen – wenn überhaupt – gar erst im Laufe der Kaiserzeit kommen.

2. Der Konflikt mit den italischen Bundesgenossen. Auch er ist zunächst einmal streng genommen kein inner-römisches bzw. innerstaatliches Problem: die Bundesgenossen sind nicht Angehörige der römischen Bürgerschaft. Er wird aber zu einem solchen, allein schon insoweit, als die Bundesgenossen die Aufnahme in den römischen Bürgerverband fordern und sich demgemäß auch der militärische Druck, den sie schließlich ausüben, gegen den römischen Staat richtet. Die Bemühungen des C. Gracchus (122 v. Chr.) und des Livius Drusus (91 v. Chr.), zu einer friedlich-politischen Lösung der Bundesgenossenfrage zu gelangen, waren zuvor gescheitert.

Warum werden Roms italische Verbündete seit der 2. Hälfte des

2. Jh. v. Chr. ‚plötzlich' renitent? Jahrzehntelang waren sie Rom treu ergeben und stützten willig dessen militärische Unternehmungen durch ihre Truppenkontingente. Weder Hannibals Diplomatie noch seine Drohungen vermochten sie zum Abfall von Rom zu bewegen. Die Ursache des jetzigen Aufbegehrens ist unzweifelhaft in der aus den ununterbrochenen Eroberungskriegen Roms erwachsenden permanenten und immer stärkeren Belastung der Bundesgenossen zu suchen. Für sie gilt nicht nur das Gleiche wie für den römischen Bauernstand. Sie sind zusätzlich dadurch benachteiligt, daß ihnen als Nicht-Bürgern ein auch noch so beschränktes politisches Mitspracherecht – etwa bei Abstimmungen über Gesetzesvorlagen oder bei der Wahl der Magistrate – gänzlich fehlt. Zudem unterstehen sie voll der (Straf-)Gewalt der römischen Amtsträger, ohne das Provocationsrecht des civis Romanus zu besitzen. Ihnen wird ferner im Krieg nur ein geringerer Beuteanteil als den römischen Soldaten bewilligt, und auch bei etwaigen Acker-Neuzuweisungen werden sie im Normalfall nicht berücksichtigt.[13] Es versteht sich, daß das Fehlen von Rechten seitens der Bundesgenossen als umso ungerechter empfunden werden muß, je mehr und je länger man sie (im Krieg) verpflichtet; und daß die materielle Benachteiligung umso drückender erscheint, je mehr sich die wirtschaftliche Situation der Bauernschaft ohnehin verschlechtert.

Zum offenen Widerstand gegen Rom entschließt sich ein Teil der italischen Bundesgenossen 91 v. Chr. Acht Stämme, darunter auch die mittelitalischen Marser und Samniten, bilden eine politische und militärische Confoederation, erheben Corfinium zu ihrer Hauptstadt „Italia", beginnen eigene Münzen zu prägen und sich auch sonst als selbständiger Staat zu organisieren: mit einem Senat und 2 Consuln an der Spitze. Auch Stammesverbände, die diesem Bund nicht beitreten, etwa die Bruttier und Lukaner in Süditalien, beteiligen sich am Krieg gegen Rom. Gemeinsam mit den Samniten nehmen sie 88 v. Chr. sogar zu Roms damaligem gefährlichsten Gegner, Mithridates von Pontus, Verbindung auf. Die Römer antworten mit der Entsendung zweier Armeen, die – verlustreich aber nicht erfolglos – getrennt im Süden und im Norden des Aufstandsgebiets Italien operieren. Wie schwer es ihnen fällt, sich letztlich gegen die vereinigten Italiker zu behaupten, zeigt einmal die lange Dauer der Auseinandersetzungen, die sich zumindest gegen die Samniten bis in die Zeit nach der Rückkehr Sullas aus dem mithridatischen Krieg (83 v. Chr.) hinziehen und erst mit der Niedermetzelung mehrerer Tausend Samniten in Nola ihr endgültiges Ende finden; zum anderen die Tatsache, daß die Römer sich 89 v. Chr. zur Verabschiedung eines Gesetzes, der Lex Plautia Papiria, veranlaßt sehen, das allen Bundesgenossen, die bis zu einem festgesetzten Stichtag die Waffen niederlegen, dann doch gewährt, was man ihnen gerade hatte verweigern wollen: das römische Bürgerrecht.

Die aus der Welteroberung resultierende Überbeanspruchung der Bundesgenossen führt demnach Rom in einen italischen Bruderkrieg, der den römischen Staat – ohne sein schließliches Einlenken – in der Tat in seiner Existenz hätte gefährden können. Obwohl militärisch überlegen und ‚siegreich', erleiden die Römer – aus ihrer Sicht – eine politische Niederlage: sie machen nolens volens ‚innenpolitische' Konzessionen, um ‚außenpolitisch' (z. B. gegen Mithridates) wieder den freiwilligen Rückhalt der Italiker zu gewinnen, auf den Roms ausgreifende Militärpolitik nun einmal angewiesen ist.

Daß Rom den Ausgang des Krieges mit den Bundesgenossen und ihre ‚Einbürgerung' nicht als begrüßenswerte Entwicklung und als Chance, den Stadtstaat damit auf eine neue, breitere Grundlage zu stellen, gewertet und als solche bejaht hat, sondern nur ‚der Not gehorcht', zeigen die Vorkehrungen, die die Optimaten treffen, um eben diese volle Gleichstellung und Integration der ehemaligen Bundesgenossen zu verhindern: alle italischen Neubürger sollen nur in 8 bzw. 10 der insgesamt 35 Wahl- und Abstimmungsbezirke (Tribus) in Rom eingeschrieben werden, so daß sie automatisch – da jede Tribus unabhängig von der Zahl der ihr zugehörigen Bürger nur eine Stimme hat – trotz ihrer eindeutigen, etwa dreifachen zahlenmäßigen Überlegenheit gegenüber den römischen Alt-Bürgern absolut unter-repräsentiert sind. Erst unter dem massiven Druck der Gewaltherrschaft des popularen Cinna stimmt der römische Senat 84 v. Chr. einer Verteilung der italischen Neubürger auf alle Tribus zu. Aber auch jetzt noch verschleppt er ihre vollständige amtliche (censorische) Registrierung bis hin zum Jahre 70/69 v. Chr. Und die lokale Selbstverwaltung der italischen Stadtgemeinden, die hätte ein Ausgleich dafür sein können, daß die Italiker aus ‚technischen' Gründen ohnehin nur sporadisch und unter Schwierigkeiten ihre politischen Rechte als römische Bürger in Rom wahrzunehmen in der Lage sind, wird zum gesetzlich verbrieften Recht erst eigentlich unter Caesar und seinen kaiserlichen Nachfolgern.

3. Die aus der Proletarisierung erwachsenden Probleme. Sie (be-) treffen die römische Republik nun wirklich im Innern und im Innersten. Sowohl unter militärischem als auch unter politischem Aspekt.

Zunächst der militärische: Die römische Armee ist eine Miliz. Grundsätzlich geht der Staat davon aus, daß der Bürger-Soldat für seine Ausrüstung und seinen Unterhalt selbst aufkommt. Folgerichtig sind überhaupt nur jene Staatsbürger rekrutierbar, die über ein gewisses Eigen-Kapital verfügen und einen bestimmten festgesetzten Vermögens-Census nicht unterschreiten. An diesem Prinzip hält die Republik fest (bis Marius; vgl. unten S. 138). Es ändert sich imgrunde auch dann nicht, wenn der Staat allmählich dazu übergeht, ‚Beihilfen' in Form von geringer Besoldung zu gewähren, wenn er ganz oder teilweise Waffen und Rüstung stellt, und fortschreitend den für die Wehrdienstfähigkeit vorgeschriebenen Census senkt. Den entscheidenden Schritt: die Einbeziehung der besitzlosen Proletarier, der capite censi (= Personen, die der Census nur nach Köpfen, nicht nach Vermögen erfaßt), in Wehrpflicht und Rekrutierung, diesen Schritt tut der ‚klassische' republikanische Staat nicht. Ebensowenig kann er sich zur Einführung einer festen und angemessenen Besoldung und einer staatlichen Alters-Versorgung für die entlassenen Soldaten verstehen. Mit dem Effekt, daß aufgrund der steigenden Bevölkerungsquote proletarisierter Kleinbauern das offiziell rekrutierungsfähige Potential immer kleiner wird. Man muß verstärkt auf die Bundesgenossen zurückgreifen, was wiederum zu deren ‚Aufsässigkeit' beiträgt, und die letztlich verbliebenen Noch-Bauern derart stark belasten, daß es gelegentlich (wie im spanischen Dauer-Krieg) unter ihnen zu zumindest versuchten Wehrdienstverweigerungen kommt und fast immer die bäuerliche Existenz des Kriegs-Heimkehrers nach dem jahrelangen ‚Dienst am Vaterland' vor dem Ruin steht. Wieder ein Proletarier mehr und ein Soldat weniger.

Der politische Aspekt: er umfaßt mehrere verschiedene Negativa. Gemeinschaftlich zersetzen sie die römische Gesellschaft und den Staat selbst, nicht nur die Wehrkraft. Auf folgende Weise:

Die oekonomische Fehlentwicklung, wie sie sich am deutlichsten im sozialen Abstieg und in der Verschuldung des Kleinbauerntums abzeichnet, zieht beinahe zwingend Bestechlichkeit und Korrumpierbarkeit und damit in letzter Konsequenz die politische Manipulierbarkeit nach sich. Diese Untugenden sind zwar ganz gewiß nicht klassenspezifische Merkmale der Armut. Aber wer nichts, allenfalls Schulden besitzt, regelmäßige Arbeit nicht finden kann und auch von staatlicher Seite nur ungenügend und unregelmäßig versorgt wird, ist, um überhaupt noch existieren zu können, naturgemäß in besonderem Maße anfällig, Bestechungsgelder entgegen zu nehmen, wenn sie ihm geboten werden. Von jenen Reichen etwa, die sich mit Reichtum allein nicht zufrieden geben und auch politisch Karriere machen wollen. Um aber die hohen Staatsämter zu erreichen, bedarf es nicht nur persönlicher Beziehungen innerhalb des eigenen senatorischen bzw. ritterlichen Standes, sondern möglichst zahlreicher Stimmen in den verschiedenen Wahlgremien des Volkes. Was liegt näher, als – die finanzielle Notlage vieler Bürger nutzend – deren Stimmen zu kaufen? Tatsächlich sind Wahlbestechungen in der späten Republik an der Tagesordnung. Oft macht man sich noch nicht einmal mehr die Mühe, sie zu vertuschen: der Stimmenkauf wird in aller Öffentlichkeit abgewickelt. Er bleibt zwar ein strafrechtlicher Tatbestand, der eine Anklage wegen Amtserschleichung (de ambitu) einbringen kann und damit die Streichung von der Kandidatenliste, wird aber imgrunde immer nur dann als solcher verfolgt, wenn dem Gegenkandidaten kein besseres Mittel einfällt, um den politischen Konkurrenten nicht zum Zuge kommen zu lassen. Bestechungsgelder werden darüberhinaus auch bei Abstimmungen über Gesetzesvorlagen als besonders überzeugende ‚Argumente' eingesetzt. Und die vielen Schuldner braucht man erst gar nicht zu bestechen. Die sind dem Gläubiger ohnehin verpflichtet. Wenn dieser es wünscht: auch politisch. Statt das Risiko einzugehen, den Kredit aufgekündigt zu bekommen, verhält man sich bei Wahlen und Abstimmungen lieber ‚richtig'.

Parallel zur wachsenden materiellen Abhängigkeit des (städtischen) Proletariats von, und seiner zunehmenden Bindung an einzelne Große der Nobilität vollzieht sich seine Loslösung vom Staat. Der Staat interessiert nur noch als gelegentlicher Lieferant billigen oder kostenlosen Getreides, nicht mehr als gemeinsames ‚Vaterland', für das es sich lohnt, Opfer zu bringen. Man hat nicht nur politisch – da war die ‚Volkssouveränität' immer nur eine staatsrechtliche Fiktion – sondern auch ganz konkret vom Besitz her keinen Teil mehr an ihm. Mit den Worten des Tiberius Gracchus (133 v. Chr.) ausgedrückt: „Die Feldherren lügen, wenn sie in der Schlacht ihre Soldaten aufrufen, Gräber und Heiligtümer gegen die Feinde zu verteidigen. Denn keiner dieser armen Römer hat einen Altar von seinen Vätern ererbt, kein Grabmal seiner Ahnen. Für Wohlleben und Reichtum anderer setzen sie im Krieg ihr Leben ein. Herren der Welt werden sie genannt. In Wirklichkeit gehört ihnen kein Krümchen Erde" (Plutarch).

Polarisierungen zwischen arm und reich, wirtschaftliche Verelendung der Massen und das Gefühl der Benachteiligten, nichts mehr verlieren zu können, sind zu allen Zeiten und in allen Gesellschaftsordnungen ein idealer Nährboden für innere Unruhen und Umsturzbewegungen. Rom macht da keine Ausnahme. Auch insoweit nicht, als am Ende auch in Rom die Sehnsucht nach einem Mann steht, der wieder Ordnung schafft, und man bereit ist, die republikanische Freiheit (libertas) auf dem Altar des Friedens (pax) und der Sicherheit (securitas) zu opfern.

In den letzten hundert Jahren ihrer Geschichte wird die Republik Rom von fortlaufenden Auseinandersetzungen im Innern heimgesucht. Die ersichtlichen Hintergründe sind immer dieselben und sozialer, oekonomischer Natur. Es geht um: die Forderung nach Landverteilung an besitzlose Bürger (Gracchen in den 30-er und 20-er Jahren des 2. Jh. v. Chr., Saturninus und Glaucia 103/100 v. Chr., Rullus 63 v. Chr.); das Verlangen der Proletarier nach ausreichender Getreideversorgung durch den Staat (C. Gracchus 123/22 v. Chr., Lepidus 78 v. Chr., Clodius 58–52 v. Chr.); und den Wunsch nach Schuldentilgung (Catilina 63 v. Chr., Caelius 48 v. Chr.). Im Zuge der Versuche, diese zumindest verständlichen Anliegen durchzusetzen, kommt es wiederholt zu offener Gewaltanwendung, Straßenschlachten, dem Einsatz bewaffneter Verbände und der Mobilisierung regulärer Armee-Einheiten. Von seiten der ‚Revolutionäre' wie von Seiten des Senats. Letzterer ruft gelegentlich auch den ‚nationalen' Notstand aus, mittels des sog. Senatus consultum ultimum, das es den amtierenden Consuln gestattet, aufständische römische Bürger ‚standrechtlich' zu exekutieren. Offenbar ohne dabei Gewissensbisse zu verspüren:

Cicero schwärmt noch Jahre später von seinem Consulat, in dem ihm die Aufgabe zufiel, „dafür zu sorgen, daß der Staat keinen Schaden erleide" und er die Hinrichtung der ‚entarteten' Catilinarier betrieb: „wie schön war doch für eine Weile der Staat, als wir ihn regierten!" (Brief an Atticus).

Auch wenn die herrschende ‚Ordnung' scheinbar siegt: die Krise, in der sie sich befindet und in die sie sich selbst hineinmanövriert hat, ist unübersehbar. Die ‚Catilinas' sind nur Symptom und Frucht eines allgemeinen Zerfalls- und Desintegrationsprozesses des römischen Staates. Aber das will man nicht wahr haben. Und damit steht Cicero nicht alleine. Angesichts des bracchial-gewaltsamen Durchsetzungsvermögens der ‚Besten' (Optimaten) und der mit ihnen einträchtig verbundenen ‚Guten' (boni) aller Stände (concordia ordinum) gibt man sich noch Mitte des 1. Jh. v. Chr. der Illusion hin, mit einer bloßen Entfernung der ‚catilinarischen' Eiterherde dem Staat zur Genesung verhelfen zu können.

Einige wenige freilich blicken tiefer und erkennen die Notwendigkeit durchgreifender Reformen. Lange vor Cicero und auch vor dem Caesarianer Sallust, der – neben dem Verfall der Moral – die überhandnehmende Macht des Geldes für die sozialen Konflikte ebenso verantwortlich macht wie für die Korruptheit und Korrumpierbarkeit der Politiker und Volksmassen.

Vor allem die beiden Gracchen – Tiberius und Caius – aber auch C. Marius sind unter jenen zu nennen, die meinen, es müsse etwas geschehen gegen das innere Hauptübel der römischen Expansionspolitik: das Schrumpfen des Kleinbauernstandes bzw. dessen Verarmung und Proletarisierung. Aber die angestrebte Gesundung des Staates, vielleicht sogar die Wiedergeburt der alten heilen Republik bewirken auch ihre Maßnahmen nicht. Aus vielfältigen und unterschiedlichen Gründen.

In der richtigen Überzeugung, nur eine Regeneration des kleinen und mittleren Bauerntums könne dem Staat langfristig seine Wehrkraft sichern und wirtschaftliche Spannungen im Innern verhindern, und wohl auch aus dem Gedanken heraus, daß es nur recht und billig sei, wenn der Staat sich um das Wohlergehen seiner Bürger, deren Dienste er permanent in Anspruch nimmt, kümmert, bringt der Tribun Tiberius Gracchus gegen den Widerstand des Senats 133 v. Chr.

ein Gesetz durch, das die Neuverteilung jenes römischen (Acker-) Landes vorsieht, das de iure nicht Privateigentum ihrer Besitzer, sondern Staatsland ist (ager publicus/occupatorius). Jeder Bürger soll von diesem Gemeingut, das er mit staatlicher Billigung okkupiert hatte und hinfort bebaute, maximal nur noch 500 Morgen (iugera) behalten dürfen; zusätzlich nochmals 250 bzw. 500 iugera, wenn er einen bzw. zwei erwachsene Söhne hat. Der durch diese Regelung frei werdende Boden, für dessen Verlust der bisherige ‚Pächter' und de-facto-Eigentümer möglichst zu entschädigen ist, soll in kleinen Parzellen von je 30 iugera an die bedürftigen Bürger Roms neu verteilt werden.

Trotz der Schwierigkeiten, die die mit der Durchführung dieses Ackergesetzes betraute Drei-Männer-Kommission, bestehend aus den Gebrüdern Gracchus und dem Schwiegervater des Tiberius, Appius Claudius, zu bewältigen hatte (oftmals war z. B. gar nicht mehr einwandfrei zu klären, was ager publicus und was Privateigentum war), scheint die Arbeit der Kommission zunächst einmal erfolgreich gewesen zu sein. Die Census-Listen der Folgejahre weisen jedenfalls – zumindest in der Deutung einiger führender Forscher – ein merkliches Ansteigen der Zahl der grundbesitzenden, wehrdienstfähigen Bürger aus. Auch nach der Ermordung des Tiberius wird die Landverteilung weitergeführt. Sie kommt endgültig erst zum Erliegen, als 119 (oder 111) v. Chr. per Gesetz (sog. Lex Thoria) die gracchische Ackerkommission aufgelöst wird. In diesem Gesetz werden zudem die ursprünglich nur verpachteten Staatsland-Parzellen den Neusiedlern als Privateigentum überschrieben. Damit eröffnet sich auch die Möglichkeit zum Wiederverkauf des zugewiesenen Landes. Von ihr haben offensichtlich viele unter finanziellem Druck oder verführt von dem Anreiz, eine größere Summe baren Geldes in die Hand zu bekommen, Gebrauch gemacht. Denn die Heeresreform des Marius, zwanzig Jahre später, wird eigentlich nur verständlich, wenn man unterstellt, daß bereits jetzt wieder die Rekrutierung des Heeres aus kleinen Landbesitzern Schwierigkeiten bereitet.

Der damit deutlich werdende letztliche Mißerfolg der gracchischen Agrarreform ist jedoch mit Sicherheit nicht allein auf die Lex Thoria zurückzuführen. Er erklärt sich eher daraus, daß das gesamte Neuverteilungsprogramm imgrunde erst viel zu spät anläuft. Die Zahl derer, die es zu versorgen gilt, ist schon zu groß geworden. Ebenso der Besitz einiger weniger. Ihm gegenüber ist ein Landgut von nur 30 iugera a priori kaum konkurrenzfähig und hat daher nur eine geringe ‚Überlebenschance'. Vielleicht hat sogar C. Gracchus selbst dazu beigetragen, das Reformwerk seines Bruders zu unterminieren: sein Getreidegesetz, das den Staat zur Bereitstellung und Vergabe verbilligten, preislich gebundenen Getreides an die minderbemittelten Bürger Roms *verpflichtet*, fördert einerseits die Bereitschaft, als Proletarier in Rom zu bleiben, statt sich Land zuweisen zu lassen, und erleichtert andererseits denen den Entschluß zur Rückkehr nach Rom, die ohnehin mit dem Gedanken spielen, ihre neuerworbene Parzelle wieder zu veräußern. In diesem Sinne ein fatales Gesetz. Auch wenn man gerne zugestehen will, daß Caius es nicht (allein) in der demagogischen Absicht, Anhang zu gewinnen, erläßt, sondern es von ihm aus (auch) als soziale Überbrückungsmaßnahme gedacht war, bis alle Bedürftigen Neuland in Italien oder auch in überseeischen Koloniegründungen erhalten hätten.

Marius geht – etwa in den Jahren 107–100 v. Chr. – das Problem der Proletarisierung und schwindender Rekrutierungsmöglichkeiten umgekehrt wie die Gracchen an: Landzuweisungen bilden in seinem reformerischen Konzept den Schlußpunkt, nicht die Ausgangsbasis. Die liegt für Marius in der Aufnahme der Besitzlosen (capite censi) in die römische Armee; und zwar nicht mehr nur – wie zuvor schon mehrfach praktiziert – als außergewöhnlicher Notbehelf, sondern als grundsätzliche Regel. Zukünftig wird wie folgt verfahren: als Gegenleistung für den Kriegsdienst, für den er sich freiwillig meldet und den er wie einen Beruf gegen Bezahlung ausübt, erhält der römische Legionär nach seiner Dienstentlassung vom Staat – bzw. genauer: von seinem Feldherrn, der jeweils ein entsprechendes Gesetz einbringt – ein Stück Land, das bis hin zu Caesar normalerweise in Italien liegt und den weiteren Lebensunterhalt des Soldaten sichern soll.

Die Vorzüge dieses neuen Systems liegen auf der Hand: es holt einen Teil der verarmten Bürger (Proletarier) für Jahre von der Straße und sorgt zugleich dafür, daß sie diese nach ihrer Rückkehr aus dem Krieg nicht gleich wieder bevölkern. Außerdem schiebt es der galoppierenden Schwindsucht des Bauernstandes, insoweit sie durch den Militärdienst bedingt ist, einen wirksamen Riegel vor: nicht mehr er allein trägt die Kriegslasten, sondern auch das landlose (städtische) Proletariat.

Die Nachteile der marianischen Heeresreform machen sich *umgehend* nur partiell und in ‚Nebensächlichkeiten' bemerkbar. Etwa in den gelegentlich tumultuarischen Szenen im Senat und in der Volksversammlung, wenn der Senat mehrheitlich die Freigabe von Staatsland für die vorgesehene Veteranenversorgung verweigert, weil er dem beantragenden Magistraten bzw. Heerführer die ihm aus dem Landgeschenk erwachsende Anhängerschaft mißgönt. Oder auch in gewaltsamen Enteignungen, wenn freies bzw. freigegebenes Staatsland nicht oder nur unzureichend vorhanden ist, und also der Feldherr anders sein Landversprechen an die Soldaten nicht einlösen kann.

Schwerer wiegen die negativen Nebenwirkungen der Refom, die in ihrer ganzen Tragweite erst *allmählich* zutage treten und voll sichtbar eigentlich erst werden, als sie das republikanische Staatsgefüge bereits aus den Angeln gehoben haben. Zur größten, letzten Endes tödlichen Gefahr für die Republik wird ausgerechnet der militärpolitisch bedeutsamste Erfolg des Marius: die römische Armee gewinnt Schlagkraft und Stabilität zurück und neutralisiert das ‚revolutionäre' Potential der proletarischen capite censi wenigstens teilweise. Aber der Festigungseffekt kommt dem Staat selbst *im Innern* nicht zugute; er verkehrt sich hier sogar in sein genaues Gegenteil. Denn: der verstärkten Bindung des Quasi-Berufssoldaten an die Armee auf der einen Seite entspricht auf der anderen Seite eine fortschreitende Loslösung dieser Armee von der anonymen Institution Staat. Nicht mehr Miliz beginnt das Heer, sich als selbständiger Machtfaktor zu begreifen, verantwortlich und ergeben in erster Linie – wenn nicht allein – dem einzelnen Imperiumsträger, der es als Feldherr zu Sieg und Beute führt und ihm als fürsorglicher Patron nach Beendigung des Krieges Land zur Verfügung stellt. Daß nicht des Führers Eigentum ist, was er großzügig verteilt, sondern Staatsland, spielt für das subjektive Gefühl der Soldaten, ihm gegenüber in Dankesschuld zu stehen, nur eine untergeordnete Rolle. Entscheidend bei der Landzuweisung ist in ihren Augen das persönliche Engagement ihres Kommandeurs. Mit welcher Sehweise sie freilich keineswegs ganz falsch liegen: selbst den Veteranen des Pompeius, des Großen, denen man die Beseitigung der

Seeräuberplage und den Sieg über Mithridates verdankt, wird der Senat-Staat die wohl verdiente Altersversorgung nicht bewilligen; Pompeius muß sich mit dem popularen Caesar verbünden, um ihnen den legitimen Lohn per Volksbeschluß zu verschaffen.

Entsprechend dem römischen Klientel- bzw. Patronatsdenken, das im Prinzip eine einmal eingegangene Bindung als lebenslange, ja sogar auf die Nachkommen vererbbare wechselseitige Verpflichtung wertet, geht auch das Treueverhältnis zwischen Feldherr und Soldat nicht mit dem gemeinsamen Kriegsdienst zu Ende. Zumal dann nicht, wenn der nach-marianische Heerführer sich von seinen Truppen mit dem für beide Seiten und im doppelten Wortsinn obligatorischen Land-Geschenk verabschiedet. Er wird demnach auch in der Folgezeit, als Politiker, bei Wahlen und bei von ihm ausgehenden Gesetzesinitiativen mit der Unterstützung seiner Veteranen-Klientel rechnen können. Diese neue Art der persönlichen Anhängerschaft hat ihre ganz besonderen Vorzüge: sie ist militärisch ausgebildet und erfahren, schwerpunktmäßig über Italien verteilt und auf Abruf bereit, nach Rom zu marschieren. Nicht nur in friedlicher Absicht, als ,Wählergemeinschaft' und Befürworter einer bestimmten Gesetzesvorlage, sondern notfalls auch, um durch indirekten oder direkten militärischen Druck Entscheidungen zugunsten des Patrons zu erzwingen. Rom wird gleichsam zur ,offenen Stadt' für die um die Macht rivalisierenden Polit-Generäle. Der erste Römer – nicht Gallier oder Gote –, der die Urbs Roma erobert und unter seinen politischen Gegnern, den Marianern, mit Enteignungen und Ermordungen via Proskriptionen wie ein Vandale haust, ist Sulla. Gleich zweimal: 88 und 83/82 v. Chr. Seinem Beispiel folgen schon 87 v. Chr. Marius und Cinna. Auch Caesar ,nimmt' Rom (49 v. Chr.); allerdings kampflos, und die sullanisch-marianische Brutalität durch Milde (clementia) ersetzend. Octavian und kurze Zeit später Octavian und M. Anton rüsten 43 bzw. 42 v. Chr. zum Marsch auf die Hauptstadt. Und auch jetzt bleibt ihr die Eroberung nur erspart, weil sie sich mangels Republik-treuer Truppen (die stehen unter den flüchtigen Caesar-Mördern Brutus und Cassius in Griechenland und Kleinasien) nicht wehrt. Proskriptionslisten aber werden dennoch ausgehängt und Verbannungen ausgesprochen.

Noch eine weitere typisch spätrepublikanische Erscheinung ist in letzter Instanz Folge der marianischen Heeresreform: das Vorhandensein einer – vom Vater ererbten – militärischen Klientel erlaubt es selbst jungen Männern, die noch gar kein Amt bekleidet haben, also Privatpersonen sind und nur im eignen Auftrag handeln, regelrechte, nichtsdestoweniger aber irreguläre Armeen aufzustellen und auf diese Weise, ohne Legitimation durch Senat und/oder Volk, in das politisch-militärische Tagesgeschehen einzugreifen. Pompeius praktiziert diese neue Methode 23-jährig, gestützt auf die in Picenum angesiedelten väterlichen Veteranen; ebenso der erst 19-jährige Octavian, dem sich ein Teil der Soldaten seines Adoptivvaters Caesar verbunden fühlt.

So wie Gewalt im allgemeinen Gegengewalt erzeugt, provoziert auch im konkreten römischen Falle der vereinzelte Einsatz der Heeresklientelen als Mittel der Politik alsbald die grundsätzliche Neigung aller, interne Konflikte, einschließlich der sozialen, militärisch zu lösen. Auch die – zumindest nach eigenem Verständnis – ‚Sozialrevolutionäre' Lepidus (78 v. Chr.) und Catilina (63/62 v. Chr.) nehmen schließlich ihre Zuflucht zu Truppeneinheiten, um mit deren Hilfe ihr politisch bereits gescheitertes Programm (Landreform, Schuldentilgung) doch noch durchzusetzen. Im Prinzip nicht anders verfährt auch der Marianer Sertorius (80–72 v. Chr.), wenn er in Spanien eine Armee aufbaut, die ihm vermutlich helfen soll, in Rom die ‚sullanische' Senatsherrschaft zu beenden, die ‚Volksfreunde' (Popularen) an die Macht zu bringen und für die Provinzialen Erleichterungen, vielleicht sogar eine schrittweise Einbeziehung in den römischen Bürgerverband zu erzwingen. Es kommt nicht so weit. Weil hier wie auch bei Lepidus und Catilina der Senat seinerseits den Bürgerkrieg nicht scheut und die Waffen darüber entscheiden läßt, wer politisch recht hat.

Der Bürgerkrieg als ein spezifisch spätrepublikanisches Phaenomen ist kein Zufall. Vielmehr logisches Ergebnis aus dem Zusammentreffen potentieller, aus der expansiven Außenpolitik erwachsener Konfliktherde und der seit Marius gegebenen Möglichkeit und Bereitschaft, die Armee als Mittel auch der Innen-Politik einzusetzen.

Die Heeresreform des Marius, ihrerseits unvermeidliche Reaktion und an sich richtige Antwort auf die Expansions-bedingte Zerstörung des bäuerlichen Rückgrates des römischen Staates, beschleunigt demnach ungewollt den Prozeß der Selbstauflösung der späten Republik, indem sie zweierlei bewirkt:

Erstens eine ‚Militarisierung' der Politik. Soziale Konflikte und partei-, machtpolitische Auseinandersetzungen eskalieren in ihrem Austragungsmodus zu militärischen Konfrontationen zwischen optimatischen und popularen Politikern und den jeweils hinter ihnen stehenden Staatsorganen (Senat – Volksversammlung/Tribunat) bzw. Bevölkerungsgruppen (Großgrundbesitzer – Kleinbauern, Proletarier; die ritterlichen Finanzmagnaten finden sich mal auf der einen mal auf der anderen Seite).

Zweitens eine bisher nicht gekannte Machtkonzentration in den Händen einiger ‚Großer' (Heerführer). Mit dem militärischen Potential, das sie hinter sich wissen, beherrschen sie den Staat; gelegentlich sogar unter Umgehung der vorgegebenen Ämter-Laufbahn und -Hierarchie und unter Verletzung des Grundsatzes, daß nur ein magistratischer Imperiumsträger politisch und militärisch aktiv handlungsfähig ist und in Führungspositionen aufsteigen kann.

Diese letztgenannte Entwicklung wird freilich nicht allein durch das marianische Reformwerk ausgelöst. Sie hat noch eine andere Wurzel: das große, außergewöhnliche Kommando spätrepublikanischen Gepräges.

Außergewöhnlich heißen diese Kommanden, weil sie sich – im Gegensatz zu den normalen – über mehrere Jahre erstrecken und/oder dem Inhaber zusätzliche, den üblichen Rahmen übersteigende Vollmachten einräumen. Derartige Fälle häufen sich zumal im 1. Jh. v. Chr. Die beiden imperia extraordinaria des Pompeius gegen die Seeräuber 67 v. Chr. und zur Beendigung des mithridatischen Krieges 66 v. Chr. sind nur die herausragendsten Beispiele: das erste, basierend auf einem Volksbeschluß (Lex Gabinia), dehnt den Kompetenzbereich des Pompeius über alle Mittelmeerländer bis jeweils 50 Meilen (= 75 km) landeinwärts aus und gestattet ihm, maximal 20 Legionen auszuheben, eine Flotte von 500 Kriegsschiffen auszurüsten und 15 Legate (Unterfeldherren) zu benennen. Das zweite, wiederum auf Antrag eines Volkstribunen verliehen (Lex Manilia), umfaßt erneut mehrere Provinzen und berechtigt den Pompeius, gegebenenfalls ohne vorherige Rücksprache mit dem Senat weitere Kriegserklärungen auszusprechen und Bündnis- bzw. Friedensverträge abzuschließen.

Selbst wenn nicht immer in so krasser Weise wie bei Pompeius bricht doch das große Kommando per se mit allen geheiligten Traditionen und Prinzipien der Republik: mit dem der magistratischen Kollegialität ebenso wie mit dem der zeitlichen und räumlichen Beschränkung der promagistratischen Amtsgewalt auf (meist) 1 Jahr bzw. 1 Provinz. Es sprengt zudem ganz zwangsläufig die ‚staatstragende' Einheit Senat, indem es einigen Einzelpersonen eine geradezu ‚monarchische' Stellung verschafft, die jeder für sich zu monopolisieren trachtet. Diese Großen stehen nicht mehr innerhalb, sondern über und außerhalb der republikanischen Staatsordnung, weil diese Ordnung – ebensowenig wie der Senat als Gruppe – gar nicht den Rahmen bietet, um sie noch integrieren zu können.

Den meisten Republikanern ist die Systemfeindlichkeit derartiger außergewöhnlicher Imperien und ihre Unvereinbarkeit mit den staatsrechtlichen Normen des Stadtstaates nicht verborgen geblieben. Aber sie fügen sich – wenn auch widerstrebend – in das Unvermeidliche. Denn unvermeidlich sind die ‚monarchischen' Vollmachten in der Tat. Nur so ist die Republik überhaupt noch in der Lage, die für ihre Verhältnisse über-dimensionierten Aufgaben einer Weltmacht zu bewältigen und den sich aus dem imperialen Herrschaftsanspruch ergebenden Anforderungen gerecht zu werden. Nämlich: über Jahre geographisch weiträumige Kriege zu führen, massiven – wenn auch seltenen – Angriffen auf Reichsgebiete zu begegnen und den reibungslosen Handel im Mittelmeer zu gewährleisten und zu sichern.

Das selbstverschuldete Dilemma Roms, einerseits staatsrechtlich und organisatorisch in stadtstaatlichen Formen und Denkweisen stecken geblieben zu sein und diese auch gar nicht aufgeben zu wollen, andererseits aber ebensowenig auf einmal erworbenen Territorialbesitz und weitere Machtausdehnung verzichten zu wollen, zwingt den republikanischen Staat zu einer geradezu paradoxen Verhaltensweise: er muß, um zu überleben, Mittel einsetzen, die für ihn selbst tödlich sind. Und die großen Männer, die er (be-)ruft, wird er nicht wieder los.

Cicero erahnt kaum diesen Zusammenhang, geschweige denn, daß er ihn erkennt. Doch ist die ‚Unlogik' seiner Äußerungen und seiner ‚Politik' nur Spiegelbild der fatalen Zwangslage, in der sich die späte Republik befindet. Richtig – aus seiner republikanisch-optimatischen

Sicht – setzt er den Untergang des Staates mit dem des Senats gleich und beobachtet mit Sorge und persönlicher Verbitterung den erdrükkenden Einfluß der beiden ‚Großen', Caesar und Pompeius, auf das politische Geschehen in Rom. Nichtsdestoweniger gehört aber er selbst zu denjenigen, die im allgemeinen Staatsinteresse 66 v. Chr. die Ausstattung des Pompeius mit nur allen erdenklichen Sondervollmachten befürworten. Wie die Caesar-Mörder verfällt er später ferner dem Irrglauben, der Tod des verhaßten ‚Tyrannen' werde die Republik und die alte Libertas wieder erstehen lassen. Und obwohl er sich in dieser Hoffnung schon bald getäuscht sieht und bereits im April 44 v. Chr. mit Wehmut und Erstaunen konstatiert, daß man mit der ‚Freiheit' (vom Tyrannen Caesar) die Republik keineswegs wiedergewonnen hat, ist dennoch er es, der Roms zukünftigen Kaiser, Octavian/Augustus, auf den Schild hebt; der darüberhinaus mit seinem in der Schrift „Über den Staat" niedergelegten Gedanken eines monarchischen Nothelfers vielen noch heute als geistiger Wegbereiter des Prinzipats gilt. Er beklagt des weiteren wiederholt den desolaten Zustand der Republik, daß es sie imgrunde gar nicht mehr gebe, sie verloren gegangen sei (res publica amissa); schiebt aber die Schuld daran allein dem verwerflichen Charakter und ungezügelten Ehrgeiz Einzelner zu. Ohne zu sehen, daß deren ‚Machtmißbrauch' nur ein Ausnutzen dessen ist, was die res publica selbst ihnen an Möglichkeiten des Machterwerbs bietet, und daß die res publica *amissa* der Preis ist, den Rom für sein eigenes Herrschaftsstreben, seine ausgreifende Weltpolitik und seinen ungebändigten Expansivdrang zahlt.

Große Imperien *plus* marianische Heeresreform – erst aus dieser Mischung ergibt sich, was man als Prozeß der ‚Monarchisierung' der Republik bezeichnen könnte. In ihm hebt sie sich selbst auf. Sie erliegt den Sachzwängen, denen ein Stadtstaat, der ein Weltreich erobert und beherrschen will, ausgesetzt ist.

Die eingangs gestellte Frage nach dem ‚wahren Gewinner' der weltweiten römischen Expansion beantwortet sich jetzt von selbst: es ist nicht der republikanische Staat, der römische Bürgerverband insgesamt. Es sind wenige Einzelne. Sie sind die eigentlichen Nutznießer. Ihnen kommt zugute, was verhängnisvollerweise die ‚anderen' – die Reichsbewohner, das Volk von Rom, die Republik – ruiniert. Oekonomisch und politisch.

1. Caesar und Augustus. Die Begründer des römischen Weltstaates.

2. *Der Ehrenschild des Augustus nennt die Kardinaltugenden des Princeps: Virtus, Clementia, Iustitia, Pietas.*

3. *Ein Eichenkranz ehrt den Kaiser als Retter der Bürger.*

Oekonomisch: sie bereichern sich vor allen übrigen als Feldherren in Kriegszeiten und als Statthalter (oder staatliche Steuerpächter) in Friedenszeiten in den von Rom als Herrschaftsdomänen beanspruchten Territorien rund um das Mittelmeer; sie vermehren ihren Grundbesitz zu riesigen Latifundien durch Ankauf oder Einzug kleinerer, verschuldeter Güter; sie wuchern mit ihrem Vermögen, indem sie ihren Mitbürgern oder auch (Steuer-)zahlungsunfähigen Provinzgemeinden Kredite mit Zinssätzen bis zu 50% anbieten.

Politisch: ihnen erwächst aus der materiellen Not des Proletariats eine leicht manipulierbare ‚parteiliche' Anhängerschaft; ihnen verschafft das neue Rekrutierungssystem Veteranenverbände als Klientel; ihnen bringen die Parteienkämpfe zwischen Optimaten und Popularen, die sozialen Revolten und die Bürgerkriege die Möglichkeit, sich als Führungspersönlichkeiten zu profilieren; ihnen überträgt der Staat, der Senat und/oder die Volksversammlung, Vollmachten, die seine eignen übersteigen.

Die dominierende Stellung der ‚großen' Einzelpersönlichkeit, die sich in gleicher Weise aus den sozialen Verschiebungen und Mißständen innerhalb des römischen Gesellschaftsgefüges wie aus der politischen und militärischen Überforderung des zur Weltmacht aufgestiegenen Stadtstaates ableitet, signalisiert deutlicher als alles andere das Ende der Republik.

Caesar ist weder zynisch noch anmaßend arrogant, wenn er den republikanischen Staat, die res publica seiner Zeit sinngemäß als bloßen Schall und Rauch bezeichnet. Er hätte auch sagen können: Schutt und Asche.

Fazit und Prolog

Phoenix aus der Asche

Die Geschichte der römischen Republik, wie sie sich seit Eröffnung des ersten punischen Krieges darstellt, ist vom auswärtigen, militärischen Erfolg her betrachtet unzweifelhaft die Geschichte eines erstaunlichen Aufstiegs.

Sowohl jedoch im Hinblick auf die innenpolitische Entwicklung des römischen Staates, als auch aus dem weniger Rom-zentrischen Blickwinkel des annektierten Reiches kann das Urteil über die eindeutig von der Außenpolitik bestimmte Phase römischer Geschichte nur negativ ausfallen.

Das ‚Reich', das die Republik hinterläßt, ist vielerorts von den seiner Entstehung vorausgehenden Kriegen zermürbt, die ihrerseits zur Hauptfinanzierungsquelle stets neuer Kriege der Römer werden. Es besteht lediglich insoweit, als es die Territorien des Mittelmeers in gemeinsamer Unterwerfung unter Roms Herrschaft eint. Einer Herrschaft, die sich auch in Friedenszeiten weitgehend in der wirtschaftlichen Ausnutzung der Beherrschten erschöpft. Und Rom selbst verkraftet den ‚Aufstieg' zur Weltmacht nicht. Es geht als Stadtstaat-Republik schließlich am Reich und seiner militanten Weltpolitik zugrunde.

Ständig okkupiert von militärischen und außenpolitischen Unternehmungen, auf die es all seine Energien verschwendet, kümmert sich Rom viel zu wenig um innenpolitische Belange und Entwicklungen und überhört die Warnsignale des Verfalls. Als man die Krankheiten bemerkt, die den Staat in seinem Innern befallen haben und sie heilen will, greifen die eingesetzten Mittel nicht mehr (gracchische Agrarreform), oder sie sind – müssen es sein – so ‚stark' (marianische Heeresreform, große Imperien), daß sie zwar dem erkannten Übel (Verfall der Wehrkraft, Überforderung der ‚normalen' Magistratur) abhelfen, zugleich aber an anderer Stelle wahrlich ver-heerende Nebenwirkungen (Heeresklientel, Militarisierung der Politik, Aufkommen ‚monarchischer' Einzelpersönlichkeiten) zeitigen.

Das Elend des Mächtigen: er siegt sich zu Tode, bezahlt seine Weltgeltung mit Selbstzerstörung und bleibt blind für die in seiner Situation einzig richtige Erkenntnis, daß nur noch ein Eindämmen oder eine Beendigung des permanenten außen- und militärpolitischen Engagements die Republik retten kann. Im Gegenteil zeigt er sich entschlossen, der Außenpolitik auch weiterhin den Vorrang einzuräumen, weiter zu expandieren und seinen Welt-Herrschaftsanspruch aufrecht zu erhalten. *Diesem* Ziel – nicht der Verbesserung der Lage der Reichsbewohner und der eigenen Bürger – dienen die Reformen (Heer) und Maßnahmen (Ausweitung der Imperien), die die ‚Regierung' zuläßt bzw. selbst veranlaßt.[14]

Hieraus erklärt sich auch, was zunächst unverständlich erscheinen mag: daß sich Rom trotz des desolaten Zustandes seiner res publica als Beherrscher der Welt behauptet. Mit der allmählichen Umwandlung seiner Miliz in ein Berufsheer, dessen Soldaten im Krieg ihren Lebensinhalt sehen und in ihm nur gewinnen, nichts verlieren können, schafft sich Rom eine ständig verfügbare Armee, der auch lange und dauernde Kriege nichts ausmachen. Und mit den außergewöhnlichen Kommanden wird eine optimale Ausnutzung und Wirkung des vorhandenen militärischen Potentials gewährleistet.

So steht am Ausgang der Republik zwar eine von Krisen geschüttelte römische Gesellschaft, ein hoffnungslos zerrütteter Staat und ein der Plünderung preisgegebenes, politisch noch gar nicht existentes Reich. Das auswärtige Ansehen der Weltmacht Rom jedoch, ihr Prestige und Image als unbezwinglicher, überlegener Sieger, ist ungebrochen. Wie manch ein Staat heutigen Tages sich in den Erfolgen seiner Außenwirtschaft sonnt und dabei gerne innere Schwierigkeiten ‚übersieht', läßt Rom sich von seinen auswärtigen Siegen und der reichlich fließenden Beute blenden und tut nichts, um die Schäden, die es selbst im Zuge der Expansion genommen hat, wirklich zu beheben. Noch bei der angestrebten Krisenbewältigung im Innern leiten primär außenpolitische Gesichtspunkte den römischen Staat. Er vergißt, daß sich auf Dauer weder die inneren Risse von außen kitten lassen, noch das Großreich Bestand haben wird, wenn man nur auf die eigene militärische Stärke baut.

Tatsächlich hat sich die römische Republik bis zur Mitte bzw. 2. Hälfte des 1. Jh. v. Chr. an ihrer Großmachtpolitik so weit aufgerieben, daß sie auch die Beseitigung des ,Tyrannen' Caesar nicht mehr zu neuem Leben erwecken kann und sie wenig später auch die ,Wiederherstellung' durch Augustus nicht mehr überlebt. Dies ist als Faktum unbestritten. Daß sie dringend einer Generalüberholung bedurft hätte, ebenso. Erwägenswert erscheint aber dennoch die Frage: war dieses Ende zwangsläufig? Und: war die Republik noch regenerationsfähig – nur Caesar also derjenige, der ihr gewaltsam die Chance der Selbsterneuerung nahm?

Cicero, keineswegs belächelter Außenseiter unter denen, die überhaupt über den spätrepublikanischen Staat und seine Zukunft nachdachten, vielmehr deren Sprachrohr und Repräsentant, ist von der Möglichkeit einer Wiedergeburt der res publica aus eigener Kraft fest überzeugt. Nicht weniger die Männer um den Tyrannen-Mörder Marcus Brutus. Mit Einschränkungen sogar Sallust: seine Enttäuschung darüber, daß Caesar statt republikanischer, monarchisch-diktatorische Reformpraktiken anwendet, beweist es. Aber sehen wir uns doch an, wie sich die ,letzten Republikaner' den Neubeginn vorstellen und was sie darunter verstehen!

Rückkehr zum vergangenen Gestern, Restauration heißt ihre Devise: Wiederbelebung der guten alten Moral, die das Individuum und den persönlichen Nutzen dem Staat und dem Gemeinwohl unterordnet; Wiederherstellung der gesellschaftlichen und politischen Zustände der klassischen Republik des 3. und 4. Jh. v. Chr. Er, der Staat der Vor-Väter, ist das immer wieder berufene Vorbild, der eigentliche Orientierungspunkt der ciceronianischen Innovationstheorie; Rückbesinnung auf ihn das anempfohlene Mittel der Gegenwartsbewältigung. Nicht zu vergessen – darin sind alle Optimaten Sullaner, auch wenn sie dessen Methoden (Erstürmung Roms und Proskriptionen) nicht gut heißen: die Erneuerung des tragenden Pfeilers des republikanischen Staates, der Senatsherrschaft. Wobei allerdings übersehen wird, daß kein noch so eindringlicher Appell, kein noch so rigoros andere politische Faktoren (Ritter, Tribunat, Volksversammlung) ausschaltendes Gesetz ihm, dem Senat, zurückgeben kann, worauf einstmals seine ,Macht' beruhte: die auctoritas.

Statt also den neu entstandenen Bedingungen und Erfordernissen imperialer Macht und weltweiter Ausdehnung Rechnung zu tragen und aus ihnen und für sie angemessene Zukunftsperspektiven zu entwickeln, verliert sich der ratsuchende Blick der Republikaner in der Retrospektive; schweift ab in eine sich zur goldenen verklärende, um Jahrhunderte zurückliegende Zeit. Ginge es nach ihnen, würde der ideale Staat der Zukunft genauso aussehen, wie die res publica der Vor-Expansions-Zeit.

Diese ‚Reform'-Vorstellungen unterstreichen nicht nur das anderweitig bereits mehrfach beobachtete Fehlen eines *politischen* Reichs-Gedankens und -Bewußtseins – im Gegensatz zum rein militärisch-territorialen, die als hegemonialer Anspruch und Herrschaftswille existieren. Sie verkennen auch völlig den historischen Hintergrund der spätrepublikanischen Staatsmisere: daß nämlich deren wahre Ursachen in der römischen Expansion selbst begründet liegen. Sie sind demnach in ihrem Vergangenheitsbezug ebenso anachronistisch, wie in ihrem mangelnden Realitätsbezug utopisch; schwerlich geeignet, die behauptete Fähigkeit der Republik zur Selbst-Erneuerung glaubhaft erscheinen zu lassen.

In dem Gesagten deutet sich an, unter welcher Praemisse allein eine Restauration des republikanischen Staates möglich gewesen wäre: wenn er sich auch außenpolitisch um 200 Jahre nach rückwärts orientiert, die eroberte Welt aufgegeben und sich wieder auf seine Ausgangsbasis Italien beschränkt, also seine räumliche Dimension der eigenen stadtstaatlich-aristokratischen Struktur und Organisation wieder angepaßt hätte. Ein absolut irreales Postulat. Weil – abgesehen davon, daß sich geschichtliche Abläufe ohnehin nicht einfach rückgängig machen lassen – die Römer niemals bereit gewesen wären, seine Erfüllung auch nur zu erwägen und lieber die innere als die äußere Auflösung hinnehmen.

Der Weg, den die Republik schließlich einschlägt, um sich *und* das Reich, die Weltherrschaft, zu erhalten: die Übertragung monarchischer Vollmachten an Einzelne, führt sie als Staatsform ganz zwangsläufig nur noch weiter weg von der angestrebten inneren Renaissance und umso sicherer in den endgültigen Untergang. Versuche, die sich prinzipiell gegenseitig ausschließenden und naturgemäß einander zuwiderlaufenden Elemente: republikanische Ordnung einerseits und monarchische Führung andererseits, auf Dauer in Einklang zu bringen und im Gleichgewicht zu halten, sind – wie die Geschichte lehrt – stets gescheitert. Sie münden alle in eine faktische Unterordnung einer der beiden Verfassungsformen unter die jeweils andere ein. Speziell die römische Republik besitzt von Anbeginn ihres Paktes mit der Monarchie das geringere Durchsetzungsvermögen und die schlechteren Überlebenschancen: *sie* ist im Verfall begriffen und braucht den mächtigen Führer; *dieser* hingegen wächst in und aus ihrem Verfall. Der Auftrag des republikanischen Staates ist ihm allenfalls formale Legitimationsgrundlage; seine reale Macht verdankt er dem Heer, aber auch jenen Massen, die sich in der aristokratischen bzw. timokratischen Ordnung der ausgehenden römischen Republik mehr benachteiligt denn repräsentiert sehen. Und: die ‚Großen' sind ‚zeitgemäßer'. Weil sie in der Lage sind, die imperialen Aufgaben zu bewältigen, an denen die Republik zerbricht. Reichsbewußter wird man sie freilich vor Caesar kaum nennen dürfen. Was die Einschätzung der Provinzen als lukrative Pfründe anlangt, erweisen auch sie sich noch ganz als Angehörige der republikanischen Nobilität; sind auch sie verhaftet in einem Denken, das scharf zwischen dem Reich als beherrschtem Gebiet und Rom als beherrschender Macht trennt. Erst die Principes der Kaiserzeit, beginnend mit Caesar, werden allmählich die bisherige Handlungsmaxime des ‚Alle für Einen' durch die neue des ‚Einer für Alle' ersetzen.

Was die Republik diesen ihren Erben als Vermächtnis hinterläßt, ähnelt dem Testament eines Bankrotteurs: ein Trümmerfeld, Verpflichtungen und Schulden, die es zu begleichen gilt.
Aber sie hinterläßt auch Lehren:

- daß eine andauernde Dominanz der Außenpolitik für den innenpolitischen, das Reichsgebiet einschließenden, Bereich nur ruinöse Folgen hat;
- daß Rom, so wie es ist: nicht mehr stadtstaatliche res publica und noch nicht Imperium Romanum, nicht weiter existieren kann; eine Synthese zwischen beidem nicht möglich ist;
- daß einen wirklichen Neubeginn nur die Wandlung zum Reichsstaat bringen kann; es eine andere Alternative für Rom, historisch zu überleben, nicht gibt.

Und – wenn auch ungewollt – ist es zuguterletzt die Republik selbst, die mit ihren monarchischen Neuerungen der Spätzeit und mit der ansatzweisen Herausbildung der monarchischen Staatsform ganz allgemein, der kommenden Generation anzeigt, wie Rom nurmehr allein noch seine imperialen Ansprüche und Aufgaben realisieren und bewältigen kann. So gesehen bereitet sie im eigenen Niedergang den Aufstieg vor.

Selbst wenn er angedeutet, gar vorgezeichnet ist, der Ausweg aus der Krise, besitzt doch nicht jeder Staat die Kraft, ihn auch einzuschlagen und ihn – sich los-sagend von überkommenen, den Neubeginn blokkierenden Traditionen – konsequent zu Ende zu gehen. Rom gelingt es.

Der Wandel, die politische Transformation Roms, vollzieht sich in und mit Caesar und Augustus, die gleichsam als Janusköpfe der römischen Geschichte beide, jeder für sich, jeweils Ausgang und Anfang zweier Epochen markieren. Sie sind die ersten, die nicht nur – wie vielleicht auch einige andere ihrer Zeit – den Zerfall erkennen, sondern die Lehren des Niedergangs in ihr politisches Handeln einbeziehen und sie praktisch in Reformen umsetzen. Sie auch sind es, die erstmals – anders als ihre ‚Vorgänger', die republikanischen ‚Großen' – die eigene Machtvollkommenheit nicht mehr allein zur Durchsetzung persönlich-egoistischer Ziele und Interessen verwenden. Auch wenn der zum Augustus aufgestiegene, behutsam taktierende, Stein auf Stein fügende Adoptivsohn des wesentlich genialeren, aber auch radikaleren und deswegen ermordeten Dictators ihn der Opportunität halber als politischen Ahnherrn verleugnen wird und nur noch das göttliche Charisma des Divinisierten für sich und sein Geschlecht, das julische, als Herrschaftslegitimation benutzt, verdankt dennoch das kaiserzeitliche Imperium Romanum *beiden gemeinsam* seine Entstehung und die Grundlagen, auf denen es sich entfalten kann und wird. Und keineswegs nur dem einen Augustus, der – weil er zehnmal länger Zeit dazu hat – mehr ausführt als der andere Caesar.

Mit Caesar und Augustus bahnt sich an, was sich unter den ihnen nachfolgenden Principes fortsetzt: das Umdenken in reichspolitischen Kategorien, die Hinwendung Roms zum Reich, die erstaunliche Metamorphose des republikanischen Stadtstaates zum monarchischen Weltstaat.

Die Bedeutung, die hier im Rahmen dieser römischen ‚Revolution'

(R. Syme) einzelnen Personen (Monarchen) beigemessen wird, ist seit jeher der ‚fortschrittlichen' Geschichtswissenschaft als typisch bürgerlicher Persönlichkeitskult ein Dorn im Auge. Den Balken im eigenen übersieht sie geflissentlich: die Apotheose der Marx, Lenin, Mao Tse Tung, Ho Chi Minh, Che Guevara, Castro, wie sie gerade jene betreiben, die dem kollektiven Klassenkampf, der Massenbewegung der Arbeiter und Bauern als wahrer Triebkraft aller historischen Prozesse das Wort reden. Die Kritik aus unberufenem Munde verfängt auch sachlich nicht: niemand der angegriffenen ‚Bürgerlichen' wird ernstlich das Angewiesensein des Einzelnen auf seine politisch-soziale und personale Umgebung und seine – mehr oder weniger starke – zeitgeschichtliche Bedingtheit bestreiten wollen. Es wird lediglich der Erfahrungstatsache Rechnung getragen, daß das historische Welttheater ein gleichberechtigtes Darsteller-Kollektiv nicht kennt; nur – bestenfalls! – das Ensemble von Akteuren mit unterschiedlichen, nicht beliebig austauschbaren Rollen (das gelegentlich sogar des Regisseurs bedarf). Eine Erkenntnis, zu der – folgt man Livius – bereits zu Beginn des 5. vorchristlichen Jahrhunderts Menenius Agrippa noch unbeschadet von moderner Soziologie gelangte, als er die wechselseitige existentielle Abhängigkeit von ‚Volk' (Plebejern) und ‚Herrschern' (Patriziern) innerhalb eines staatlichen Gemeinwesens mit der zwischen Gliedern und Leib im menschlichen Körper verglich.

Daß in Rom die Anfänge der Reichspolitik mit dem Beginn der Monarchie zusammenfallen, kommt nicht von ungefähr. Warum nicht? Warum ist römische Reichspolitik (verstanden als Politik *für* das Reich) ein ausschließlich kaiserzeitliches Phaenomen?

Die Antwort liegt sicher nicht in einer – gegenüber derjenigen der in der Republik für das Reich Verantwortlichen – grundsätzlich besseren persönlichen Qualifikation und größeren charakterlichen Integrität der Principes. Im Einzelfall ließe sich da sogar ohne Schwierigkeit das Gegenteil beweisen. Es ist vielmehr die im Vergleich zum Senat und zur republikanischen Magistratur andersartige Stellung des Kaisers, die sein Reichs-bewußtes und -dienliches Verhalten z. T. geradezu erzwingt, ihm zumindest ein solches nahelegt und in mancher Hinsicht überhaupt erst ermöglicht.

Der römische Kaiser besitzt seit den Tagen des Augustus mit dem sog. Imperium proconsulare maius qua Amt und auf Lebenszeit eine auf das gesamte Reichsgebiet bezogene Machtvollkommenheit, über die weder der Senat als Gremium, noch je ein einzelner Magistrat, selbst der ‚außergewöhnliche' der späten Republik nicht, verfügt hat. Wie sich in seinem Namen bereits andeutet, ist dieses ‚größere Imperium' allen anderen übergeordnet. Es gibt also dem Kaiser die juristische Handhabe, wenn nötig in *allen* Reichsprovinzen regulierend, kontrollierend und gesetzgeberisch einzugreifen; auch in jenen, die nach wie vor nicht wie die erst kürzlich ‚befriedeten' oder wegen ihrer Grenzlage latent gefährdeten Provinzen ihm selbst, sondern der Verwaltung senatorischer Statthalter unterstehen. Er ist damit als zentrale Spitze verantwortlich für das Reichsganze, oberste und letzte Instanz in allen Reichsangelegenheiten. Auch wenn der Princeps von dieser umfassenden Kompetenz nur von Fall zu Fall Gebrauch machen wird und in den ‚senatorischen' Provinzen die Gouverneure von Jahr zu Jahr wechseln, gewährleistet sie doch, worum sich der republikanische Staat mit seinen für ihn konstitutiven Prinzipien magistratischer Kollegialität und Annuität selbst bei ansonsten gutem Willen vergeblich bemüht hätte: ein zumindest gewisses Maß an Einheitlichkeit und Kontinuität in der Reichsverwaltung. Jeder Statthalter nämlich wird sich bemühen, in seiner Tätigkeit die ‚Richtlinien' – auch die ungedruckten – des Kaisers zu befolgen; der eine, der kaiserliche Beamte, um nicht ausgetauscht und entlassen zu werden; der andere, der Senator, um nicht in Ungnade zu fallen, was auch für ihn das Ende seiner Karriere bedeuten kann.

Im Gegensatz zu den zeitlich befristeten Magistraten der Republik hat der ‚auf Dauer' im Amt befindliche Princeps darüberhinaus nicht nur keine Veranlassung, binnen eines Jahres wirtschaftlich so viel wie möglich aus einer Provinz herauszuholen, sondern muß umgekehrt darauf bedacht sein, deren Wirtschaftskraft langfristig zu erhalten und dementsprechend Verwaltung und Steuerwesen neu organisieren. Dies umso mehr und durchaus auch in seinem eigenen Interesse, als die finanziellen Einnahmen aus den Provinzen keineswegs nur in die theoretisch nach wie vor dem Senat unterstehende Staatskasse (aerarium) fließen, sondern, soweit sie aus den ‚kaiserlichen' Provinzen und Domänen stammen, auch die offizielle und private Kasse (fiscus und patrimonium) des Princeps nähren, ihm also die materielle Grundlage seiner Macht liefern, an der er sich ganz gerne länger als bloß ein Jahr halten möchte. Auch der Kaiser als Oberaufseher wird zwar Mißwirtschaft, erpresserische Übergriffe und Selbstbereicherungen einzelner Verwaltungsbeamten und Steuereintreiber nicht generell verhindern können; er wird sie aber soweit wie möglich zu unterbinden suchen. Selbst da, wo ‚nur' die Staatskasse geschädigt wird. Denn letztlich trifft ihn, den personifizierten Staat, auch das am eigenen Leibe. Das republikanische Kavaliersdelikt ruinöser Ausbeutung der Provinzialen erhält damit gleichsam den Rang eines Majestätsverbrechens. Und das mahnt zur Vorsicht.

Schließlich ist auch die politische Einstellung und Interessenlage des Monarchen bezüglich der Welt-Reichsbewohner eine andere als die eines republikanischen Statthalters bzw. des Senats. Um sich in Rom, im stadtstaatlichen Rahmen der res publica politisch zu profilieren und zu legitimieren, bedarf es provinzialen Rückhalts nicht. Es genügt derjenige der Nobilität oder der Volksversammlung. Der Kaiser jedoch braucht eine andere, breitere Basis; weil er mit der Senatsaristokratie, die ihm die Zerstörung ‚ihrer' Ordnung anlastet, nur bedingt rechnen kann und weil er außerhalb und über der res publica steht. Er wird also bestrebt sein, das *Reich* als seine ‚Klientel' zu gewinnen und an seine Person zu binden. Vielleicht zu diesem Zweck sogar schrittweise die scharfe Trennungslinie zwischen Römern und Nicht-Römern verwischen, indem er den Provinzialen den Zugang zum römischen Bürgerrecht öffnet, und mit dieser – positiven – Weltreich und Rom miteinander verschmelzenden Nivellierung sich selbst *und* Rom neue Stützen zuführen.

Man sieht: die Motive der römischen Kaiser, reichspolitisch zu denken und zu handeln, sind keineswegs rein selbstloser Natur. Ob mehr der persönliche Vorteil, das Bemühen, die eigene Machtstellung zu sichern, oder tatsächlich der Wille, römische Herrschaft in Reichs- bzw. Weltstaatlichkeit umzusetzen, ihre Haltung bestimmt hat, wird sich kaum mehr klären lassen. Zumal weder Caesar, noch Augustus und keiner auch der späteren Principes der Nachwelt ein Reform*programm*, eine Reichs*theorie* hinterläßt. Allenfalls *Taten*berichte. Und vor allem Gesetze, in denen sich ihre Maßnahmen spiegeln. Im übrigen dürfte die Provinzialen selbst der Effekt kaiserlicher Politik mehr interessiert haben als deren mögliche Motivation und theoretische Begründung.

Man erkennt ferner: ebenso wie die Mißstände im Reich für die Republik typisch, d. h. in ihrer stadtstaatlichen Ordnung und ,Ideologie' angelegt waren, sind Reichsbewußtsein und Reichspolitik spezifische Erscheinungen der römischen Monarchie. Das, was den kaiserlichen Princeps von den Repräsentanten des republikanischen Staates unterscheidet, ihn über sie hinaushebt und ihn als Monarchen kennzeichnet: die lebenslange Amtszeit, die konkurrenzlose Macht und – in letzter Instanz – die alleinige Entscheidungsbefugnis und Verantwortlichkeit in den Provinzen, genau das bewirkt die notwendige veränderte Einstellung zum Reich und schafft die Voraussetzungen, daß es sich als solches konstituieren kann.

Um nicht mißverstanden zu werden: dies ist weder eine Apologie der römischen Monarchie (die hat sie nicht nötig), noch gar ein Panegyricus auf die Monarchie im allgemeinen (der wäre fehl am Platz). Es geht lediglich um die Feststellung, daß für das *Welt-Reich-Rom* die monarchische Staats- und Herrschaftsform, die per se weder Tyrannei, noch Diktatur, noch Despotie ist, sondern dahingehend allenfalls ent-artet, die damals einzig zeit- und sachgemäße gewesen ist.

Haben sich ihre Verheißungen für das Imperium Romanum in der Folgezeit erfüllt?

Teil II

Rom wird zum Reich und geht darin auf
Durch Integration zum Weltstaat
Primat der Innenpolitik
(Kaiserzeit)

Erstes Kapitel

Grundlagen der Integration
Eigene Mitgift und fremde Vorgaben

Um die Zeitenwende, als sich in Rom der Übergang von der Republik zur Monarchie vollzogen hat, Caesaren forthin das römische Weltreich regieren, ist dessen Wachstumsprozeß nahezu abgeschlossen. Geographisch-territorial wird sich das Reich während der Kaiserzeit nur noch peripher verändern.

Das Erstaunlichste an diesem kaiserzeitlichen Imperium ist nicht seine in etwa dem europäischen Kontinent (ohne die UdSSR) entsprechende Größe, auch nicht die für antike Verhältnisse ungewöhnlich große Zahl seiner Einwohner (ca. 50–60 Millionen); vielmehr seine dauerhafte Existenz, die Seltenheit von – zumal nur lokalen – Aufstandsbewegungen in seinem Innern und der jahrhundertelange Zusammenhalt einer Bevölkerung unterschiedlichster ethnisch-völkischer und kulturell-zivilisatorischer Herkunft und Tradition.

Mag glauben, wer will, daß sich der Bestand dieses weltumspannenden Reiches aus einer perfekt funktionierenden, unbezwingbaren (militärischen) Unterdrückungsmaschinerie der Römer erklären lasse. Sehr überzeugend ist das nicht. Allein schon im Hinblick auf die in Relation zum Umfang des Reiches kleine, zudem nur in einigen Provinzen – vorwiegend den an der Grenze – stehende Armee. Aber auch und vor allem deswegen nicht, weil die ‚Unterdrückten' die sich mehrfach bietenden Chancen eines ‚Befreiungskrieges' ungenutzt verstreichen lassen und damit den Widerstand gegen Rom geradezu sträflich vernachlässigen: etwa während des pannonischen Aufstandes (6–9 n. Chr.), der 15 Legionen, die Hälfte der römischen Bürger-Streitmacht, bindet; nach der Varus-Niederlage (9 n. Chr.), durch die 3 Legionen fast völlig aufgerieben werden; im Verlauf des Vierkaiserjahres (68/69 n. Chr.), als römische Heere sich in dem Bemühen, ‚ihren' Thronprätendenten an die Macht zu bringen, untereinander bekämpfen; während der großangelegten parthischen Offensive des Traian (113–117 n. Chr.), zu der Truppen aus mehreren Reichsteilen abgezogen werden; oder auch unter M. Aurel (161–180 n. Chr.), als Rom Mühe hat, die Markomannen und zahlreiche andere germanisch-sarmatische Stämme an der Donau abzuwehren und im Osten eine verheerende Pest die römischen Legionen dezimiert. Selbst die permanenten Grenzverteidigungskriege des 3. Jh. n. Chr., der Tod eines Kaisers (Decius) in der Schlacht, die Gefangennahme eines anderen (Valerian) durch die Sassaniden, ermuntern nirgends zu allgemeinen ‚nationalen' Abfallbewegungen. Und die Usurpatoren, die dieses unruhige Jahrhundert immer wieder hervorbringt, sagen sich nicht von Rom, sondern von einem ihrer Meinung nach zur wirksamen Reichsverteidigung unfähigen Kaiser los und nehmen für sich in Anspruch, diesen Schritt im Interesse der Stärkung und Festigung des Gesamtreiches zu tun. Noch das sich zeitweise abspaltende sog. gallische Teilreich unter Postumus, Victorinus und Tetricus (259–273 n. Chr.) versteht sich als römisch. Wie sonst könnte Postumus auf seine Münzen die Parole ROMA AETERNA setzen und den GENIVS POPVLI ROMANI beschwören. Erst unter dem äußeren Druck der Völkerwanderung, der Einfälle der Alemannen, Vandalen, Hunnen und Goten sowie der Attacken der Sassaniden wird das Imperium Romanum auseinanderfallen. Aber niemand wird die Eindringlinge als Befreier begrüßen und sich von ihnen eine bessere Zukunft als die römische Vergangenheit erwarten. In der Krise, selbst noch aus den Ruinen des römischen Reiches, wächst die Vision und die Sehnsucht nach seiner Erneuerung; unter den alten Bewohnern wie unter den neuen. Der Westgote Athaulf (gest. 415 n. Chr.) ist nur ein Beispiel: ausgezogen war er, um Rom zu zerstören; sein Lebensziel jedoch wird die Wiederaufrichtung des Imperiums.

Verständlich wird das alles nur, wenn man unterstellt, daß nicht Zwang die Welt Rom zusammenhält, sondern die, die in ihr leben, das römische Reich mehrheitlich bejahen, sich mit ihm als politischer Einheit identifizieren und diese über-‚nationale' Form staatlicher Ordnung als Entschädigung für den Verlust einstmaliger autonomer Unabhängigkeit akzeptieren.

Ihrerseits ermöglicht, wenigstens erleichtert, wird diese Einstellung und Bewußtseinslage – keineswegs allein, aber auch – durch ‚natürli-

4. *Repräsentanten der römischen Armee, der Beschützerin des Reiches.*

5. Roms Wacht an der Grenze. Der Hadrianswall in Britannien.

che' Voraussetzungen, die teilweise die Römer selbst, teilweise ihre nicht-römischen ,Untertanen' mitbringen und die man unter dem gemeinsamen Nenner einer potentiellen Befähigung und Bereitschaft zu supra- und inter-,nationaler', weltstaatlicher Organisation und Integration zusammenfassen könnte:

Das ,römische Volk', die ,Römer' sind – entgegen dem Anschein, den diese Bezeichnungen erwecken – kein ethnisch einheitlicher Volksstamm. Der Begriff ,Römer' umschreibt nicht ein bestimmtes Volkstum. Zu keiner Zeit ihrer Geschichte: weder in der Frühzeit noch und schon gar nicht in der imperialen Phase. Zwar ist die Abstammung per Geburt von einem Römer stets ein entscheidendes Kriterium der Zugehörigkeit zum römischen Volk. Bereits jedoch zu jener Zeit, als die Eigenschaft, Römer zu sein, noch weitgehend mit der eines Bewohners des kleinen Stadtstaates am Tiber identisch ist, kann ein solcher Römer – von seiner ,völkischen' Abstammung und Eigenart her gesehen – beispielsweise ein Sabiner sein. Berechtigte Zweifel daran, daß sich die Vermischung zwischen Römern (Einwohnern Roms) und Sabinern vielleicht doch nicht in der bühnenreifen Form des Raubs der Sabinerinnen abgespielt hat, ändern nichts an der Tatsache, daß die Legende in ihrem faktischen Kern der historischen Wahrheit entspricht. Auch die Vorstellung, ,Römer' sei ein zwar mehrere verschiedene, ethnisch aber doch einheitliche Völkerschaften umschließender Ober- und Sammelbegriff – vergleichbar etwa dem Cimbern, Sueben, Chatten u. a. bzw. Boeoter, Phoker, Lakedaimonier u. a. implizierenden des ,Germanen' bzw. ,Griechen' – auch diese Vorstellung trifft nicht zu. ,Römer' ist vielmehr eine juristische (und politische) Kategorie und meint diejenigen, die entweder von Geburt oder aufgrund eines formalen Verleihungsaktes das römische Bürgerrecht besitzen. Theoretisch kann demnach jeder antike Mensch – unabhängig von Rasse, Hautfarbe und Volkszugehörigkeit – Römer werden. Rom verfügt damit a priori über die Fähigkeit, fremde, auswärtige Einzelpersonen, sogar andere Stämme und Völker in ihrer Gesamtheit aufzunehmen, zu integrieren. Gesellt sich zur Möglichkeit, sich anderen ,Nationalitäten' zu öffnen, der Wille, dies zu tun, werden zumindest ethnische Barrieren dieser Ausweitung und Verschmelzung Roms zum und mit dem Reich nicht im Wege stehen.

Rom versteht sich darüberhinaus auch sozial und politisch nicht als

‚geschlossene Gesellschaft'. Die römische Gesellschaft kennt zwar ‚ständische' Unterschiede: den geblütsmäßigen zwischen patrizischen und plebeischen Geschlechtern; den sozialen vom Vermögenscensus bestimmten zwischen Volk (plebs, 5 Klassen) und Rittern, Senatoren (equites, senatores); den politischen zwischen Volk (populus) und Senat (senatus); und den juristischen zwischen Freien und Unfreien (letztere stehen nach römischem Verständnis freilich außerhalb der Gesellschaft). Aber die Abgrenzungen sind nicht starr. Nicht nur nicht in dem eher negativen Sinne, daß sich die genannten, auf verschiedenartigen Differenzierungskriterien beruhenden Klassifizierungen in der Praxis überschneiden und einander teilweise – wie z. B. der Besitz-Status den politischen – bedingen, sondern auch insoweit nicht, als diese Standesunterschiede überwindbar sind: der Sklave kann Freiheit und Bürgerrecht erlangen, der nicht-senatorische Bürger als homo novus in den Senat aufsteigen, der Arme einen höheren Census erreichen, der Plebeier – dies aber erst seit Caesar – zum Patrizier erhoben werden. Auch wenn derartige Statusveränderungen zumal in der Republik zugegebenermaßen eher Ausnahmen denn eine alltägliche Regel darstellen, ist nichtsdestoweniger die Durchlässigkeit eine zumindest latente ‚Veranlagung' der römischen Gesellschaft. Insoweit sie im Prinzip auch nicht-römischen Provinzialen als Neu-Bürgern offen steht, ergibt sich daraus in letzter Konsequenz, daß auch ein Bewohner des römischen Reiches über die rein bürger-rechtliche Eingliederung hinaus an den gegebenen sozialen und politischen Aufstiegsmöglichkeiten teilhaben kann.

Ein weiterer, in seiner Bedeutung für die Integrationsfähigkeit der Römer nicht zu unterschätzender Faktor ist schließlich ihre Religion; genauer: deren polytheistischer und synkretistischer Charakter. Die Römer verehren zwar in Jupiter von staatswegen eine höchste Gottheit. Aber diese wird nicht als einzige existierende göttliche Potenz gedacht. Der römische Götterhimmel beherbergt eine Vielzahl von Gottheiten. Jede von ihnen besitzt einen eigenen, begrenzten ‚Zuständigkeitsbereich'. Allein schon von den großen, den ‚olympischen' Göttern gibt es zwölf. Ungleich größer noch ist der Kreis der göttlichen Schutzpatrone einzelner Berufsgruppen oder Städte und derjenige der personifizierten göttlichen Kräfte und Eigenschaften, die als ‚niedere' Gottheiten gelten. Bereitwillig nimmt das römische Pantheon neue Götter auf. Anfangs, als Rom beginnt, sich über Italien auszubreiten, mittels der sog. Evocatio. Durch sie wird die fremde Schutzgottheit einer Stadt aus ihr ‚herausgerufen' und aufgefordert, den bisherigen Ort ihrer Verehrung zu verlassen und diese sich fortan in Rom, von den Römern entgegenbringen zu lassen. Später finden zahlreiche orientalische Kulte und Gottheiten in den Römern neue Anhänger. Bisweilen erfolgt die Übernahme ‚neuer' Gottheiten durch Rom im Zuge bzw. mittels ihrer Angleichung oder auch Gleichsetzung mit den bekannten eigenen. Wo die Götter selbst keinen monotheistischen Ausschließlichkeitsanspruch erheben, werden auch die Römer gar nicht erst in Versuchung kommen, in ihrem Namen Kreuzzüge zu führen. Und Kriege um des *Glaubens* willen gibt es nicht, weil man keinen für den allein selig machenden hält; weil religiöser Glaube ohnehin als Privatangelegenheit betrachtet wird, solange er die öffentliche Ordnung nicht stört; und weil die Römer ihre offizielle Religion als rituell geregelte Kultausübung, nicht aber als Glaubenslehre verstehen. Rom hat sich religiös nie abgekapselt und auch keinerlei religiösen Fanatismus entwickelt. Verständigungsschwierigkeiten *religiöser* Art mit Anders-‚Gläubigen' in seinem Reich kennt es von sich aus nicht. Wenn sie entstehen – wie zeit- und teilweise mit den Juden und auf Dauer mit den Christen – dann durch die im Monotheismus angelegte Intoleranz der anderen: durch das Gebot „Du sollst keine anderen Götter haben neben mir", das kein Gott der klassischen Antike seinen ‚Heiden' auferlegt hat; und durch den missionarischen Eifer derer, die meinen, die Welt von ihren ‚falschen' Göttern befreien zu müssen.

Das Nicht-Vorhandensein eines völkisch bedingten ‚Nationalismus' oder gar ‚Rassismus' bei den Römern und ihre religiöse Offenheit hätten allein auf sich gestellt, als einseitige römische Vor-‚Leistungen' im Hinblick auf die Umwandlung des römischen Vielvölkerreiches in einen sich als Einheit begreifenden Orbis allerdings nichts bewirkt, wenn sie nicht in ähnlichen bzw. gleichen Gegebenheiten und Auffassungen bei der Mehrheit der unterworfenen Staaten und Völkerschaften ihre Entsprechung gefunden hätten; und wenn zusätzlich bei diesen nicht auch noch eine grundsätzliche Bereitschaft bestanden hätte, die Einbindung in einen Reichsverband hinzunehmen, auch wenn das Unterordnung verlangt.

Herrschaft – auch die auswärtige – stößt bei den von ihr Betroffenen in der Antike nicht von vorneherein auf Abwehr und Ablehnung. Sie wird auch nicht wie selbstverständlich mit Unterdrückung gleichgesetzt. Wann immer und solange die Herrschaft der Römer ordnend wirkt und als Wegbereiter und Garant von Frieden, Sicherheit und Wohlstand erscheint, wird Rom nicht nur keine Mühe haben, sein Reich zusammenzuhalten, sondern zugleich die Bewohner bereit finden, sich diesem einzufügen. Der Zustand innenpolitischer Ruhe ruft bei den ‚Alten' noch nicht die Negativ-Assoziation ‚Friedhofs-Ruhe' hervor. Und Ordnung ist noch nicht als zwangsläufiger Gegenpol zur Freiheit des Individuums in Verruf geraten. Ebensowenig bemißt sich das antike Werturteil über einen Staat und damit das Maß an Zustimmung, das man ihm entgegenbringt, nach dem Grad seiner Demokratisierung.

Speziell die Monarchie wird als politische Freiheitsberaubung allenfalls von den bislang herrschenden Führungsschichten empfunden, deren Rechte und Kompetenzen sie tatsächlich einengt. Nicht jedoch von denen, der Masse der Bevölkerung, die schon immer abhängig waren. Der Verlust ‚republikanischer' Freiheiten ist nicht ihr Problem, sondern ein aristokratisches. ‚Man' wird auch die Zerstörungen, die die Monarchie ihrer un-demokratischen Natur nach anrichtet, leicht verschmerzen. Denn: echte, im antiken Sinne echte Demokratien gibt es kaum; die meisten (Stadt-)Republiken, die sich rühmen, solche zu sein, sind faktisch Oligarchien.

Und noch etwas kommt Rom entgegen: viele der halb aristokratisch-timokratisch, halb formal-demokratisch strukturierten Klein- und Stadt-Staaten des griechisch-hellenistischen Ostens hatten schon lange bevor sie Rom anheimfielen gelernt, sich als Teile großer Territorialreiche zu verstehen und sich mit monarchischen Regimen zu arrangieren. Dieser Anpassungsprozeß beginnt für einige bereits mit der Machtübernahme der Perser in Kleinasien; andere machen ihn dort und in Griechenland seit den Tagen Philipps II und Alexanders d. Gr. und während der Diadochenzeit durch. Bereitwillig haben sie makedonische, syrische und ägyptische Herrscher und Könige als Beschützer und Retter vor äußerer nachbarlicher Gefahr und als Wohltäter ihrer Gemeinwesen kultisch verehrt. Warum nicht auch römische?

Weder die römische Herrschaft, noch die römische Ordnung, noch auch die römische Monarchie treffen demnach bei der Reichsbevölkerung auf prinzipielle, die Fusion von vorneherein hemmende Ressentiments. Soweit sie dennoch gegen die Römer bestehen, sind sie von diesen selbst verschuldet und resultieren aus Unterdrückung, Erpressung, Raub und militärischer Brutalität. Sie sind also – wie ihre Ursachen – durchaus ‚abstellbar'.

Integrationsfähigkeit und Integrationsbereitschaft sind die günstigen Voraussetzungen, aus denen sich ein Weltstaat Imperium Romanum entwickeln kann. Nicht zwangsläufig muß. Das zeigt die Republik. Ohne bestellt zu werden, trägt auch fruchtbarer Boden nur nichts oder Unkraut. Beginnt Rom jedoch, sich von der kriegerischen Welteroberung ab- und der ihm von Vergil zugewiesenen Aufgabe: „der Welt Ordnung zu geben und Frieden" zuzuwenden, sind seine Erfolgsaussichten als Weltorganisator gut.

Zweites Kapitel

Vorbedingung und Voraussetzung des inneren Aufbaus
Sicherung statt Mehrung des Reiches

Die Abkehr von der expansiven Außenpolitik erfolgt auch unter Roms Caesaren nicht abrupt. Caesar unterwirft noch ganz Gallien, die bislang offene westliche Flanke des Imperiums, ehe er sich als Alleinherrscher innen- bzw. reichspolitischen Sanierungsaufgaben zuwendet. In seinen letzten Lebensmonaten bereitet er einen Zug gegen die Parther vor, um Niederlage und Tod des Crassus und Tausender römischer Soldaten zu rächen und um ein für allemal den Drang der parthischen Könige nach Westen in Richtung auf das römische Syrien und Kleinasien zu bremsen. Caesars spätere Biographen Plutarch und Sueton behaupten zwar, er habe Parthien und Armenien dem Reich eingliedern wollen. Aber da könnte bei ihnen mehr als je bei Caesar selbst der Wunsch, dem Makedonen Alexander ein ebenbürtiges römisches Pendant zu geben, Pate gestanden haben. Augustus läßt Thrakien unterwerfen und beabsichtigt, das gesamte noch freie Germanien bis zur Nordsee, wenigstens bis zur Elbe, römischer Hoheit zu unterstellen. Noch in seinem politischen Testament, seinen Res gestae, dessen Schlußredaktion in die Zeit nach dem Desaster im Teutoburger Wald fällt, beansprucht der Friedenskaiser die Elbe als Nordgrenze des römischen Reiches. Total ist der Verzicht auf Expansion auch in der Folgezeit nicht. Claudius (Mitte 1. Jh. n. Chr.) konstituiert das bisherige Klientelkönigreich Mauretanien als römische Provinz und leitet die Eroberung Britanniens ein, die Domitian (Ende 1. Jh. n. Chr.), Hadrian und Antoninus Pius (2. Jh. n. Chr.) fortsetzen, ohne sie jedoch vollenden zu können. Domitian eröffnet den Krieg gegen die Chatten und annektiert das Wetterau-Gebiet, dieses kurzerhand mit Germanien gleichsetzend: seine Münzen verherrlichen den Sieg über die Chatten als Eroberung Germaniens (GERMA-

NIA CAPTA). Traian (Anfang 2. Jh. n. Chr.) kassiert das goldreiche Dacien und gliedert das Land der Nabatäer als Provinz Arabia dem Reich an. Parthien ist sogar mehrfach Ziel militärischer Unternehmungen der Kaiser Roms: unter Nero (Mitte 1. Jh. n. Chr.), Traian, Marc Aurel (161–166 n. Chr.) und den Severern Septimius und Caracalla (Ende 2. bzw. Anfang 3. Jh. n. Chr.) operieren dort mehr oder weniger erfolgreich römische Armeen.

Dennoch: im kaiserlichen Rom überwiegen die langen Friedenszeiten diejenigen, in denen an einem bestimmten Grenzabschnitt Kriegszustand herrscht, bei weitem. Kriege unterbrechen nur noch gelegentlich den friedlichen Alltag im Reich. Von einer alle anderen Belange beherrschenden Rolle der Außenpolitik kann nicht mehr die Rede sein. Roms Grundhaltung nach außen ist – wenn auch nicht starr – defensiv, nicht offensiv. Die Sicherung der Reichsgrenzen und die Wahrung des Reichsbestandes besitzen eindeutigen Vorrang vor neuerlichen Gebietserweiterungen. Getreu der augusteischen Maßgabe, man solle das Reich in den bestehenden Grenzen halten, es nicht noch weiter ausdehnen (coercere intra terminos imperium).

Die allmähliche Umstellung von der Expansion zur Verteidigung findet ihren sichtbaren Ausdruck in der Befestigung der Grenzen, vor allem der als gefährdet geltenden. Als Auffanglinien bzw. Schutzvorrichtungen gegen äußere Einfälle dienen im nördlichen Britannien, in Germanien, in Raetien (Teile der heutigen Schweiz, Bayerns und Tirols), an der Donau, in Syrien und in Nordafrika die sog. Limes-Anlagen. Diese bestehen entweder – wie in Afrika und fast überall an der Donau – aus einer Kette untereinander nicht oder lediglich durch einen Graben verbundener Wachtürme und kleinerer Kastelle; oder – wie in Britannien und zwischen Rhein und Donau – aus durchgehenden Wällen, die zusätzlich durch Türme und Truppenlager gesichert werden. Die Anfänge der organisierten Grenzverteidigung gehen – in Germanien – auf Augustus zurück. Systematisch betrieben und weiter ausgebaut wird sie seit Domitian; danach insbesondere durch Traian, Hadrian, Antoninus Pius und auch Caracalla. Sie verfestigt sich bzw. versteinert im wahrsten Sinne des Wortes zunehmend, indem Stein-Wälle und Stein-Kastelle die ursprünglichen Erd- oder Holz-Erde-Anlagen ersetzen. Zudem werden – beispielsweise am germanischen Limes – die anfangs im Grenzhinterland errichteten

Lagerbauten bis dicht an die eigentliche Frontlinie vorgeschoben, die damit beginnt, zur Maginot-Linie zu erstarren.

Personell gesehen beruht der Schutz des Reiches seit der Heeresreform des Augustus auf einer stehenden Berufsarmee aus ca. 30 Legionen (= ca. 150–180000 römische Soldaten) und provinzialen Auxiliareinheiten mit einer Gesamtstärke, die zwischen 100000 und 150000 geschwankt haben dürfte (bisweilen wohl sogar die 200000-Grenze überschreitet). Während ihrer 20-jährigen (Legionen) bzw. 25-jährigen (Auxilien) Dienstzeit sind die Truppen in festen Garnisonen stationiert. Aus dem kaiserlichen Fiscus bzw. der von Augustus eigens neu geschaffenen Militärkasse (aerarium militare) erhalten die Soldaten jeweils ihren Jahres-Sold und nach ihrer Entlassung eine Abfindung. Zusammen mit den während des Dienstes nicht verausgabten Soldrücklagen und den in Kolonien zugewiesenen Landparzellen reicht diese aus, um den verabschiedeten Veteranen eine kleinbürgerliche, mittelständische Existenz zu sichern.

Mitverantwortlich für die Sicherheit des Reiches, speziell seiner See- und Fluß-Wege, ist die römische Kriegsflotte. Ihr Kern, die erste ‚stehende' (von Augustus ins Leben gerufene) Flotte des Mittelmeerraumes überhaupt, liegt in Misenum und Ravenna. Sie hält das Meer frei von Piraten. Ein Zustand, der in nach-römischer Zeit erst wieder im 19. Jh. erreicht wird. Weitere Stützpunkte befinden sich vor der südfranzösischen Küste, in Syrien, Ägypten und Mauretanien. Darüberhinaus kontrollieren ständige römische Marineeinheiten den Ärmelkanal, das Schwarze Meer, Rhein und Donau. Seit Traian ist auch am Golf von Akaba eine Flottenabteilung stationiert. Aggressiven Zwecken dient diese römische Flotte nur insoweit, als sie Truppen transportiert: etwa die Ems hinunter ins freie Germanien unter Germanicus (15/16 n. Chr.) oder über den Kanal nach Britannien (ab 43 n. Chr.). Ihre Hauptaufgaben sind jedoch defensiver Natur: die einer Grenzwacht und Wasser-Schutz-Polizei.

Man kann es als paradox bezeichnen, daß Rom sich imgrunde erst in dem Moment zu Lande und zu Wasser eine professionelle, ständige Streitmacht schafft, als es seine bisherige Offensivstrategie aufgibt und die Expansion zum Stillstand kommt. Man kann darin aber auch einen Hinweis auf Roms Entschlossenheit sehen, seinem Reich möglichst dauerhaft Frieden, Schutz und innere Sicherheit zu gewähren.

In jedem Falle wird man angesichts der Stabilisierung im militärischen Bereich Schwäche schwerlich als ursächliches Motiv für den Wandel in Roms außenpolitischem Verhalten gelten lassen können.

Was also sonst hat die spürbare Abnahme der Eroberungskriege wie ganz allgemein den sichtlich nachlassenden Expansivdrang im Rom der Kaiserzeit bewirkt? Vielleicht ist auch hieran die Monarchie nicht ganz ‚unschuldig': als (meist) dynastisch legitimierter ‚Princeps perpetuus' anerkannt, als alleiniger militärischer Oberbefehlshaber, der allen unter seinen Auspicien erfochtenen Kriegsruhm seiner Feldherrn auf seine Person vereinigt, und als qua Amt reichster Mann des Imperiums finanziell abgesichert, kann der Kaiser – wenn er will – leichter und länger als die in steter gegenseitiger Konkurrenz stehenden republikanischen Politiker auf auswärtigen, militärischen Erfolg und Kriegsbeute verzichten, die sie für ihre Karriere, die er nicht mehr zu machen braucht, benötigten.

Zu einem Teil erklärt sich die relative Abstinenz der römischen Kaiser in Sachen territoriale Ausdehnung ohne Zweifel aus der ‚fertigen' geographischen Form, in der sie das Reich übernehmen: fast überall stößt das römische Imperium nach den Neuerwerbungen unter Caesar und Augustus an ‚natürliche' Grenzen. Es ist umgeben von breiten Flußläufen, Meeresküsten, oder von Gebieten (Südrußland, Nordafrika), die aufgrund ihrer Unwegsamkeit, geschlossener Wald- und Steppenflächen bzw. ihres Wüstencharakters dünn besiedelt und politisch unorganisiert sind und einerseits keine ernstliche Bedrohung darstellen, andererseits aber auch einem weiteren Vordringen der Römer nur geringen Anreiz bieten und somit den Verzicht erleichtern.

Trotz dieser Sachlage wird man Rom nicht gerecht, wenn man seine geänderte außenpolitische Einstellung als ausschließlich umwelt- und situationsbedingt wertet. Dahinter steckt offensichtlich auch eigene Einsicht und die Bereitschaft zu freiwilliger Selbstbeschränkung. Denn auch da, wo Rom ein angrenzendes Territorium nicht als politisches Niemandsland betrachtet, das man ohne weiteres links liegen lassen kann, und wo es sich militärisch engagiert, werden in einigen Punkten bemerkenswerte Abweichungen vom bislang gültigen römischen Handlungsschema sichtbar, wonach Widerstände gegen Roms Herrschaftsanspruch nur umso sicherer das Streben nach dem totalen Sieg provozierten – koste er, was er wolle.

Entgegen der in ihn gesetzten Erwartungen beendet z. B. Augustus den seit Crassus und M. Anton bestehenden Konflikt mit den Parthern nicht mit einer neuerlichen Großoffensive, sondern löst ihn diplomatisch: nach Rückgabe der verlorengegangenen römischen Feldzeichen und der Auslieferung der Kriegsgefangenen seitens der Parther einigt man sich vertraglich auf den Euphrat als künftige gemeinsame Grenze. Hinfort beschränkt sich Rom darauf, seinen Einfluß, den es allein schon wegen der über Parthien führenden Handelswege nach Indien anstrebt, indirekt geltend zu machen: indem man in parthisch-armenische Streitigkeiten, auch solche dynastischer Art, und in jeweils interne zwischen Adel und Krone nach Kräften und keineswegs beschwichtigend eingreift; oder indem man Angehörige der einheimischen Königshäuser, die sich als Unterpfänder der Vertragstreue in Rom aufhalten, zum passenden Zeitpunkt als die einzig legitimen Thronanwärter präsentiert und damit die Zerrissenheit im gegnerischen Lager nur noch verstärkt. Auch Nero hält – trotz vorausgegangener glänzender Siege seines Generals Corbulo – am System der friedlichen Koexistenz mit Parthien und Armenien fest. Er begnügt sich damit, die Rechtmäßigkeit wenigstens des armenischen Königs von der Zustimmung und Bestallung seitens Rom abhängig zu machen: Tiridates muß sich nach Rom bemühen, um aus den Händen Neros die Insignien seiner Macht (Diadem und Szepter) zu empfangen. Hadrian gibt die unter Traian eroberten parthischen Gebiete umgehend nach dessen Tod wieder preis; in der Erkenntnis, daß ihre Einbehaltung abermalige, vielleicht sogar permanente militärische Anstrengungen erfordert hätte; „und richtete sein Augenmerk darauf, den Frieden im römischen Reiche zu erhalten" (schreibt der Hadrian-Biograph des vorgeblichen ‚Autorenkollektivs' der Scriptores Historiae Augustae). Und auch Marc Aurel nutzt nach Abklingen der Pest die zuvor von Avidius Cassius im Osten errungenen spektakulären Erfolge nicht zu einer neuerlichen Wiederaufnahme der Kampfhandlungen, sondern schließt – wenn wohl auch unter dem Druck der Markomannen-Gefahr im Norden – mit den Parthern Frieden, der abermals auch die Stellung Armeniens als Vasallenstaat Roms bestätigt.

In Germanien verzichtet Rom unerwartet schnell auf Annexionen großen Stils. Bereits der Augustus-Nachfolger Tiberius verfügt

– möglicherweise noch einem Ratschluß des ‚späten' Augustus selbst folgend – den Rückzug der römischen Armee auf die Rhein-(Donau-) Linie, nachdem die Unternehmungen des Germanicus (15/16 n. Chr.) den Römern außer der Genugtuung, die Varus-Niederlage gerächt und die Gefallenen begraben zu haben, nichts als – z. T. witterungs- und geländebedingte – Verluste an Menschen und Material eingebracht hatten. Danach hält man sich – abgesehen von kleineren Vorstößen etwa unter Domitian – an die Empfehlung des Tiberius und überläßt German(i)en den Germanen: ihre eigene innere Zwietracht ist der beste und sicherste Schutz für das römische Reich. Sie bei Bedarf noch zu fördern, verlangt weniger (diplomatischen) Aufwand als die (militärische) Unterwerfung, hat letztlich aber den gleichen (politischen) Effekt: die Handlungsunfähigkeit der Germanen gegenüber Rom. Gut 160 Jahre später, als diese Taktik gegen den ersten Ansturm der Völkerwanderung, bei den Markomannen, Quaden und Sarmaten, nicht mehr verfängt, bricht dennoch Commodus die aus römischer Sicht keineswegs erfolglose, aber überaus kräftezehrende Offensive seines Vaters M. Aurel ab und versucht, mit anderen ‚diplomatischen' Mitteln der Bedrohung Herr zu werden: er erkauft das Wohlverhalten der Germanen und Sarmaten, indem er sie als coloni und foederati mit römischem Land ‚belehnt' bzw. für militärische Hilfeleistungen im Dienste Roms bezahlt. Commodus erreicht damit zwar nicht die Durchsetzung direkter römischer Herrschaft, aber immerhin doch die formelle Anerkennung der römischen Oberhoheit.

Schwerer scheint es den Römern gefallen zu sein, ihren Plan einer völligen Eroberung Britanniens aufzugeben. Aber auch hier ringen sie sich unter Hadrian und Antoninus Pius zu dem Entschluß durch, lieber das bereits Erworbene mittels ausgedehnter Abwehrwälle zu sichern, statt in weiteren, womöglich nochmals jahrzehntelangen Kriegen bis zum Endsieg zu kämpfen.

Das Argument, den Römern sei in Parthien, Armenien, Germanien und Britannien gar nichts anderes übrig geblieben, als ihren Weltherrschaftsanspruch zu mäßigen, besitzt allenfalls partielle Gültigkeit: Seit Ende des 2. Jh. n. Chr. an der Donau, als es nicht mehr bloß darum geht, den einen oder anderen unruhigen Volksstamm unter römische Kontrolle zu bringen, sondern Rom sich hier mit den Ausläufern einer ‚globalen' Wanderbewegung konfrontiert sieht; sie durch Unterwerfung aller ‚befallenen' Gebiete zu stoppen, hätte selbst Roms Kräfte überstiegen. Und seit Beginn des 3. Jh. n. Chr. im Osten, als 224 n. Chr. in Parthien die Sassaniden die alte arsakidische Dynastie ablösen und Rom in diesem neu-persischen Reich, das zur Zeit seiner größten Ausdehnung die Gebiete zwischen Syrien, dem Kaukasus, Indien und dem Persischen Golf umfaßt, erstmals ein ihm wirklich ebenbürtiger Grenznachbar erwächst; die Sassaniden begreifen sich selbst von Anbeginn als unversöhnlicher Kontrahent des Imperium Romanum und wollen dieses auf außer-asiatischen Boden beschränkt sehen. Vor diesen Ereignissen jedoch, vor der Wende vom 2. zum 3. Jh. n. Chr., hätte Rom fraglos die Unterwerfung Parthiens, Germaniens und erst recht Nord-Britanniens, trotz der Schwierigkeiten, die ihm stets der Kleinkrieg in unwegsamem Gelände und das vereinte parthisch-armenische Aufgebot bereitet, militärisch erzwingen können. Vorausgesetzt freilich, es wäre bereit gewesen, notfalls sein gesamtes Truppenpotential konzentriert einzusetzen und jahrelange Kriege samt dem damit verbundenen finanziellen Aufwand in Kauf zu nehmen; auch um den Preis innerer, wirtschaftlicher Spannungen und Krisen und womöglich auf Kosten innenpolitischer Ordnung und Stabilität. Die Republik war dazu bereit; das kaiserliche Rom nicht.

Das entscheidend Neue an der Außenpolitik der Kaiserzeit ist nicht so sehr die umfangsmäßige Reduzierung der militärischen Expansion, als vielmehr ihre Ausrichtung auf das oekonomische Grundgesetz, daß unvermeidlicher Aufwand und zu erwartender Ertrag in einer angemessenen Relation zueinander stehen müssen. Neu ist auch die sich darin spiegelnde Erkenntnis, daß auswärtiger Erfolg genau besehen dann zum ‚Mißerfolg' wird, wenn er auf lange Sicht die Leistungsfähigkeit des Reiches übersteigt. Was Rom während der Prinzipatszeit an Kriegen führt, können römische Bürger und Reichsbewohner ohne nachhaltige Schäden verkraften; zumal die Neuorganisation der Armee als Berufsheer dafür sorgt, daß – anders als bei einer Miliz – auch mehrjähriger Kriegsdienst nicht mehr die wirtschaftliche Existenz der Aktiven gefährdet.

Die restriktive Eroberungspolitik der Kaiserzeit tilgt allmählich auch noch eine andere republikanische, Kriegs-bedingte Hypothek:

die Zahl der vor allem nach Rom und Italien deportierten Sklaven vergrößert sich nicht mehr ständig durch einen unablässigen Zustrom immer neuer Kriegsgefangener. Eine verstärkte Aufnahmefähigkeit des städtischen und agrarischen Arbeitsmarktes für freie Arbeitskräfte und Kleinbauern, Pächter ist die positive Folge.

Darüberhinaus setzt überhaupt erst die Beendigung des außenpolitischen Primats bei den Regierenden die für den inneren Aufbau des Welt-Reichs-Staates notwendige Zeit und Energie frei und läßt die bislang in stetem Wachstum und Wandel begriffene Größe Reich als geschlossenes Ganzes zur Ruhe kommen. Und erst auch im Schutz gesicherter Grenzen kann es im Reich den Frieden geben, den es zu seiner Integration braucht.

Wie sehr die Hintansetzung der Militärpolitik eine unabdingbare Voraussetzung für Aufstieg und Blüte des kaiserzeitlichen Rom gewesen ist, zeigt am besten die im 3./4. Jh. n. Chr. beginnende End-Krise des Reiches. Eine ihrer wesentlichen Ursachen liegt darin, daß Rom damals erneut – diesmal freilich gezwungenermaßen und auf äußeren Druck nur re-agierend – der militärischen Außenpolitik den Vorrang einräumt. Ähnlich wie im spätrepublikanischen Rom das übermäßige auswärtige Engagement den Niedergang des Bauernstandes nach sich zog, fällt jetzt, in der Spätzeit, die ländliche Bevölkerung des Reiches, aus der es zu 80–90% besteht, wirtschaftlich der allein auf den Erhalt der äußeren militärischen Abwehrkraft ausgerichteten Politik Roms zum Opfer. Einer durch zunehmenden Steuerdruck verarmten, durch die Aussicht, bei Ertragssteigerung nur noch mehr Steuern zahlen zu müssen, investitions- und produktionsunwillig gewordenen und durch den Anreiz der Steuerflucht zur Landflucht in die Städte oder unter die Patronage eines Großgrundbesitzers getriebenen (Land-)Bevölkerung steht ein zu ihren Lasten wohl genährtes, gut besoldetes und – im Vergleich zur Prinzipatszeit – zahlenmäßig verdoppeltes Heer gegenüber. Auch das nach den Soldzahlungen noch verbleibende Steueraufkommen frißt – direkt oder indirekt – weitgehend der Krieg; die zu seiner Führung notwendigen Ausrüstungen und Anlagen und ein sich nach dem Parkinsonschen Gesetz vermehrender, mit der Eintreibung der zur Deckung der Kriegskosten benötigten finanziellen Mittel betrauter und zu diesem Zweck geschaffener Beamtenapparat verschlingen Unsummen.

Das Ergebnis: ein Reichskörper von einer ‚militärischen' Kopflastigkeit, die ihn wirtschaftlich niederdrückt.

Das Reich des 1. und 2. Jh. n. Chr., das sich von der Expansion (der Republik) abwendet, den äußeren Existenzkampf (der späteren Jahrhunderte) noch nicht kennt und in dem die Innenpolitik dominiert, sieht anders aus. Wie, wird sich zeigen.

Drittes Kapitel

Faktoren, Maßnahmen und Leistungen der Weltorganisation
Sechs Säulen der Einheit

Trotz der Vorgaben und Starterleichterungen, die die Entstehung des antiken Weltstaates Imperium Romanum mit-ermöglicht und begünstigt haben, ist dieses dennoch – daher sein Name – stets als ureigenste Schöpfung und Leistung der Römer gesehen worden. Und damit hat es durchaus seine Richtigkeit: sie sind es, die ihm nicht nur jahrhundertelang den ihm angemessenen Welt-Raum und diesem den Frieden sichern, sondern es auch durch Gesetze, Verwaltung und Politik organisieren und in Kultur, Sprache und Recht als das ihre prägen.

Vorbilder, an denen sich Rom bei seiner politischen Weltorganisation hätte orientieren können, gibt es nicht. Auch der Rückblick auf seine eigene Vergangenheit als Welteroberer hätte sie ihm nicht einmal in Umrissen vorzeichnen können. Sich den Weltstaat als gänzlich improvisiert vorzustellen, fällt ebenfalls schwer. Visionen werden – müssen! – sie also wohl gehabt haben, die römischen Principes; vor allem die ersten beiden, Caesar und Augustus, die die Weichen stellen für Roms neue Weltpolitik. Falsch wäre es dennoch mit Sicherheit, in der Bildung und Ausgestaltung des Römer und Nicht-Römer integrierenden Weltreiches rund ums Mittelmeer das Ergebnis einer ebenso umfassenden wie minutiösen Planung oder die Tat eines allgegenwärtigen Gesetzgebers zu sehen.

Oftmals sind Roms Maßnahmen im und für das Reich nur Anstöße und Impulse, von denen man noch nicht einmal immer sagen kann, ob und inwieweit sie im vollen Bewußtsein ihrer Wirkung und gezielt auf die Integration gegeben werden, und aus denen sich dann ohne Roms weiteres Zutun eine zunehmende Vereinheitlichung und ein wachsender Zusammenhalt seines Imperiums entwickeln. Solche weiter-wirkenden Anstöße liegen beispielsweise vor, wenn die Kaiser die

Aufnahme in den römischen Bürgerverband von einer bis zu einem gewissen Grade bereits erfolgten Zivilisierung bzw. Romanisierung abhängig machen und damit den Provinzialen einen Anreiz geben, diese von sich aus anzustreben. Oder wenn außerhalb Italiens römische Bürger in Kolonien angesiedelt werden und von dort aus und da ab die Ausbreitung römischer Kultur völlig sich selbst überlassen wird; im Vertrauen darauf, daß sich Kultur im Windschatten und als natürliche, unaufdringliche Begleiterin Merkurs auch alleine, ohne die staatliche Hilfestellung von Kulturabkommen, und zudem noch leichter, schneller und nachhaltiger als mittels Einrichtungen à la Goethe-Institut ihren Weg bahnt. Wenn sich die antike Welt, vor allem ihre westliche Hemisphäre, im Verlaufe der Kaiserzeit allmählich in Kultur, Sprache und Recht romanisiert, dabei auch einheimische Volkskulturen zurückgedrängt werden, geschieht das weniger aufgrund einer als solcher konzipierten und zielstrebig betriebenen Romanisierungs-Politik, noch gar mittels systematischer gewaltsamer Beseitigung des Eigen- und Andersartigen, als vielmehr dadurch, daß Rom seinen augenfälligen zivilisatorischen Vorsprung als unverbindliches aber reizvolles und – wie die Geschichte zeigt – für viele unwiderstehliches Angebot unterbreitet.

In anderen Bereichen ist der Beitrag, den der römische Staat aktiv zur Errichtung der antiken Weltgemeinschaft leistet, ein ‚nur' grundlegender. So in der Wirtschaft: Rom stellt die zu ihrer weltweiten Entfaltung unabdingbaren ‚Mittel' (einheitliches Geld, Straßen) bereit, sichert zu Lande und zu Wasser die Verkehrswege und gewährt Freizügigkeit, ohne zunächst darüberhinaus in die weitere wirtschaftliche Entwicklung durch detaillierte Reglementierungen und Gesetze oder mit ausgefeilten Programmen einzugreifen.

Schließlich resultiert das Zusammenwachsen des Weltreiches auch ganz ‚einfach' daraus, daß das kaiserliche Rom die klassischen Aufgaben und Funktionen eines jeden – auch noch des heutigen – Staates ernst nimmt und erfüllt: seinen Bewohnern insgesamt Schutz zu bieten nach außen, und im Innern für die rechtliche und materielle Sicherheit des Einzelnen zu sorgen.

Wo genau die Trennungslinien verlaufen zwischen staatlicherseits bewußt betriebener und ‚unbewußter', sich gleichsam ‚von selbst' ergebender Integration, und welcher von beiden mehr, welcher weni-

6. Die göttlichen Personifikationen kaiserlicher Friedens-, Sicherheits- und Wohlfahrtspolitik: Pax, Securitas, Salus.

7. Stadtgemeinden empfangen Spenden von Kaiser Traian.

ger Bedeutung beizumessen ist, läßt sich schwerlich noch feststellen. So wird auch der Versuch, die sie bewirkenden und fördernden Faktoren darzustellen und die Grundelemente aufzuzeigen, aus denen der Orbis Romanus erwächst, auf eine solcherart exakte Differenzierung verzichten müssen. Er kann und darf es, weil Urheber der Integration in jedem Falle – sei es unmittelbar oder mittelbar – Rom ist.

Fürsorglich geordnete Verwaltung

Die Pax Romana, der römische Reichsfriede, den die Kaiserzeit den Provinzen beschert, bezeichnet nicht allein einen äußerlichen Friedenszustand, sondern in gleichem Maße geordnete Verhältnisse in der Reichsverwaltung; auf der lokalen, regionalen Ebene ebenso, wie im Bereich der zentral gesteuerten staatlichen, kaiserlichen Administration.

Die Kernstücke der längst überfälligen Verwaltungsreformen sind der Ausbau und die Systematisierung der städtischen Selbstverwaltung einerseits und die Vereinheitlichung der in ihrer Aufgabenstellung gegenüber der Republik unveränderten römischen Provinzialverwaltung andererseits; sowie die Neuregelung des Steuerwesens und ein möglichst weitgehender Abbau provinzialer Ausbeutung. Ihre für die gesamte Prinzipatszeit typischen Grundzüge erhält die Reichsorganisation bereits unter Caesar und Augustus.

Obere Verwaltungseinheiten bleiben die Provinzen. Sofern dies nicht schon früher geschehen ist, werden sie von bzw. seit Augustus in Unterbezirke aufgeteilt, die – z. B. in Gallien und Spanien – die alte, meist stammesmäßige Gau-Gliederung ersetzen. Jeder dieser Bezirke erhält eine ‚Hauptstadt'. Wo (wie vor allem in den westlichen Provinzen) ein städtisches Gemeinwesen, das diese Funktion übernehmen könnte, nicht vorhanden ist, erhält eine Dorfansiedlung den Rang einer Stadt, oder es werden auch mehrere Dörfer zu einer städtischen Organisation zusammengefaßt. Die Städte sind das eigentliche Rückgrat der Reichsverwaltung. Sie fungieren gegenüber den umliegenden Stämmen bzw. Landbezirken als Verwaltungszentren, sowohl was die Steuererhebung als auch die Rechtsprechung und Gerichtsbarkeit anlangt. Den beiden spanischen ‚Kreis'-Städten Caesaraugusta (Zaragoza) und Carthago Nova (Cartagena) etwa unterstehen laut Plinius 55 bzw. 65 ländliche „populi". Im Verlauf der Kaiserzeit nimmt die Zahl der Städte im Reich geradezu sprunghaft zu. Insbesondere in traianisch-hadrianischer Zeit ist eine regelrechte Urbanisierungswelle zu beobachten. Sie erfaßt die Westprovinzen ebenso wie Dalmatien, Pannonien, Moesien, Thrakien, Dacien und die städtisch unterentwickelten kleinasiatischen Gebiete Galatien und Kappadokien. Die Zahl der populi, die in stadtlosen Bezirken leben, wird zusehends geringer: waren es laut Aussage des Plinius in der Hispania Tarraconensis (NO-Spanien) zur Zeit der Bestandsaufnahme durch Agrippa unter Augustus noch 114, nennt ca. 150 Jahre später der Geograph Ptolemaeus ihrer nur noch 27. Freilich darf dies nicht als radikaler Schrumpfungsprozeß der Landwirtschaft mißverstanden werden. Die überwiegende Mehrheit der ‚eingemeindeten' Bauern übt diesen Beruf auch weiterhin aus; nur ist ihr Land jetzt städtisches Einzugsgebiet. Die Stadtgemeinde im antiken (griechisch-römischen) Sinne umschließt und bezeichnet eigentlich immer außer der Stadtanlage auch das ihr zugehörige agrarische Um- und Hinterland.

Bedeutsam im Zusammenhang der Reichsverwaltung erscheint diese Art der ‚Verstädterung' insofern, als mit ihr und proportional zu ihr das Ausmaß der Selbstverwaltung in den Provinzen zunimmt. Denn: jede Stadtgemeinde des Imperiums verfügt über eigene administrative Kompetenzen. (Eine Ausnahme macht lediglich Ägypten, dem keinerlei Selbstverwaltung zugestanden wird und wo Rom vielmehr weitgehend die ptolemaeische Verwaltungsorganisation beibehält).

Das Recht auf lokale Selbstverwaltung gilt für alle Stadt-‚Staat'-Typen: nicht nur für die autonomen civitates liberae; sondern auch für die griechischen Poleis des Ostens, für die von einem einheimischen Adligen (Fürsten) geführten civitates in Gallien, Britannien und Afrika, für die municipia und coloniae latinischen oder römischen Rechts,[15] und – mit großer Wahrscheinlichkeit – auch für die Masse der nicht weiter als im Hinblick auf die Steuerpflicht gegenüber Rom spezifizierten civitates stipendiariae.

Vergleichsweise gut sind wir über die Organisation der latinischen bzw. römischen Städte (municipia, coloniae) im Reich unterrichtet.[16]

Diesen Status erhalten im 1. und 2. Jh. n. Chr. immer mehr provinziale Stadtgemeinden durch kaiserliche Verfügung,[17] was automatisch zu einer fortschreitenden Vereinheitlichung der lokalen Selbstverwaltung im Reich führt. Denn die munizipale Organisation und Administration orientiert sich ihrerseits seit dem diesbezüglichen Gesetz Caesars (Lex Iulia municipalis), auf dem dann spätere Bestimmungen und Ergänzungen aufbauen, an allgemein gültigen Rahmenrichtlinien. Jede civitas, die den Rang eines municipiums erlangt, erhält zugleich mit der Verleihung des zunächst meist ‚nur' latinischen Rechts von Rom aus die sie als Munizipium konstituierende Verfassung. Sie verändert sich auch bei einer später erfolgenden Überführung in das volle römische Bürgerrecht nicht mehr.

Vorbild für die Verfassung der ‚überseeischen' Munizipien ist diejenige der italischen, wobei diese sich wiederum an die stadtrömische anlehnt. An der Stadt-Spitze steht ein Senat aus 100 Mitgliedern (decuriones), bei denen es sich in der Regel um die gewesenen städtischen Magistrate handelt; aber auch Kooptation von Nicht-Magistraten ist möglich. Der Senat berät die Magistrate; vor ihm legen sie Rechenschaft über ihre Amtsführung ab. An ihn auch wendet sich die römische Zentrale (der Kaiser), wenn sie Ratschläge oder Anweisungen erteilt. Auch die magistratische Hierarchie und Aufgabenverteilung ist der römisch-italischen nachgebildet: 2 Quaestoren verwalten die Finanzen, 2 Aedilen sorgen u. a. für die Ausrichtung von Spielen und öffentlichen Festlichkeiten, und 2 (in den coloniae) bzw. 4 (in den municipia) Ober-Beamte (Duoviri bzw. Quattuorviri) sind für die allgemeine Verwaltung und Jurisdiktion in der Gemeinde zuständig. Die Amtszeit aller beträgt 1 Jahr; ihre Tätigkeit ist ehrenamtlich, wird nicht vergütet. Die Vermögensschätzung (census), die Vergabe öffentlicher (Bau-)Aufträge an Privatgesellschaften (publicani) und die Sittenaufsicht liegt in Händen zweier Spezial-Magistrate, die – wie ihre römischen Censoren-Kollegen – in einem Intervall von 4 bzw. 5 Jahren bestellt werden. Wichtigste politische Aufgabe der Bürger ist die Wahl der städtischen Magistrate. Zumindest während des 1. Jh. n. Chr.; danach scheint vielfach Ernennung durch den Vorgänger üblich geworden zu sein.

Die Kompetenzen, die das von Rom gewährte und formulierte Stadtrecht den kommunalen Selbstverwaltungsorganen im Reich einräumt,[18] halten einem Vergleich mit heute durchaus stand: es ermächtigt die lokalen Behörden, Zivilsachen, die einen bestimmten Prozeßwert nicht übersteigen (ein unter Caesar erlassenes Gesetz nennt 15 000 Sesterze), eigenständig zu verhandeln und zu entscheiden; nur bedeutendere Fälle sind an das ‚Oberlandesgericht', die vom römischen Statthalter geführte Provinz-Administration, zu übergeben; ihm obliegt im übrigen auch die Schlichtung ‚zwischen-stadtlicher' Streitigkeiten. Ferner ist es Sache der Kommunen, den zur Steuerveranschlagung notwendigen Census durchzuführen, die städtische Infrastruktur (Straßen, Wasserleitungen) auszubauen, notfalls für Befestigungsanlagen zu sorgen. Die Duoviri überwachen darüberhinaus die Freilassung von Sklaven (die insoweit einen steuer- und bevölkerungspolitisch bedeutsamen Aspekt hat, als Freigelassene hinfort Bürger des Gemeinwesens sind), und sie ernennen das städtische Personal.

Zur Deckung der anfallenden Kosten überläßt der römische Staat den Stadtgemeinden einen Teil der von den Bewohnern zu leistenden Abgaben: eine näher nicht bestimmbare Steuer, die die einheimischen Einwohner (nicht die römisch-latinischen Bürger) an die Munizipien zu zahlen haben, fließt ebenso in die Stadtkasse wie die örtlich erhobene Wasser-Steuer, die Mietzahlungen derjenigen Kaufleute und Handwerker, die in öffentlichen Bauten ihre Geschäftsräume haben, und die Einnahmen aus städtischem Landbesitz. Auch die Geldbußen, die die Duoviri als Ordnungsstrafen in der niederen zivilen Gerichtsbarkeit verhängen dürfen, verbleiben am Ort. Mit diesen Einkünften allein kann allerdings kaum eine Stadt auskommen. Zumal bei großen Bauprojekten (Tempeln, Thermen, Theatern, Foren), bei der Finanzierung von Spielen, im Schulwesen und bei der Vergabe von Sozialhilfen an bedürftige Mitbürger in Form von Getreidespenden ist der Magistrat auf Zuschüsse und Zuwendungen privater Geldgeber angewiesen. Bis etwa gegen Ende des 2. Jh. n. Chr. ist den Städten des Reiches diese freiwillige Unterstützung ihrer begüterten Bürger in hohem Maße zuteil geworden. Das ‚System' der Privatfinanzierung öffentlicher Aufgaben wird erst in dem Moment problematisch, als ab dem 3. Jh. n. Chr. der wachsende Steuerdruck der römischen Zentrale den spendablen Gemeinsinn des städtischen Großbürgertums allmählich erstickt. Wenn auch vorher schon wiederholt einzelne Städte in finanzielle Schwierigkeiten geraten, hat das seine Ursache meist in Unregelmäßigkeiten der lokalen Verwaltung, von denen bereits der jüngere Plinius, 112 n. Chr. Statthalter der Provinz Bithynia et Pontus, in seinen Briefberichten an Kaiser Traian ein Lied zu singen weiß. Bedingt sind sie ihrerseits nicht zuletzt dadurch, daß man weder jahrweise noch längerfristig feste Haushaltspläne aufstellt. Auch in diesem Punkt kopieren die Reichs-Städte das römische Vorbild getreulich.

Insgesamt gesehen jedoch ist die kaiserzeitliche Städteordnung durchaus funktionsfähig. Mehr noch: sie trägt mit dazu bei, daß sich auch Provinzgemeinden im Rahmen der ihnen zuerkannten bzw. – im griechischen Osten – belassenen beschränkten Selbstverwaltung als politisch mündige Angehörige des römischen Imperiums begreifen lernen.

Daß das Reich dennoch nicht in eine unzusammenhängende Vielfalt (halb-)autonomer Städte zerfällt, ist nicht nur auf die reichseinheitliche Organisation der municipia (bzw. coloniae) und deren wachsendem Anteil an der Gesamtzahl der Stadtgemeinden zurückzuführen, sondern auch auf die Einrichtung der übergreifenden Institution der sog. Provinziallandtage.

Überregionale Versammlungen im Stile der kaiserzeitlichen Provinziallandtage sind keine Erfindung der Römer. Es gibt sie in vorrömischer Zeit beispielsweise in Sizilien, Makedonien und Griechenland. Rom hat sie jedoch zunächst jeweils zerschlagen, wohl in der Furcht, sie könnten der uneingeschränkten Herrschaftsausübung hinderlich sein. Ab Augustus (bis hin zum Ende des 3. Jh.) wird es dann aber zur Regel, daß sich einmal im Jahr Deputierte aus den bedeutenderen Städten einer Provinz zu einer Art Kongreß, dem Provinziallandtag, treffen. Obwohl diesen Versammlungen jurisdiktionelle, administrative oder gar gesetzgeberische Kompetenzen fehlen, spielen sie dennoch eine politisch nicht unwichtige Rolle; allein schon dadurch, daß sie die Provinz als geschlossenes Ganzes repräsentieren.

Die alljährlichen Zusammenkünfte in der Provinzhauptstadt dienen einmal der Durchführung des provinzialen Kaiserkultes. Daher stehen sie auch unter dem Vorsitz des für diesen Kult zuständigen Priesters, der nach den römischen Offiziellen als angesehenste Persönlichkeit der Provinz gilt und vom Landtag für eine 1-jährige Amtsperiode als Sprecher gewählt wird. Zum anderen nimmt die Versammlung Berichte – positive oder negative – über die Tätigkeit des scheidenden römischen Statthalters entgegen, denen entweder Beschlüsse zu seinen Ehren folgen, oder – auch dies über seinen Kopf hinweg – ein offizielles Beschwerdeschreiben an den (Senat bzw.) Kaiser in Rom. Dieser sendet seine Stellungnahme ebenfalls direkt an den Landtag. Schwerwiegende Anklagen, wie die der Ausbeutung und Erpressung, führen nahezu immer zu einem Gerichtsverfahren gegen den Gouverneur und gegebenenfalls zu dessen Verurteilung. In der Abfassung derartiger Tadelsanträge scheinen die zu den Provinziallandtagen Delegierten nicht gerade zurückhaltend gewesen zu sein: unter Nero erfahren wir aus dem Munde des Senators Thrasea Paetus (in der Version des Tacitus) von der Besorgnis der römischen Aristokratie, daß der Einfluß der Provinzialen auf die Bewertung statthalterlicher Amtsführung allmählich doch überhand zu nehmen drohe.

Der Effekt der Provinziallandtage ist demnach ein vierfacher: sie fördern unter der Bevölkerung einer Provinz das Gefühl der Zusammengehörigkeit; sie bilden eine offensichtlich nicht ganz unwirksame Kontrollinstanz gegenüber gouvernementaler Mißwirtschaft; sie sichern den Provinzialen einen direkten Zugang zum Kaiser selbst; und sie stellen – kultisch-religiös und politisch – eine Verbindung zwischen der Reichsspitze und den Provinzen her. Gerade auch dieser unmittelbare Bezug zur Zentrale ist ganz sicher der Vereinheitlichung der Reichsverwaltung zugute gekommen.

Nachhaltig unterstützt wird die letztgenannte Entwicklung sowie auch der Abbau von Mißständen in der provinzialen Administration durch die Reform der zentralen Reichsverwaltung und die in ihr angelegten verstärkten Eingriffsmöglichkeiten des kaiserlichen Staatsoberhauptes. Augustus bereits unterstellt 7 der damals insgesamt 17 Provinzen der Verwaltung kaiserlicher Beauftragter (Legati Augusti); alle in der Folgezeit neu erworbenen bzw. neu eingerichteten Provinzen gelangen ebenfalls unter die direkte Aufsicht des Kaisers. Und auch die unter senatorischer Verwaltung belassenen übrigen Provinzen unterstehen seit Augustus der obersten Befehlsgewalt (imperium maius) des Princeps. Es folgt die faktische Zurückdrängung des Senatorenstandes in der Reichsverwaltung durch den langsam aber stetig sich vergrößernden kaiserlichen Beamtenapparat, der sich insbesondere ab Hadrian mehr und mehr, schließlich vorwiegend aus Rittern und auch aus kaiserlichen Freigelassenen zusammensetzt. Der mit Traian einsetzenden fortschreitenden Vermehrung der ritterlichen Beamtenstellen entspricht ein zunehmendes Hereinregieren des Princeps in die Rechtsprechung und vor allem die Finanzverwaltung aller Provinzen, auch der senatorischen, z. T. mittels eigens zu diesem Zweck eingesetzter Kommissare. Im 3. Jh. n. Chr. haben sich schließlich die Unterschiede zwischen senatorischen und kaiserlichen Provinzen praktisch völlig verwischt – zugunsten eines überall gleich starken Einflusses des Kaisers. Daß dessen Eingriffe schon im 1. und 2. Jh. n. Chr. gelegentlich und danach immer häufiger auch vor der lokalen Selbstverwaltung nicht Halt machen, ist sicher. Nicht so sicher ist, ob sie nicht vielfach auf einen ausdrücklichen, freilich den kaiserlichen Absichten gewiß nicht zuwiderlaufenden Wunsch der betroffenen Gemeinden zurückgehen. Immerhin kennen wir aus der Zeit des Domitian bzw. des Hadrian Fälle, in denen sich ein Munizipium den Kaiser zum städtischen Ober-Magistraten erwählt, und dieser erst daraufhin einen Praefekten als seinen Vertreter in die Stadt entsendet.

Ähnliches, nämlich das Herein-Gezogen-Werden des Kaisers auch in belanglose Angelegenheiten der provinzialen (Lokal-)Verwaltung, spiegeln die Briefe des Statthalters Plinius an Traian wider. Und Plutarch (ca. 46–120 n. Chr.), selbst im kommunalen Dienst im boeotischen Chaironeia tätig, beklagt die vielerorts um sich greifende Unsitte, bei jeder Kleinigkeit womöglich gleich den Kaiser höchst persönlich einzuschalten. Was die Senatoren ärgert: die immer deutlicher werdende, ihre statthalterliche Stellung unterminierende Allgegenwart des Kaisers, scheint demnach der Reichsbevölkerung gar nicht unlieb gewesen, im Gegenteil eher von ihr gewünscht worden zu sein.[19]

Auch von nicht-senatorischer Warte aus mag freilich die schrittweise, aber unaufhaltsam weiter gehende Zentralisierung der Verwaltung und die ihr ‚von unten' entgegenkommende Tendenz, sich nur allzu leicht und gerne auf die höhere Gewalt des Kaisers zu verlassen, etwas bedenklich stimmen. Man kann darin auch den Keim wachsender (Selbst-)Entpolitisierung sehen, und in der Angewohnheit, auf Direktiven, Anordnungen und Maßnahmen ‚von oben' zu warten, vielleicht eine der Ursachen für die in der spätantiken Stunde der Not vor Ort, in den Grenzprovinzen, mehrfach zu beobachtende Unfähigkeit, sich gegen die ‚wie eine Naturkatastrophe' hereinbrechenden Barbaren selber zu helfen. Solcherart problembelastet ist jedoch die frühere Hinwendung des Provinzialen an den Princeps in Rom nicht.

Das Vertrauen in den Kaiser als den, der gleiche und gerechte Ordnung im Reich setzt, resultiert vermutlich nicht zuletzt aus dessen von Erfolg gekröntem Bemühen, die besonderen Schwachstellen der republikanischen Provinzialverwaltung: erpresserische Ausbeutung und Diskontinuität, auszumerzen. Die kaiserlichen Legati sind, sofern sie sich bewähren, meist über mehrere Jahre hinweg in ein und derselben Provinz tätig, und auch die prinzipiell nach wie vor auf 1 Jahr befristete Amtszeit der senatorischen Statthalter wird in vielen Fällen verlängert. An die Stelle des von den privaten Publikanen-Gesellschaften getragenen Steuerpachtsystems, das sich in der Vergangenheit als besonders geeignetes Mittel persönlicher Bereicherung zu Lasten der Provinzialen erwiesen hatte, tritt generell der direkte Steuereinzug durch (senatorische) Quaestoren bzw. (kaiserliche) Procuratoren. Die publicani verschwinden zwar keineswegs schlagartig von der Bildfläche; von einer völligen Ausschaltung kann man imgrunde erst im 2. Jh. n. Chr. (etwa ab Hadrian) sprechen. Doch hat bereits – wie Tacitus berichtet – Nero Vorkehrungen getroffen, um willkürlichen, überhöhten Forderungen der Publikanen-Gesellschaften bei der Steuereintreibung Einhalt zu gebieten, indem er per Edikt die Verhandlung von Beschwerden gegen sie vor dem Praetor in Rom bzw. in den Senatsprovinzen vor dem dortigen Statthalter und die öffentliche Bekanntgabe der regulär einzuziehenden Abgaben verfügt. Der in der Republik nur allzu häufigen, ungebührlichen, die Provinz schädigenden Begehrlichkeit einzelner, z. T. tief verschuldeter Statthalter versucht darüberhinaus bereits Augustus dadurch zu begegnen, daß er in Anlehnung an die für den kaiserlichen Beamtenapparat allgemein übliche feste Besoldung auch an alle Provinzgouverneure hohe, nach ihrem jeweiligen Rang abgestufte Jahresgehälter von 100000–1000000 Sesterze zahlt; ferner schließt er diejenigen ‚Adligen', die weniger als 1 Million Sesterze an Eigenvermögen besitzen, aus dem Senatorenstand und damit von der (senatorischen) Provinzverwaltung aus. Ein noch von Caesar erlassenes, verschärftes Repetundengesetz, das allem Anschein nach während der gesamten Kaiserzeit gültig bleibt, tut ein übriges, statthalterlicher Bestechlichkeit und Erpressung vorzubeugen. Neben der Androhung empfindlicher Geldstrafen und der Entfernung aus dem Senat bestimmt das caesarische Gesetz die Hinterlegung der Jahresabrechnungen an drei verschiedenen Orten: in Rom und in zwei Städten der Provinz. Auf diese Weise sollen Fälschungen erschwert und eine wirksame Kontrolle ermöglicht werden. Und schließlich noch ein Novum: im Prinzipat können auch die subalternen Verwaltungsgehilfen und das Gefolge des Gouverneurs wegen Verstößen gegen das bislang nur für die Verwaltungsspitzen geltende Repetundenrecht unter Anklage gestellt werden.

Gebündelt scheinen diese Maßnahmen ihre Wirkung nicht verfehlt zu haben: die Zahl der Prozesse de pecuniis repetundis geht im 1. und 2. Jh. n. Chr. (bis M. Aurel) deutlich zurück, obwohl sich der Kreis derer, die unter die Repetundengerichtsbarkeit fallen, um ein Vielfaches vergrößert. Bezeichnend auch, daß sich die Kaiser seit Caesar in puncto Provinzausbeutung nicht zu immer neuen Strafgesetzen veranlaßt sehen.

Nicht weniger als die Eindämmung skandalöser Verwaltungspraktiken hat die das Imperium einheitlich erfassende Neu- bzw. Erst-Ordnung der Steuern und Staatseinnahmen zur Sanierung der Provinzen und damit zum Wohlbefinden der Reichsbevölkerung beigetragen.

Ausgehend von der unwiderleglich richtigen Erkenntnis, die heute auch gerade dem reichsten Land der Erde, Kuwait, dämmert, daß ein Staat – auch wenn die Öl- bzw. Geld-Quellen, die aus seinem Boden bzw. seinen Provinzen sprudeln, noch so reichhaltig sind – auf Dauer ohne geregelte Steuereinnahmen nicht existieren kann, beginnt Augustus, die öffentlichen Finanzen Roms auf eine neue und solidere als die weitgehend im Stadium des Beutemachens stecken gebliebene spätrepublikanische Grundlage zu stellen. Das Steuerwesen der Republik krankte vor allem an dem unregelmäßigen, uneinheitlichen und somit letztlich willkürlichen Charakter der Censuserhebungen (= Volkszählung + Vermögensschätzung) und an der überaus ungleichen und somit ungerechten Verteilung der Steuerlasten zwischen römischen Bürgern und Provinzialen. Seit 167 v. Chr. war der römische Bürger von allen direkten Steuern befreit und hatte lediglich, sofern er Handel trieb, die üblichen Hafengebühren bzw. Warenzölle (portoria, ca. 2–2,5% des Warenwertes) zu entrichten, und bei der Freilassung von Sklaven 5% des geschätzten Wertes des ehemaligen Sklaven zu zahlen.

Augustus und die nachfolgenden Kaiser verpflichten nicht nur – hier wahrscheinlich eine Regelung bereits der caesarischen Munizipalgesetzgebung aufgreifend – die Munizipien und Kolonien im Reich zur Abhaltung des Census in bestimmten Zeitabständen und zur Meldung der Ergebnisse nach Rom, sondern führen darüberhinaus auch den reichsweiten, alle freien Bewohner des Imperiums einbeziehenden Census ein. Zwar erfolgt auch dieser noch nicht gleich regelmäßig, sondern oftmals erst wieder nach jahrelanger Unterbrechung; aber spätestens seit Traian ist davon auszugehen, daß eine kontinuierliche Personenstandsaufnahme die sporadischen Volkszählungen als Steuerbemessungsgrundlage abgelöst hat.

Die Unterscheidung zwischen Provinzen, die nach dem Zehnt-System besteuert wurden und solchen, denen man eine fixe Steuer auferlegte, verschwindet im Prinzipat. Die letztgenannte Art der Besteuerung setzt sich durch. Auch hier betätigt sich Caesar als Wegbereiter, indem er für die Provinz Asia sicher, für Sizilien vermutlich den Zehnten abschafft.

Seit Augustus gibt es einheitlich für das gesamte Reich – unter Ausschluß lediglich Italiens, das bis hin zu Diokletian (Ende 3. bzw. Anfang 4. Jh. n. Chr.) keine direkten Steuern zahlt – zwei Kategorien direkter Besteuerung: die Bodensteuer (tributum soli) und die Kopfsteuer (tributum capitis). Wie hoch sie waren, wissen wir nicht genau; auf jeden Fall niedrig. Erstere dürfte bei kaum mehr als 1–2% (des Besitzes) gelegen haben (A. H. M. Jones). Diese tributa gelten auch für römische Bürger, sofern sie nicht in Italien leben, oder in einer Provinzgemeinde, der der Kaiser das Ius Italicum, das die Steuer-Immunität einschließt, verliehen hat. Derartige volle Immunitätserklärungen werden in erster Linie, aber nicht nur, römischen coloniae/municipia zuteil. Im allgemeinen verfährt man jedoch bis in severische Zeit mit derartigen ‚Freibriefen' wegen des entstehenden Einnahmeverlusts sparsam. Auch Einzelpersonen, römischen wie nichtrömischen, kann Steuerfreiheit gewährt werden. Ebenso ist die Zuerkennung einer Teil-Immunität an Individuen und ganze Stadtgemeinden möglich. Sie bedeutet Befreiung nur von der Kopfsteuer und kommt wesentlich häufiger vor.

Ob die augusteische Steuerreform auch schon den Bereich der indirekten Steuern (vectigalia) erfaßt, ist nicht sicher. Frühkaiserzeitlich ist aber deren Neuordnung bzw. Ausweitung in jedem Falle. Zu diesen vectigalia zählen einmal die bereits erwähnten, schon in der Republik erhobenen Hafen-,Zölle' und die Freilassungssteuer. Beibehalten werden auch die Abgaben, die die Pächter für die Bebauung bzw. Nutzung von Staatsbesitz (Ländereien, Minen etc.) zu leisten haben. Neu hinzu kommen in der Kaiserzeit eine 1%-ige Auktionssteuer, eine 4%-ige Sklavenverkaufssteuer und eine 5%-ige Erbschaftssteuer. Letztere betrifft alle Erbschaften über 100000 Sesterze, sofern der Erbe nicht ein naher Verwandter des Erblassers ist. Die indirekten Steuern sind ohne Unterschied von *allen* Reichsbewohnern, auch den in Italien ansässigen, zu zahlen. Ausnahmen beruhen auf kaiserlicher Privilegierung. Bemerkenswerterweise trifft speziell die Erbschaftssteuer sogar nur die römischen Bürger, nicht die Provinzialen.

Zu erwähnen sind schließlich noch zwei Arten von Sonderabgaben: die eine, die naturale annona militaris, die der Verpflegung des römischen Verwaltungsstabes in den Reichsprovinzen bzw. der der Armee dient, wird ausschließlich den Provinzen abverlangt; die andere, das aurum coronarium, eine einmalige Geldzahlung aus Anlaß des Regierungsantritts eines Kaisers, gilt auch für Italien.

Zentrale Sammelbecken der staatlichen Einnahmen sind das Aerarium in Rom und der kaiserliche Fiscus. Grob ausgedrückt fließen die Steuern aus den senatorischen Provinzen in das Aerarium, die aus den kaiserlichen in den Fiscus. Das bleibt bis Septimius Severus (Ende 2. bzw. Anfang 3. Jh. n. Chr.) so; er leitet alle staatlichen Einkünfte dem Fiscus zu und degradiert das Aerarium damit zur bloßen Stadtkasse Roms. Aber von einer wirklichen Trennung beider Kassen und von einer unabhängigen Ausgabenpolitik des Senats kann schon lange vorher nicht mehr die Rede sein. Bereits Caesar hatte die gesamten, damals noch weniger geordneten Staatsfinanzen unter Ausschaltung des Senats seiner persönlichen Kontrolle unterstellt. Der im Hinblick auf senatorische Empfindlichkeiten zartfühlendere Augustus räumt zwar dem Hohen Haus das Aufsichtsrecht über das Aerarium wieder ein, de facto verfügt aber auch er wie seine Nachfolger nicht nur über ‚seinen' Fiscus. Wie schlecht es um die Unabhängigkeit der ‚senatorischen Staatskasse' bestellt ist, zeigt die Einsetzung eines kaiserlichen Praefekten als deren ‚Manager' durch Nero. Zusätzlich zu Aerarium und Fiscus existieren seit Augustus noch zwei Spezialkassen: das Aerarium militare für die Pensionszahlungen an die Soldaten; es ist gleichsam eine Unterabteilung des kaiserlichen Fiscus und wird aus Zuwendungen des Princeps sowie aus der Auktions- und Erbschaftssteuer gespeist. Und die Privatschatulle des Kaisers (patrimonium, res privata/familiaris); ihre genaue Abgrenzung zum Fiscus ist unklar, sie nährt sich aber wohl vorwiegend aus Vermögenskonfiskationen strafrechtlich verurteilter bzw. verbannter Personen und aus den zahlreichen testamentarischen Vermächtnissen Privater an den Kaiser.

Was fängt der römische Staat, man darf sagen: der Kaiser, mit seinem Geld an? Er bezahlt die Soldaten, unterhält die Flotte, errichtet Grenzschutzanlagen, besoldet die Beamten, baut das Straßennetz aus, sorgt für Poststationen, betätigt sich als Großbauherr, richtet die Spiele der Hauptstadt aus und finanziert für die stadtrömische Plebs die Sozialhilfe, d. h.: Ausgabe von verbilligtem oder kostenlosem Getreide, Zahlung von Geldspenden an Bedürftige, Abhaltung öffentlicher Speisungen bei besonderen Anlässen (Siegesfeiern, Kaisers Geburtstag etc.). Zudem unterstützt bzw. gründet er sog. Alimentationsfonds, aus denen besonders in Rom und den italischen Munizipien Kindern mittelloser Eltern oder Waisen Erziehungsbeihilfen gewährt werden.

Die kaiserliche Fürsorge beschränkt sich jedoch keineswegs auf Rom und die römischen Bürger. Sie kommt vielmehr dem ganzen Reich, allen seinen Bewohnern zugute: an Bauvorhaben, die eine Provinzstadt aus eigener Kraft nicht realisieren kann, beteiligt sich der Princeps durch großzügige finanzielle Zuschüsse; von Bränden, Überschwemmungen oder Erdbeben heimgesuchten Gemeinden aller Reichsteile wird eine unbürokratische Soforthilfe zugeleitet; kaiserliche Spenden ermöglichen den Wiederaufbau der von derartigen Katastrophen betroffenen Städte.

Besonders bemerkenswert erscheint darüberhinaus die Bereitschaft vieler Kaiser, beim Staat verschuldeten Personen und Regionen zu helfen und finanzielle Erleichterungen zu gewähren: Augustus reduziert die Schuldenlast gleich mehrerer Reichsstädte; Hadrian soll gar alle Steuerrückstände in Italien und in zahlreichen Provinzen getilgt haben; ähnlich verfährt Marc Aurel, indem er die gegenüber dem Fiscus bestehenden Schulden erläßt; Antoninus Pius verzichtet bei seinem Regierungsantritt in Italien ganz auf das obligate Geldgeschenk des aurum coronarium und setzt es für die Provinzen auf die Hälfte des sonst Üblichen herab; unter Severus Alexander erhält Ägypten die Vergünstigung, das aurum coronarium nicht entrichten zu müssen. Und trotz der insgesamt eher restriktiven Politik der römischen Kaiser bei der Zuerkennung gänzlicher oder teilweiser Steuerfreiheit ist die Zahl der solcherart privilegierten Gemeinden bereits zur Zeit Neros immerhin doch derart angewachsen, daß der sparsame Vespasian sich veranlaßt sieht, sie drastisch zu senken und der Provinz Achaia (Griechenland), Rhodos, Byzanz, Samos und einigen Städten Lykiens die Immunität wieder zu entziehen.

Angesichts der im Vergleich zum Heute geradezu ‚naiv' wenigen und niedrigen Steuern einerseits und der allgemeinen kaiserlichen Freigebigkeit andererseits verwundert es nicht, daß die römische(n) Staatskasse(n) nie allzu große Rücklagen enthalten: selbst unter den sich ihrer hausväterlichen und haushälterischen Pflichten durchaus bewußten Principes Tiberius und Antoninus Pius sind es nicht mehr als 2900 Millionen Sesterze, also noch nicht einmal das 3000-fache des Jahresgehaltes eines Statthalters proconsularen Ranges. Es gehört demnach nicht allzu viel dazu, um mit dem verschwenderischen Leichtsinn eines Caligula, Nero oder Domitian – wie geschehen – den Staatsbankrott herbeizuführen.

Eines jedoch wird man dem römischen Staat der Prinzipatsepoche des 1. und 2. Jh. n. Chr. und seinem obersten Repräsentanten nicht nachsagen können: sie hätten das Reich und seine Bürger steuerlich über Gebühr belastet oder für die eingezogenen Abgaben zu wenig an Gegenleistungen erbracht. Im Gegenteil: die Beispiele zeigen, daß vieles unter der gebenden und verteilenden Hand des Kaisers wieder in das Reich zurückfließt. Der imperiale Staat Rom ist längst nicht so weit, wie Kritiker des ihrer Meinung nach kolonialistischen Imperium Romanum es gerne glauben machen möchten, von der Erfüllung der etwa im Grundgesetz der Bundesrepublik Deutschland erhobenen modernen Forderung entfernt, die da lautet: „Eigentum verpflichtet. Sein Gebrauch soll zugleich dem Wohl der Allgemeinheit dienen."

Verwaltungsreform und Steuerreform sind zwei aus der Entwicklung des römischen Weltstaates nicht wegzudenkende Grundelemente. Sie lassen das Weltreich aus seiner bisherigen Stellung als dem Stadtstaat Rom untertanes, über keinerlei politisches Eigengewicht verfügendes, von ihm nur als Prestige- und Ausbeutungsobjekt benutztes und lediglich territorial-geographisch definierbares Gebilde heraustreten, indem sie ihm eine Ordnung geben, die ein Mehr an lokal-regionaler Eigenständigkeit mit einem Mehr an Einheitlichkeit verbindet. Und die zugleich mit überschaubar geregelten finanziellen Belastungen, einer größeren Steuergerechtigkeit sowie mit der Einbeziehung der Provinzialen in die staatliche Wohlfahrt den wirtschaftlichen Genesungsprozeß und Aufschwung des Imperiums in den ersten beiden nachchristlichen Jahrhunderten ermöglicht und vorbereitet.

Oikoumenische Oekonomie

Bereits der Klassiker der attischen Komödie, Aristophanes, weiß es; der römische Tragiker aus Brundisium, Pacuvius, wiederholt es; der Staats-Philosoph und -Rhetor Roms, Cicero, bekräftigt es; der Prinzen-Erzieher, Seneca, pflichtet bei: ubi bene ibi patria. Kein Zweifel also: Heimat ist da, wo es einem gut geht.

Das geflügelte Wort hat auch einen ganz konkret-materialistisch wahren Kern: leibliches Wohlergehen und gesicherte wirtschaftliche Existenz sind noch zu allen Zeiten die vergleichsweise zuverlässigsten Garanten vielleicht nicht gerade der Vaterlands-Liebe, wohl aber der Staats-Treue gewesen. Der zufriedene Bürger probt nur selten den Aufstand. Ohne oekonomische Bindemittel hätte auch das Imperium Romanum nicht jahrhundertelang gehalten.

Ob im kaiserzeitlichen Rom der – auch – materiellen Besserstellung der Provinzialen durch die Verwaltungs- und Steuerreform diese Erkenntnisse als theoretische Richtschnur zugrunde gelegen haben, mag man durchaus bezweifeln. Sie allein würde auch noch nicht genügen, um von einem wirtschaftlich bedingten Konsens der Mittelmeervölker mit dem römischen Welt-Reich-Staat sprechen zu können. Tatsächlich hat Roms Imperium seinen Bewohnern mehr zu bieten als bloß den Verzicht auf Ausbeutung, erträgliche Abgaben und hilfsbereite Kaiser.

Sein Angebot: ein allen zugänglicher, über 5 Millionen qkm großer, im Innern sicherer und friedlicher, nach außen militärisch geschützter, aber handelspolitisch nicht abgeschotteter Weltmarkt, den es zwar weder durch eine Satzung konstituiert, noch behördlich institutionalisiert, den es aber dennoch seinen Mitgliedern und deren privaten Initiativen praktisch erschließt: verkehrstechnisch, rechtlich und monetär.

Im wahrsten Sinne des Wortes ebnet Rom dem Handel die Wege. Es baut Straßen. Eigentlich sind es Heerstraßen. Aber auf ihnen bewegen sich im 1. und 2. Jh. n. Chr. häufiger Kaufleute als Militärkolonnen. Agrippa, Freund und Berater des Augustus, veranlaßt in mehreren Reichsteilen – u. a. in den gallischen und germanischen Provinzen – eine Vermessung und Kartierung der bestehenden Pfade und Wege, um sie, wo es sinnvoll erscheint, untereinander und mit den anderen Fernstraßen Italiens und des Imperiums zu verbinden. Die späteren Kaiser setzen sein Werk fort. Gewissenhaft und ohne Rücksicht auf Geländeschwierigkeiten: alle Reichsstraßen sind befestigt; Kies oder Schotter wird auf eine Packlage aufgeschüttet; nicht selten besitzen sie Steinpflasterung; für die Entwässerung sorgen Straßengräben. Besonderes Kennzeichen der römischen Straßen: ihre Gradlinigkeit. Täler und Flüsse werden überbrückt; Bergvorsprünge gelegentlich untertunnelt; selbst hohe Gebirgskämme in möglichst wenigen Kurven genommen: den rund 1800 m hohen Malojapaß in den Alpen, den man heute in 22 Serpentinen überquert, erklimmt der römische Kaufmann oder Soldat beispielsweise in nur 3 Kehrschleifen! Noch nicht einmal die Wüste vermag die römischen Straßenbauer zu schrecken; der sandige Karawanen-‚Weg' von der Nil-Stadt Antinoopolis zum Roten Meer wird in der Kaiserzeit zur ausgebauten Straße. Gesäumt sind Roms Reichsstraßen von Meilensteinen, auf denen Ortsentfernungen und oftmals auch das Baujahr der Straße verzeichnet sind; man findet ferner an ihnen Rasthäuser, Straßenmeistereien und die Pferdewechselstationen für die offizielle Reichspost und ihre Staatskuriere. Für die Instandhaltung und Überwachung der staatlichen Straßen ist in der Kaiserzeit pro Straße ein kaiserlicher

Procurator zuständig. Fazit: der Mittelmeerraum und die angrenzenden Gebiete verdanken den Römern ein Straßennetz, das nicht nur von der Qualität seiner Beschaffenheit, sondern auch von seiner auf eine Gesamtlänge von über 100 000 km geschätzten Ausdehnung her gut 1½ Jahrtausende, in manchen Regionen bis zum heutigen Tag unerreicht geblieben ist. Es durchzieht ohne Unterschied und Ausnahme alle Provinzen des Imperiums, Britannien ebenso wie Nordafrika; verkabelt sie gleichsam miteinander als weltweiter Kommunikationsträger.

Die besten Verkehrsverbindungen nützen freilich dem Handel wenig, wenn er anderweitig in seiner freien Entfaltung durch ein Zuviel an staatlichen Beschränkungen, Reglementierungen und Prärogativen (Monopole) sowie durch ebenso zahl- wie sinnlose Zollschranken behindert wird. Der römische Weltbürger des Prinzipats hat sich (im 1. und 2. Jh. n. Chr.) wenn überhaupt nur in einem erträglichen Maße mit derartigen Hemmnissen herumzuschlagen.

Rom gewährt dem freien Mann innerhalb des Imperiums absolute Freizügigkeit. Auch der grenzüberschreitende Kontakt und Wirtschaftsverkehr mit dem nicht-römischen Ausland stößt auf keine nennenswerten Schwierigkeiten. Nicht ganz so frei, wie die Personen sich bewegen und ihren Arbeits- oder Handelsplatz wählen können, ist der Warenaustausch. Es gibt Zölle und es gibt Staatsmonopole. Die Zollgrenzen jedoch sind, abgesehen von denjenigen engeren, die um einige (Hafen-)Städte zwecks ‚Besteuerung' der dort ein- und auslaufenden Luxusartikel liegen, vergleichsweise weit gesteckt; meist bilden mehrere Provinzen zusammen einen einheitlichen Zollbezirk. Zudem sind die erhobenen Zölle nicht als Warenschutzzölle zu verstehen. Sie dienen dem Staat als Einnahmequelle, haben aber nicht die Aufgabe, einem bestimmten Gebiet die konkurrenzlose Produktion und Vermarktung seiner landwirtschaftlichen und ‚industriellen' Erzeugnisse und Waren zu sichern; und sie sind in ihrer jeweiligen Höhe auch nicht nach Warengattungen differenziert. Schließlich machen die Zollabgaben immer nur einen geringen Prozentsatz des Warenwertes aus: 2–2,5% an den internen Zollgrenzen; vielleicht das Doppelte an den äußeren, die mit den Reichsgrenzen identisch sind. Nero hält die Zolleinkünfte für so unerheblich, daß er, um die Menschheit zu beglücken, laut Tacitus ihre Abschaffung erwogen

8. Sinnbild des Friedens und allgemeinen Wohlergehens: die fruchtbare, all-nährende Tellus.

9. Das Weihrelief eines Schiffers legt Zeugnis ab für den florierenden Handel im Mare Nostrum.

haben soll. Seine Berater freilich sehen darin einen doch etwas bedenklichen Vorschlag und stimmen den Kaiser im Interesse der Staatskasse um. Erschwert oder gar gefährdet haben *diese* Zölle aber jedenfalls den Welt-Reichshandel nicht. Das tun sie erst in den spätkaiserzeitlichen Jahrhunderten, als sie permanent und steil in die Höhe gehen.

Und die Monopole? Von einer einigermaßen konsequenten staatlichen Monopolwirtschaft kann man imgrunde nur bezüglich der Bergwerke sprechen, in denen Bodenschätze (Edelmetalle, Erz) stets – auch wenn die Ausbeutung der Mine in Pacht gegeben wird – unter der Kontrolle eines kaiserlichen Procurators gefördert werden. Ansonsten handelt es sich bei den Monopolen der Prinzipatszeit um nichts anderes als um vom Kaiser an private Unternehmer vergebene lokale Exklusiv-Konzessionen zur Herstellung und zum Vertrieb bestimmter Waren. Bekannt sind solche staatlich beaufsichtigten Monopolbetriebe u. a. in Ägypten für den Anbau und die Verarbeitung des Papyrus, für die Öl- und Salzgewinnung und die Parfumerzeugung; in Tyrus für die Purpur-‚Fabrikation'; in Palaestina für die Balsame; im Libanon für die Verwertung von (Zedern-) Holz. Es sind also vorwiegend gleichsam ‚natürliche' Monopole, insoweit sie orts-spezifische bzw. orts-gebundene Produkte betreffen; der Staat schafft sie nicht künstlich, sondern bemächtigt sich ihrer lediglich. Die Tatsache allein, daß wir außer für den Abbau der Bodenschätze im Reich und für den ägyptischen Raum nur sehr wenig über Umfang und Bedeutung staatlich-kaiserlicher Monopole wissen, rechtfertigt die Annahme, daß sie zumindest während der ersten beiden Jahrhunderte n. Chr. die freie Wirtschaft entscheidend weder behindert noch gar negativ geprägt haben.

Frei heißt nicht losgelöst vom Recht. Ihm ist auch der Kaufmann und Händler unterworfen. Der Abschluß von Kaufverträgen ist durch detaillierte Vorschriften geregelt; ihre Nichtbeachtung zieht Strafverfolgung nach sich. Als strafbar gelten ferner: bewußte Übervorteilung des Käufers bzw. Handelspartners, Verstöße gegen die am Ort geltende Marktordnung, Verkauf schadhafter Ware ohne Hinweis auf deren Mängel, Ausgabe unkorrekter Quittungsbelege, Verwendung von Falschgeld, oder Bezahlung mit ungedeckten ‚Schecks'.

Eigenart des Rechts ist es, als Ordnungs-Rahmen und -Grundlage dem Einzelnen Schranken aufzuerlegen. Wenn es jedoch wie das römische (ius civile) *alle* Bürger und wie das Peregrinenrecht (ius gentium) der Römer *alle* freien Nicht-Bürger (Provinzialen) – sofern sie einer und sei es auch nur teilweise autonomen civitas angehören – in gleicher Weise bindet, wenn es zudem in diesen seinen beiden Erscheinungsformen weltweit, in Britannien und in Syrien, an Rhein, Donau und in Nordafrika, gültig ist, wenn schließlich gar die rechtliche Differenzierung zwischen Römern und Nicht-Römern verschwindet und im ganzen Reich nur noch *ein* Recht – das bürgerlich-römische – regiert, dann tritt die das Individuum beschränkende Funktion des Rechts gegenüber der die gesamte Bevölkerung des Weltreichs verbindenden zurück, und es erleichtert und fördert deren inter- und über-,nationale' Kommunikation; auch und gerade in Wirtschaft und Handel.

Jede wirtschaftliche Vereinigung, mag sie verkehrstechnisch und rechtlich noch so gut vorbereitet sein, bleibt unvollkommen, solange sich die Mitglieder der Gemeinschaft nicht auf ein einheitliches Zahlungsmittel einigen können. Freiwillig haben auch die monetär entwickelten Staaten des griechischen Ostens bei ihrem Eintritt ins römische Reich nicht auf ,ihr' Geld verzichtet; sie hängen alle an ihm, dem Zeichen ihrer Hoheit und Souveränität, die sie nicht mehr besitzen. Vielerorts hat Rom das Münzrecht zugleich mit der städtisch-stadtstaatlichen Autonomie als Strafe für geleisteten Widerstand gegen die Provinzialisierung ganz einfach kassiert; andernorts – vor allem in Kleinasien – dürfen einzelne Städte bis auf jederzeit möglichen römischen Widerruf weiter prägen. Ein Entgegenkommen, das vermutlich weniger in der Rücksichtnahme auf ,nationale' Empfindlichkeiten wurzelt, als in dem Wunsch, durch diese Stadtprägungen den lokalen Geldumlauf zu unterstützen; z. T. tun sie dies bis gegen Ende des 3. Jh. n. Chr. Ähnliches gilt für einige römische ,Provinzialprägungen' (z. B. in Ägypten (Alexandria), Syrien (Antiochia), Kappadokien (Caesarea)); allerdings mit der Einschränkung, daß sie alle unter direkter kaiserlicher Kontrolle stehen; auch sie sollen – zeitweise – zur Deckung des regionalen Geldbedarfs beitragen.

Über all diesen ,Hilfs- und Spezialprägungen' jedoch steht konkurrenzlos und einheitlich in *allen* Reichsteilen gültig die römische Reichsprägung. Das ist das entscheidend Neue. Ihre gebräuchlichsten und am häufigsten ausgeprägten Nominale sind bis zur Mitte des 3. Jh. n. Chr. bzw. bis zur diokletianisch-constantinischen Münzreform zu Beginn des 4. Jh. n. Chr. in Kupfer/Bronze/Messing das As und der Sesterz (seltener der Dupondius), in Silber der Denar und – seit Caesar – in Gold der Aureus. Sie stehen zueinander in fester Relation: 1 Aureus = 25 Denare, 1 Denar = 4 Sesterze, 1 Sesterz = 2 Dupondien, 1 Dupondius = 2 Asse. Oberster Prägeherr ist der Kaiser. Er kontrolliert nicht nur die zentrale Münzstätte Rom, der bis zum Ausgang des 2. Jh. n. Chr. die Masse der Reichsemissionen in allen drei Metallsorten entstammt, sondern auch die etwa seit Mitte des 1. Jh. n. Chr. stark rückläufige, erst um die Wende vom 2. zum 3. Jh. wieder zunehmende Prägetätigkeit der außerhalb Italiens gelegenen ‚Reichsmünzorte', von denen in der frühen Kaiserzeit dem gallischen Lugdunum (Lyon) die größte Bedeutung zukommt. Der staatliche Münzausstoß ist unregelmäßig, oftmals von jahrelangen Intervallen unterbrochen. Auch nach einem Regierungswechsel kursieren normalerweise die Prägungen mit dem Bildnis des Vorgängers weiter, werden nicht aus dem Verkehr gezogen. Gerade während des Prinzipats läßt sich für viele Münz-Typen und -Reihen der Reichsprägung eine erstaunlich lange Umlaufszeit feststellen: wir kennen Schatzfunde, die sich zum weitaus überwiegenden Teil aus Münzen zusammensetzen, deren Prägezeit 50 und mehr Jahre vor dem Vergrabungsdatum liegt.

Trotz der sowohl beim Silbergeld (Denar) als auch – in erheblich geringerem Maße – bei den Goldmünzen (Aureus) zu beobachtenden Reduzierung ihres Edelmetallfeingehaltes, die zumeist ‚unter der (kaiserlichen) Hand', gelegentlich aber auch – wie unter Nero – ‚offiziell' erfolgt, bleibt Roms Reichsprägung über Jahrhunderte nahezu wertstabil. Gut ablesbar ist der minimale Wert- und Kaufkraftverlust des sich verschlechternden römischen Geldes an der niedrigen Steigerungsrate der Soldaten-Löhne. Ein Legionär erhält ab Caesar 225 Denare jährlich; (wahrscheinlich) unter Commodus (Ende 2. Jh. n. Chr.) beträgt sein Gehalt 375 Denare. Das heißt: in rund 250 Jahren erhöht sich der Legionärssold um 150 Denare, was umgerechnet sage und schreibe 0,6 Denare mehr pro Jahr ausmacht. Und das, obwohl man getrost davon ausgehen kann, daß die Kaiser gerade bei der Armee stets besonders darauf bedacht waren, etwaige reale Geldwertminderungen durch adaequate Lohnerhöhungen auszugleichen, um Unzufriedenheit und Meutereien in der Truppe gar nicht erst aufkommen zu lassen.

Kein Wunder, daß dieses im gesamten Mittelmeerraum geltende, stabile Geld Roms als *die* Währung der antiken Welt schlechthin auch außerhalb und über die Grenzen des Imperiums hinweg hohes Ansehen genießt und weltweit Anerkennung findet. Die Funde römischer Münzen in Gotland und im Baltikum, in Polen und in der Ukraine, in Pakistan und Ceylon legen dafür ein ebenso beredtes Zeugnis ab, wie die einheimischen Nachprägungen (die sog. Barbarisierungen) römischer Münzen im nordwestlichen Europa, im (nicht-römischen) Balkan, ja selbst im Kaukasus und auf dem indischen Subkontinent. Mit diesen ‚Imitationen' versucht man hier offenbar, die Nachfrage nach römischem Geld zu stillen und leichteren Anschluß an den römischen Markt zu finden.

Erschlossen durch Straßen, geöffnet durch Freizügigkeit und verbunden durch gemeinsames Recht und Geld hat das kaiserzeitliche Imperium einen beispiellosen wirtschaftlichen Aufschwung erlebt. Es demonstriert damit, wie Wirtschaft florieren kann, wenn nur die elementaren Voraussetzungen ‚stimmen'.

An erster Stelle profitiert der Handel von und in der neuen römischen Ordnung. Einerseits ungehemmt von staatlichem Dirigismus, wer mit wem in welchem Umfang was handeln soll, andererseits aber auch nicht subventioniert oder durch Handelsabkommen und -Verträge der Regierung gefördert, nimmt der Binnenhandel im Reich und der Fernhandel mit dem nicht-römischen Ausland zu Lande und zur See ungeahnte Ausmaße an: er erreicht Nordengland, die Ostsee, Skandinavien, Südrußland, Innerafrika bis zum Tschad, die ostafrikanische Küste bis nach Somalia, den Jemen, Indien und China. Vor allem die hauptsächlichen Anlaufstationen und Umschlagplätze, die Mittelmeerhäfen Massilia (Marseille), das spanische Neu-Karthago, das ehemals punische Alt-Karthago, Alexandria, Antiochia, Byzanz, Puteoli am Golf von Neapel und das unter Claudius zum ‚modernsten' Hafen des Reiches ausgebaute Ostia an der Tibermündung verzeichnen in ihren Mauern einen deutlichen Anstieg einer zunehmend reicheren Bevölkerung. Dabei ist der Welthandel keineswegs ein Privileg des ‚herrschenden' Römers; der Provinziale nimmt in gleicher

Weise an ihm teil. Es gibt zwischen ihnen kommerzielle Konkurrenzen um Absatzmärkte und Käufer, aber keine ,ideologisch'-politischen. Die sich schnell – schon unter Augustus und Tiberius – abzeichnende Aufnahmebereitschaft und Absorptionsfähigkeit des römischen Reiches für ausländische Güter und Waren, die Rom eine permanent passive Handelsbilanz bescheren, es aber offensichtlich keineswegs an ihr kranken lassen, lockt auch immer zahlreichere ausländische Kaufleute in die Nähe der römischen Grenzen. Von der an der Ostküste des Schwarzen Meeres gelegenen Stadt Dioskurias wird uns berichtet, es habe sich dort ein derart lebhafter und internationaler Handel abgespielt, daß man gelegentlich angeblich 130 Dolmetscher benötigte, um sich im Sprachengewirr der südrussischen und kaukasischen Dialekte zurecht zu finden.

Eine – nicht die einzige – Folge des intensiven Güteraustauschs und der ungehinderten Handelskontakte zwischen den Reichsprovinzen ist die ,Industrialisierung' der in dieser Hinsicht etwa gegenüber Griechenland, Kleinasien, Ägypten und Italien bislang rückständigen Gebiete. Aus dem Bestreben heraus, das auf dem Handelswege nun zu ihnen gelangende interessante Waren-Sortiment der zivilisierteren Regionen nicht mehr importieren zu müssen, sondern selbst zu produzieren, um sowohl den neu geweckten Eigenbedarf decken, als auch selbst am Welthandel partizipieren und von ihm profitieren zu können, entstehen überall im Reich – und dies keineswegs nur in den Städten, sondern auch auf dem Lande – Handwerksbetriebe der Leder-, Metall- und Textil-verarbeitenden Industrie, Töpfereien und Glasmanufakturen. Gallische Tonarbeiten können es bald mit italischen aufnehmen, Gläser aus Köln mit östlichen Fabrikaten. Diese Entwicklung muß zwar in den Augen der Hersteller(-Länder), die bisher in einigen ,Industrie'-Branchen eine faktische Monopolstellung inne hatten, negativ erscheinen; aber ihre insgesamt positive Wirkung ist dennoch nicht zu übersehen: sie führt zu einem allmählichen Ausgleich des oekonomischen und auch des zivilisatorisch-kulturellen Gefälles zwischen Ost und West; und sie verleiht darüberhinaus den einzelnen Provinzen eine begrenzte Autarkie, die ihnen auch noch in den Jahrhunderten der Krise (3.–5. Jh. n. Chr.) – zu dieser Zeit dann freilich schon mit dem negativen Vorzeichen fortschreitender allgemeiner Desintegration – zugute kommt, als Rom immer weniger in der Lage ist, die Sicherheit des Handels zu garantieren.

Bis zu diesem Zeitpunkt verliert auch der eigentliche Fernhandel, der, der das Reich vornehmlich als gut zahlenden Kunden mit der übrigen Welt verbindet und so auch deren Wirtschaftswachstum fördert, kaum an Bedeutung. Er umfaßt vor allem im Reich nicht oder nicht genügend vorhandene Rohstoffe, Naturprodukte und ‚unnachahmliche' Luxusartikel: Holz, Bernstein, Pelze, Pferde aus Nord- und Mitteleuropa; Elfenbein, Weihrauch, Salben, Parfums aus Ostafrika und Arabien; Gold, Purpur, Baumwollgewebe, Seide, Edelsteine vom Persischen Golf, aus Indien und China.

Und wie sieht es im Imperium auf dem landwirtschaftlichen Sektor aus? Mehr noch als Handel und ‚Industrie' (Handwerk) kann die Landwirtschaft Aufschluß geben über die allgemeine, ‚wahre' oekonomische Situation der Reichsbewohner. Denn mindestens vier Fünftel der Gesamtbevölkerung leben vom und auf dem Land.

Eine ähnlich spektakuläre Entwicklung wie der merkantile hat der agrarische Bereich nicht aufzuweisen. Dennoch sind auch hier die positiven wirtschaftlichen Auswirkungen der weltumspannenden Pax Romana nicht zu verkennen. Ist noch zu Beginn der Kaiserzeit das römische Italien (einschließlich Siziliens) das reichste und am intensivsten bebaute Agrarland der antiken Welt, mit dem allenfalls im Getreideanbau Teile Nordafrikas und Ägyptens konkurrieren können, hat sich bis zum 2. Jh. n. Chr. die landwirtschaftliche Produktion und damit die wirtschaftliche Blüte in der Weise ‚dezentralisiert', daß man – cum grano salis – von einem einheitlichen und gleichmäßigen Standard der Landwirtschaft im gesamten Mittelmeerraum sprechen kann.

Am deutlichsten erkennbar ist der Fortschritt in den ‚barbarischen' Westprovinzen des Reiches. Dem italischen Beispiel folgend haben diese – auch agrarisch bislang zurückgebliebenen – Gebiete vielfach die Dreifelderwirtschaft mit Fruchtwechsel eingeführt und stehen in der Getreideproduktion, im Obst- und Gemüseanbau und soweit es das Klima zuläßt auch in der Ölerzeugung nicht länger hinter Italien und der östlichen Reichshälfte zurück. Sogar der Weinbau, zuvor fast ein Monopol Italiens und des griechischen Ostens, hat sich über ganz Spanien, Gallien und selbst im unwirtlichen römischen Germanien verbreitet. Die technischen Hilfsmittel, Werkzeuge und ,Maschinen', die der britannische, germanische und illyrische Bauer verwendet, sind weitgehend dieselben, die auch sein Berufsgenosse in Griechenland gebraucht. Allzu hoch entwickelt ist diese Technik freilich nicht. Obwohl sich die Römer etwa im Brückenbau und bei Wasserversorgungsanlagen als durchaus begabte Ingenieure erweisen, stagniert die maschinelle Entwicklung in der Landwirtschaft (wie ähnlich übrigens auch im Handwerk) beinahe völlig. Für römische Verhältnisse fast schon sensationell ist bereits die ,Erfindung' und Anwendung einer einfachen Mähmaschine, wie wir sie aus der Beschreibung des Plinius und von einem nicht etwa römisch-italischen, sondern gallischen Relief her kennen (gefunden 1958 in Buzenol, Belgien); auch dies wohl ein Hinweis, daß Mitteleuropa zur führenden Agrar-,Nation' Italien aufgeschlossen hat.

Man hat in der modernen Forschung – nicht zuletzt und selbstverständlich in der marxistisch geprägten – die billige Sklavenarbeit für das (teilweise) technische ,Defizit' der römischen Zivilisation verantwortlich gemacht. Für den Agrarbetrieb der Kaiserzeit sticht dieses Argument schon deswegen nicht, weil erstens Sklavenarbeit nach dem Ausbleiben der einstmals in dauernden Eroberungszügen erbeuteten Kriegsgefangenenmassen nicht mehr billig ist, und zweitens zunehmend freie Kleinpächter (coloni) die Felder der großen Grundherren bewirtschaften.

Immerhin bleibt festzuhalten, daß sich nicht nur der von Rom unterworfene Provinz-Bauer weiterhin bei der Beackerung seines Bodens mit primitiven Geräten begnügen muß, sondern auch der römische Landwirt. Rom hält also auch technisch kein Land künstlich unterentwickelt, um so aus rationelleren Produktionsmethoden oder einem Vorsprung im technischen Know how Kapital schlagen und die Reichsbewohner leichter beherrschen zu können.

Bemerkenswerterweise ist weder die Verbreitung bestimmter Nutzpflanzen im Reich das Ergebnis staatlicher Förderung im Stile Friedrichs d.Gr., der den Anbau der Kartoffel zur ersten Bauernpflicht erhebt, noch die Belebung der Landwirtschaft und die agrarische Erschließung der Provinzen ganz allgemein auf staatliche Subventionen, Preisfestsetzungen und einen Agrarprotektionismus à la EG zurückzuführen. Das Stimulans, das Rom der Landwirtschaft gibt und das den Bauern und Großgrundbesitzer anregt, mehr und besser als bisher zu produzieren, ist natürlicher: man eröffnet ihm einen überregionalen, schutzzollfreien Weltmarkt, und vergrößert damit Absatzmöglichkeiten und Konkurrenz zugleich. Auch der Prozeß der allmählichen Vereinheitlichung der Agrarbetriebe vollzieht sich zwanglos. Hier wirkt vor allem das Vorbild der überall im Reich verteilten und nach den gleichen Prinzipien geführten und bewirtschafteten kaiserlichen (Staats-)Domänen; aber – bis zu einem gewissen Grade – wohl auch der Umstand, daß freigelassene germanische, gallische, illyrische, thrakische, britannische und orientalische Sklaven, wenn sie nach ihrem Dienst auf einem römischen Gut in ihre Heimat zurückkehren, dorthin die in der Sklaverei erworbenen Kenntnisse tragen und auf diese Weise weiter vermitteln.

Ebenso wie das Rom der Prinzipatszeit nichts unternimmt, um den Welthandel zu ‚verstaatlichen' oder in den Händen seiner, der römischen Bürger zu konzentrieren, auch niemanden zur Abnahme römisch-italischer Fabrikate zwingt, keinem Reichsgebiet eine einseitige Warenproduktion auferlegt und die wachsende handwerklich-industrielle Konkurrenzfähigkeit und Selbständigkeit der Provinzen nicht unterbindet, ebenso läßt es der agrarischen Weiterentwicklung einzelner Reichsprovinzen freien Lauf; selbst dann, wenn dieses Verhalten den Absatz traditionell italischer Erzeugnisse (z. B. Keramik, Wein) erschwert und tatsächlich der Export Italiens eine rückläufige Tendenz aufweist.

Damit ist nicht gesagt, daß man sich die römischen Kaiser als dezidierte Verfechter einer früh-liberalen, anti-kolonialistischen Wirtschafts-*Theorie* vorzustellen hat. Vielleicht sind sogar die im Recht, die die weitgehende staatliche Abstinenz im Bereich der Oekonomie und die reichsfreundliche Haltung der Regierung in den ersten beiden nachchristlichen Jahrhunderten – nicht so kraß aber sinngemäß – als *Unvermögen* Roms deuten, überall kontrollierend präsent zu sein und seine politisch-militärisch dominierende Stellung auch wirtschaftlich voll auszunutzen (M. I. Finley). Obwohl Zweifel an der Richtigkeit dieser These bleiben: die Voraussetzungen, Mittel und Möglichkeiten der Kolonialmächte der frühen Neuzeit, selbst noch des beginnenden 19. Jh., ihre überseeischen Besitzungen wirtschaftlich zu beherrschen, sind weder verkehrstechnisch, noch militärisch, noch auch von der Größe des verfügbaren Beamtenapparates und der zahlenmäßigen Relation zwischen ihnen und ihren Untertanen her, noch schließlich bezüglich ihrer zivilisatorischen Überlegenheit grundsätzlich und wesentlich andere und bessere als die der Römer. Trotzdem wird man die Verhaltensweise und Politik dieser Kolonialherren gegenüber ihren ‚Provinzen' (Kolonien) kaum mit den geschilderten Gegebenheiten im kaiserzeitlichen Imperium Romanum vergleichen können.

Egal ob Planung oder ‚nur' Pragmatik dahinter steckt: fest steht, daß materielles Wohlergehen im Weltreich Rom kein römisch-italisches Privileg gewesen bzw. geblieben ist und daß alle Reichsteile im Vergleich zu früher und im Unterschied zur Situation in neuzeitlichen Imperien einen nahezu einheitlichen, gleich hohen wirtschaftlichen level wie das imperiale ‚Mutterland' Italien erreichen. Dies allein und vor allem verdeutlicht, wie wenig Rom mit den modernen Kolonialreichen gemein hat und wie problematisch es ist, ihm und seiner ‚Politik' mit dem Begriff des Kolonialismus beikommen zu wollen.

Exakte Angaben über den Lebensstandard der Reichsbevölkerung im 1. und 2. Jh. n. Chr. zu machen, fällt schwer. Jedoch hat jüngst W. Hankel[20] anhand einer Gegenüberstellung des durchschnittlichen jährlichen Arbeitseinkommens eines Reichsbürgers dieser Epoche und des damals üblichen Durchschnittspreises für das antike Haupt- und Grundnahrungsmittel Getreide aufgezeigt, daß dem Bewohner des römischen Imperiums nicht nur das absolut notwendige Existenzminimum gesichert ist, sondern daß er darüberhinaus – sofern er nicht gerade eine Großfamilie von mehr als 7 Köpfen zu ernähren hat – auch noch Mittel zurückbehält, die er anderweitig konsumieren, sparen oder investieren kann. Er lebt – verglichen mit den Bürgern moderner Wohlstandsgesellschaften wie der USA und der Bundesrepublik Deutschland – bescheiden, aber besser als die Masse der Einwohner der heutigen Dritten und Vierten Welt. Und das in Gallien und Pannonien ebenso wie in Syrien und Ägypten.

Indem es auch den unteren Bevölkerungsschichten ihr Auskommen ermöglicht, erfüllt das Imperium Romanum jahrhundertelang die elementarste aller Staatsaufgaben. Und obwohl es weder langfristige wirtschaftliche Konzeptionen, noch gar Ideologien, ja noch nicht einmal eine Wirtschafts-Politik im strengen Sinne kennt, erbringt es nichtsdestoweniger den Nachweis, daß unterentwickelte arme Länder als gleichberechtigte Partner eines freien Welthandels und in einem gemeinsamen, allein durch allgemein verbindliche Rechtsnormen geschützten Markt durchaus in der Lage sind, ihren oekonomischen Rückstand gegenüber den reichen aufzuholen. Den ‚Nord-Süd-Gegensatz' *seiner* Zeit und Welt jedenfalls, der noch einer eher zwischen Ost und West ist, gleicht das kaiserliche Rom weitgehend aus. Es ist damit als wirtschaftlicher Entwicklungshelfer erfolgreicher als die Almosen verteilenden, Kredite gewährenden Politiker und die ihm an theoretischem Wissen weit überlegenen Investitions-Programmatiker unserer Tage.

Dieses römische Reich der Prinzipatszeit ist in der Tat *das* Vaterland, *die* Heimat, in der es allen zwar nicht sehr gut, gewiß nicht gleich gut, aber gut genug geht, um es als solche zu akzeptieren. Und besser als außerhalb seiner Grenzen allemal. Eine echte wirtschaftliche Alternative zum römischen Reichsverband gibt es nicht. Ein wichtiger Grund, sie auch politisch nicht in Aufständen gegen Rom zu suchen, mit dem Ziel, sich von ihm loszulösen.

Zivilisatorische Verbundenheit

Wenn antike Schriftsteller, wie der Epiker Lucan aus dem spanischen Corduba (Mitte 1. Jh. n. Chr.) oder der Historiker Ammianus Marcellinus aus dem syrischen Antiochia (2. Hälfte des 4. Jh. n. Chr.) von der Welt, in der sie leben, als dem Orbis Romanus sprechen, bezeichnet dieser Begriff in ihrer Vorstellung nicht nur die politische Einheit Römisches Reich, oder den gemeinsamen römischen Markt rund ums Mittelmeer, sondern auch eine in sich geschlossene, von Rom geprägte Kulturwelt, den zivilisierten Erdkreis schlechthin.

Mancher Historiker – auch der über den Verdacht des einseitigen Philhellenismus erhabene – stößt sich an dieser Gleichsetzung von ‚zivilisiert' und ‚römisch' seitens des Dichters und Geschichtsschreibers. Die Kritik ist berechtigt: erstens, weil die Römer selbst kulturell in der Schuld der Griechen stehen und das auch nie ernstlich leugnen, Romanisierung also in puncto Kultur stets auch Graezisierung bedeutet; zweitens, weil von einer Romanisierung der griechisch-hellenistischen Reichsteile nur partiell die Rede sein kann, ohne daß diese aber deswegen weniger zivilisiert gewesen wären als etwa Italien oder gar Spanien und Gallien. Insoweit also ‚Orbis Romanus' den Gedanken an eine einheitlich römische und rein römische Zivilisation insinuiert, ist das falsch und irreführend.

Richtig jedoch ist, daß sich unter Roms Herrschaft die bestehenden Kulturgrenzen innerhalb des antiken Orbis merklich verwischen, daß dieser Prozeß *auch* etwas mit der Verbreitung spezifisch römischen Kulturgutes (Sprache, Recht) zu tun hat, und daß West- und Mitteleuropa ihren allmählichen und annähernden Zivilisationsgleichstand mit Italien und dem Osten tatsächlich auf dem Wege der Romanisierung im wörtlichen Sinne erreichen. Sie wirkt im zivilisatorisch unebenen Gelände der Kulturlandschaft Imperium Romanum gleichsam als Nivellisator, nicht jedoch – nota bene – durch allgemeine Absenkung, sondern gebietsweise Anhebung des Niveaus.

Augenfälligster, weil noch heute für jeden, der sich mit den archäologisch-monumentalen Hinterlassenschaften auf römischem Reichsboden beschäftigt, sichtbarer Beweis für die ‚Uniformität' zumal der urbanen Kultur und Zivilisation während der römischen Kaiserzeit sind die städtischen Bauwerke und Anlagen. Wer in Frankreich Vaison la Romaine aufsucht, in Spanien Merida, in Italien Ostia, oder in der Türkei das römische Ephesus und Milet, wird in den Ruinen und baulichen Überresten grundsätzliche Unterschiede kaum entdecken können; solche der Größe, des architektonischen Stils, der mehr oder weniger künstlerischen bzw. kostspieligen Ausstattung natürlich. Ergänzt und bestätigt wird dieses stets annähernd gleich bleibende Bild durch literarische Zeugnisse über den städtischen Kulturbetrieb im Reich und darüber, welche Bauwerke und öffentlichen Einrichtungen man allenthalben als normal und reichsweit die Stadtgemeinde als solche charakterisierend ansieht: Geschäftsstraßen (gepflasterte!), baulich gestaltete Marktplätze (Foren) und Theater mit eigenem Ensemble oder solche, bei denen wandernde Schauspieltruppen gastieren, gibt es selbst in kleinen Provinzstädten; ebenso Wasserleitungen und Kanalisationssysteme, die öffentliche Bäder und Bedürfnisanstalten ver- und entsorgen; die Häuser in den besseren Wohngegenden besitzen oftmals eigenen Wasseranschluß; schon mittelgroße Ortschaften verfügen über Circusarenen, in denen Wagenrennen, Tierhetzen und Gladiatorenspiele stattfinden. Nicht weniger gehören Bibliotheken zum allgemeinen, ‚römischen' Stadtbild – in den westlichen Provinzen genauso wie in den östlichen. Den Bibliotheken kommt insofern eine besondere Bedeutung zu, als Bücher (Buchrollen), selbst Best- und Dauer-Seller wie Homers Ilias und Odyssee oder Vergils Aeneis, in der Antike nur – im Vergleich zu heutigen Massenproduktionen – niedrige Auflagen erreichen (einige Tausend? Bei weniger gefragten Autoren dürften 500–1000 Exemplare schon hoch gegriffen sein). Denn sie werden in einem manuellen Vervielfältigungsverfahren (Abschriften durch Sklaven) hergestellt und sind dementsprechend für den bildungsbeflissenen Durchschnittsbürger zu teuer; er ist also auf die Bestände der öffentlichen Bibliotheken angewiesen.

Die Bildung, besser vielleicht: Grund-Schul-Ausbildung, auch sie wird im gesamten römischen Imperium gepflegt und gefördert. Man darf davon ausgehen, daß sich in jedem städtischen Gemeinwesen des Reiches mindestens eine ‚Volksschule' befindet. Sie – d.h. insbesondere die Bezahlung der Lehrer – finanziert entweder die Stadtkasse, oder häufiger noch ein wohlhabender Maezen mittels einer gemeinnützigen Stiftung, gelegentlich auch eine Bürgerinitiative: mehrere Eltern engagieren gemeinsam für ihre Kinder einen Lehrer. Zugang zu den öffentlichen, privat unterstützten Elementarschulen haben (etwa zwischen dem 6./7. und 11./12. Lebensjahr) alle Kinder freier bzw. freigelassener Eltern; auch die Mädchen, obwohl sie, nach allem was wir wissen, weitaus seltener als Jungens zur Schule geschickt werden. Und die Tatsache, daß Kaiser Domitian es für nötig erachtet, den Schulunterricht für Sklaven ausdrücklich zu verbieten, läßt sogar darauf schließen, daß dieser nicht generell unüblich gewesen zu sein scheint.

Nicht-Besuch einer städtischen Schule ist nicht notwendig gleichbedeutend mit Analphabetentum und Unbildung. Viele Kinder erhalten Hausunterricht: in ärmeren Familien vom Vater; im Großbürgertum von Privatlehrern, meist gebildeten, z.T. zu Höchstpreisen erworbenen Sklaven aus dem griechischen Osten (Seneca nennt für diese sog. servi litterati als Kaufpreis eine Summe von 100000 Sesterze). Hausunterricht ist auf dem Land, in den Dörfern durchaus Usus, weil hier schulische Einrichtungen weitgehend fehlen und die nächstgelegene Stadtschule zu weit entfernt ist, oder weil eine (zu hohe) Beteiligung an der Lehrerbesoldung vorausgesetzt wird. Aber auch wenn Eltern glauben, sich bessere Lehrer, als sie die kommunale Schule beschäftigt, für ihre Kinder leisten zu können und – vor allem im Interesse der Karriere des Sohnes – leisten zu sollen, ersetzt der heimische den schulischen Unterricht.

Begüterte(re) Kreise lassen es ohnehin nicht bei der gängigen Grundausbildung ihrer Kinder bewenden: sie schicken sie – sofern nicht auch weiterhin häuslicher Privatunterricht erteilt wird – auf die ‚höhere Schule', zu einem ‚Grammatiker' in die Lehre (etwa zwischen dem 11./12. und 17. Lebensjahr); die Söhne sogar auf die örtlichen, in allen größeren Städten vorhandenen Rhetorenschulen, die etwa modernen Colleges und Universitäten entsprechen, oder auch zu einem Studienaufenthalt an renommierte auswärtige Kultur- und Bildungszentren, wie Massilia, Rom, Athen, Alexandria. An den ‚Universitäten' sind Mädchen übrigens nicht zugelassen.

Was wird den Kindern und Jugendlichen im Reich an Kenntnissen und Wissen vermittelt? In den Elementarschulen lernen sie vor allem Lesen und Schreiben, vermutlich auch etwas Rechnen. Der sich u. U. anschließende Grammatikunterricht ist vorwiegend der sprachlichen Schulung und dem Studium ‚klassischer' griechischer und lateinischer Literatur gewidmet; man liest Homer, Euripides, Menander und Demosthenes, Vergil, Terenz, Cicero und Sallust und lernt sie in seitenlangen Passagen auswendig. In dieser Ausbildungsphase und dann auch auf den Rhetorenschulen gehören in beschränktem Maße auch die Fächer Geschichte und Geographie zum Lehrplan. Hauptsächlich jedoch befaßt man sich an den Hochschulen mit der Kunst des Redens und stilistischen Sprachfeinheiten; logisch-überzeugende, ausgefeilte Argumentation wird anhand von Fallbeispielen (nicht selten juristischer Art) und in Diskussionen geübt; bereichert wird das Lehrangebot durch Philosophie-Kurse.

Obwohl ein Schulzwang nicht besteht, Lernen also nicht obligatorisch ist, und obwohl man auch von absoluter Chancengleichheit für die ländliche und ärmere Bevölkerung sicher nicht sprechen kann, darf man dennoch annehmen, daß ein sehr großer Prozentsatz das zahlenmäßig reiche Angebot an Elementarschulen in den Provinzstädten nutzt. Wirkliches Analphabetentum, die Unfähigkeit zu lesen und zu schreiben, ist selten. Um es in einiger Verbreitung noch anzutreffen, hätte man sich wahrscheinlich in abgelegene Landbezirke begeben müssen; in die wenigen Gegenden, die die griechisch-römische Zivilisation auch anderweitig nie voll erreicht. Die Vielzahl der auf uns gekommenen, in der Schriftführung unbeholfenen, orthographisch und grammatisch falschen Kritzeleien bezeugt, daß auch der ‚kleine Mann‘ sich wenigstens im ersten Anfangsstadium der ‚Bildung‘ befindet. Aufschlußreich ist auch, daß die Befehlsausgabe in der römischen Armee in aller Regel schriftlich erfolgt, was nur möglich ist, wenn dies auch den ‚gemeinen Soldaten‘ nicht hoffnungslos überfordert.

Die römischen Kaiser bekunden von Anbeginn ihr Interesse am Ausbau des Schul- und Bildungswesens: schon Caesar verleiht den in Rom ansässigen Lehrern der Grammatik, der Beredsamkeit und der Philosophie das Bürgerrecht, um sie, wie Sueton berichtet, in der Stadt zu halten und anderen einen Anreiz zu geben, sich ebenfalls in Rom niederzulassen. Augustus gründet in Autun eine Schule, in der der gallische Adel seine Kinder (Söhne) nach römischem Vorbild erziehen lassen soll. Unter Vespasian werden in Rom und unter Marc Aurel in Athen auf Staatskosten Lehrstühle an den dortigen Hochschulen eingerichtet. Antoninus Pius gibt den Provinzgemeinden zu verstehen, daß er von ihnen die Aufrechterhaltung und Pflege des Schulbetriebes erwartet. Von einer direkten staatlichen Kontrolle im schulischen Bereich kann jedoch erst im 3. Jh. n. Chr. die Rede sein. Bis dahin bleibt das Schulwesen im großen und ganzen private bzw. städtische Angelegenheit.

Jugendlichen eine schulische Ausbildung angedeihen zu lassen, ist selbstverständlich keine römische ‚Erfindung‘. Das klassische Griechenland und die griechisch-hellenistischen Poleis Kleinasiens sind längst mit gutem Beispiel vorangegangen. Höhere Bildung bedeutet nicht zufällig selbst noch im römischen Kaiserreich griechische Bildung. Und auch nicht von ungefähr liegen die berühmtesten Universitäten der römischen Welt (Athen, Tarsus, Alexandria) im griechischen Osten. Roms Beitrag zum antiken Bildungswesen kommt dennoch einer Pioniertat gleich: Rom betritt – geographisch – völliges Neuland, schließt den zivilisatorisch noch brach liegenden Westen an die griechisch-römische Kultur an, vereinheitlicht damit – zumindest auf der unteren Ebene – den Bildungsstandard der antiken Welt vom Rhein bis zum Euphrat und reduziert innerhalb seines Imperiums den Kreis der Analphabeten derart, daß erst wieder das 20. Jh. es wagen kann, sich in dieser Hinsicht mit dem römischen Maßstab messen zu lassen.

Im bislang punisch-libyschen, kelt-iberischen, germanisch-illyrischen und ‚balkanischen' Sprachraum (Nordafrika, Spanien, Gallien, Britannien, Germanien, Raetien, Noricum, Pannonien, Dalmatien) dringt mit römischer Herrschaft und Zivilisation das Latein in Schrift und Wort immer weiter vor, bis es in der gesamten westlichen Reichshälfte von wenigen lokalen Ausnahmen abgesehen meist schon im Laufe des 1. Jh. n. Chr. zumal als geschriebene Sprache und als allein gültige Amtssprache die jeweils einheimische gänzlich verdrängt und zum allgemein gebräuchlichen ‚internationalen' Verständigungsmittel wird. Spanien bringt mit Seneca, Lucan, Quintilian und Martial bereits um die Mitte des 1. Jh. n. Chr. ‚Klassiker' lateinischer Dichtung und Literatur hervor.

Eine derartige sprachliche Romanisierungswelle ist naturgemäß im traditionell griechisch sprechenden Osten des Reiches nicht zu erwarten. Eine zunehmende, allerdings fast ausschließlich auf die oberen gesellschaftlichen Schichten beschränkte Verbreitung des Lateins ist aber auch hier nicht zu übersehen: Latein wird – wie umgekehrt das Griechische an fast allen höheren Schulen des Westens – in einigen ‚Gymnasien' des Ostens als zweite Sprache gelehrt. Manche griechischen Eltern schicken sogar ihre Söhne nach Italien, damit sie dort das ‚herrschende' Latein erlernen. Allgemeine Volkssprache und – zumindest gleichberechtigte, wenn nicht alleinige – Amtssprache ist zwar in den östlichen, griechisch-hellenistischen Städten nach wie vor Griechisch. Wenn aber Gemeinden die Erlangung des munizipalen Rechtsstatus anstreben, läßt sich diese Zielsetzung auch im Osten wie überall sonst im Reich nur mittels einer vorausgegangenen Latinisierung verwirklichen. Und wer im römischen Reichsheer oder im gehobenen Dienst der Reichsverwaltung Karriere machen will, sollte sich ohnehin beizeiten um Zweisprachigkeit bemühen. Denn für diesen beruflichen Aufstieg ist römisches Bürgerrecht Voraussetzung; und das wiederum ‚verlangt' Latein. Der Kaiser macht zwar bei gebildeten Griechen schon mal eher als bei West-Provinzlern eine Ausnahme;

aber in der Regel gelangen auch sie in den römischen Bürgerverband nur bei Nachweis hinreichender Lateinkenntnisse. Mindestens ‚Kleines Latinum' sollte man schon vorzeigen können.

Rom zwingt niemandem seine Sprache auf und betreibt auch keine gezielte Ausrottungspolitik gegenüber sprachlichen Minderheiten und lokalen Dialekten; sie existieren als solche auch weiterhin im Reich. Aber es setzt gleichsam Preise aus für diejenigen, die bereit sind, sich ihm anzupassen. Das Ergebnis: statt in babylonischer Sprachverwirrung auseinanderzufallen und zu versinken, wie dies angesichts der in ihm vereinigten Unzahl sprachlich geschiedener Völkerschaften durchaus hätte eintreten können, redet das Imperium Romanum mehr und mehr mit *einer*, lateinischen Zunge (nur gebiets- und teilweise mit einer zweiten, griechischen). Nicht immer und überall fließend, aber verständlich genug, um jahrhundertelang eine grenzenlose Kommunikation zu ermöglichen.

Das Heute ist von diesem Damals weit entfernt. Und auch die Zwischenzeit bot nichts Vergleichbares. Deswegen wohl auch endet die Suche nach einem wenigstens Europa-einheitlichen (offiziellen) Verständigungsmittel selbst im ausgehenden 20. Jh. bisweilen noch immer im Ruf nach dem Latein – weit ab von Gegenwart und Realität. Von jeglicher Realisierungschance ohnehin: just verliert Roms Sprache nicht nur an deutschen Gesamt-, Hoch- und Gesamthoch-Schulen zusehends an Boden; sogar seine letzte katholische Bastion beginnt ihre Kirchen-Tore diesem ‚Fortschritt' zu öffnen.

Die Sprache, Latein, ist die eine genuin römische Verbindungsklammer, mit der – zivilisatorisch – die Reichsbevölkerung zusammengeführt und der Reichsverband zusammengehalten wird. Das römische Recht die andere. Sie wirkt im kaiserzeitlichen Imperium mindestens ebenso stark wie die erste; bezogen auf die gesamt-abendländische Entwicklung vielleicht sogar noch nachhaltiger.

Seit es ein römisches Gemeinwesen gibt, nimmt in ihm das Recht eine zentrale, das öffentliche wie das private Leben bestimmende Stellung ein. Die Römer selbst begreifen Ordnung stets und in erster Linie als Rechtsordnung. Ordnung setzen heißt Recht setzen: innerhalb des Bürgerverbandes, in Italien, in der Welt. Und schon der Republik ist die Überzeugung eigen, daß da Recht ist, wo Rom herrscht. Diese Auffassungen bleiben auch in der Kaiserzeit gültig;

10. Das römische Kultur- und Vergnügungszentrum in Orange und Arles.

11. Überreste einer römischen Stadtanlage. Timgad in Nordafrika.

mit dem Unterschied freilich, daß jetzt die Wirklichkeit im Reich dem römischen Anspruch entschieden näher kommt als während der Republik.

Sowohl von seiner Entstehung her als auch bezüglich seiner inhaltlichen Zusammensetzung und der Möglichkeiten, es zu erweitern und zu modifizieren, ist *das* römische Recht realiter bis hinein in die Kaiserzeit ein uneinheitlicher, heterogener, kasuistisch geprägter Komplex. Es enthält: Relikte aus dem bereits um 450 v. Chr. von einer Zehnmännerkommission verfaßten und auf 12 Tafeln niedergeschriebenen, ersten ‚Gesetzbuch' der Römer; ferner das sich aus Rechtsentscheiden des Stadtpraetors (Praetor urbanus) entwickelnde Bürgerliche Recht (ius civile); das Fremden/Peregrinenrecht (ius gentium), welches der für Streitfälle zwischen (reichsansässigen) Nicht-Römern und solchen zwischen diesen und römischen Bürgern zuständige Praetor (Praetor peregrinus) aus völkerrechtlichen, ausländischen und römisch-rechtlichen Elementen ‚schöpft'; die von der (republikanischen) Volksversammlung verabschiedeten Gesetze (leges); die als Ratschläge formulierten, de facto jedoch verbindlichen Beschlüsse des Senats (senatus consulta); sowie schließlich die kaiserlichen Verfügungen (constitutiones), bei denen zusätzlich zu differenzieren ist zwischen Edikten (allgemein gültige Verordnungen), Dekreten (Prozeßentscheidungen), Reskripten (Antworten des Kaisers auf an ihn ergangene Petitionen und Anfragen) und Mandaten (meist verwaltungstechnische Anweisungen z. B. an Provinzstatthalter).

Daß dieses Recht trotz seines Mischcharakters und ständiger Erweiterung sich dennoch nicht permanent verändert, nicht von grundsätzlich einander widersprechenden juristischen Tendenzen zerrissen wird und sich auch nicht in seine einzelnen Bestandteile, mehr oder weniger unzusammenhängende Fallbeispiele, auflöst, sondern letztlich doch als geschlossenes Ganzes erscheint und sich als solches verbreitet und rezipiert wird, hat mehrere, verschiedene Gründe:

1. Der beinahe bedingungslose Traditionalismus der Römer, der das Brauchtum der Väter (mos maiorum) zur verbindlichen Norm erhebt, beeinflußt auch und gerade das römische Rechtsdenken und ihr Verhalten in Rechtsfragen. Roms Richter und Gesetzgeber blikken bei ihrer Tätigkeit immer erst einmal zurück, auf das Bewährte und schon Vorhandene, um sich daran zu orientieren; selbst das gege-

benenfalls notwendigerweise neu zu schaffende Recht bzw. Gesetz wird so weit wie nur möglich aus dem Bestehenden abgeleitet.

2. Ganz in diesem Sinne sieht auch die römische Jurisprudenz – die es als eigenständige Wissenschaft in Griechenland im übrigen nie gab – ihre Hauptaufgabe nicht in der Ausarbeitung von Reformvorschlägen, sondern darin, gültige Rechtssätze sammelnd zu bewahren und kommentiert weiter zu vermitteln. Roms große Juristen, der Republikaner Scaevola (gest. 82 v. Chr.), der die erste systematische Abhandlung über das ius civile verfaßt, Proculus und Sabinus (1. Hälfte 1. Jh. n. Chr.), Celsus und Salvius Julian (traianisch-hadrianische Zeit), Papinian, Paulus und Ulpian (unter den severischen Kaisern), sie alle behandeln in ihren Schriften exemplarische Rechtsentscheide, exzerpieren die Werke früherer Rechtsgelehrter, erläutern Gesetzestexte und schreiben einführende Handbücher. Auch ihr Augenmerk gilt mehr dem konkreten einzelnen Rechtsfall als der juristischen Theorie und Spekulation. Dennoch kommt ihnen neben der Tradierung des Rechts das Verdienst zu, einige grundlegende abstrakte Rechtsnormen formuliert zu haben, mit denen die römische Kasuistik allgemein gültigen Prinzipien unterworfen wird und so die Vielfalt einen gemeinsamen Hintergrund und Rahmen erhält.

3. Was mit den Kompendien und den Rechts- und Gesetzessammlungen der römischen Juristen beginnt, findet in offiziellen, vom Kaiser in Auftrag gegebenen Kodifizierungen seine Entsprechung und Vollendung: das römische Recht wird schriftlich zu einer allen zugänglichen und übersichtlichen Einheit zusammengefaßt. Einmal mehr ist Caesar derjenige, der den Taten seiner Nachfolger vorauseilt, wenn diesmal auch ‚nur' mit der Idee. Seinen Plan, ein Corpus Iuris Civilis erstellen zu lassen, das in möglichst wenigen Büchern die besten und nur die wirklich notwendigen Gesetze umfassen und bereitstellen sollte, greift Hadrian (ca. 130 n. Chr.) wieder auf und verwirklicht ihn wenigstens zu einem wichtigen Teil, indem er die Kodifizierung des praetorischen Rechts, also jener Rechtssätze des ius civile, die auf praetorische Edikte zurückgehen, im sog. Edictum perpetuum verfügt und dem darin enthaltenen Recht dauernde und unabänderliche Gültigkeit verleiht. Die Gesamtredaktion des römischen Rechts wird allerdings erst in der Spätantike bzw. in Byzanz erfolgen: 438/39 erscheint der Codex Theodosianus, eine Sammlung von Kaiserkonsti-

tutionen; und ein Jahrhundert später, in den Jahren 529–534 n. Chr., veröffentlicht Justinian das Corpus Iuris (Civilis). Es besteht aus den Verfügungen bzw. Gesetzen Justinians und den noch geltenden seiner gesamt- bzw. west-römischen Amtsvorgänger (Codex Iustinianus), aus Exzerpten aus den Werken namhafter klassischer römischer Juristen (Digesten/Pandekten) und einer kurzen allgemeinen Einführung in das römische Recht (Institutionen); im Nachtrag wird das Corpus durch die zwischen 535 und 565 n. Chr. neu hinzukommenden kaiserlichen Gesetze ergänzt (Novellen).

4. Inhalt und Zusammensetzung des justinianischen Corpus und der Vergleich mit dem, was römisches Recht ‚ursprünglich' beinhaltete, bringen es an den Tag: eine Vereinheitlichung des Rechts findet allein schon insoweit statt, als das kaiserliche Recht anderes und früheres Recht zwar nicht völlig verdrängt aber doch klar in den Hintergrund treten läßt: die Kaiser-Gesetze, Codex und Novellen, machen ca. 60% des Gesamtcorpus aus. Dieser unter Justinian erreichte Stand ist selbstverständlich noch nicht der der frühen und mittleren Kaiserzeit. Auch wäre es falsch anzunehmen, kaiserliches Recht sei stets ganz ‚neues' Recht. Es basiert vielmehr durchaus auf traditionellen Rechtsvorstellungen und alten Gesetzen und faßt diese vielfach nur formal, nicht inhaltlich, neu. Was trotz dieser Einschränkungen bleibt, ist die Tatsache, daß auch schon während des Prinzipats mehr und mehr der Kaiser zur Haupt-Rechtsquelle im öffentlichen wie im zivilen Bereich wird, daß sich insbesondere ab Traian die Tendenz abzeichnet, die gesetzgebende Gewalt des Staates in der Hand des Princeps zusammenzufassen und man spätestens um die Mitte des 2. Jh. n. Chr. von einer alles beherrschenden kaiserlichen Legislative sprechen kann.

Daß von Tiberius bis Septimius Severus nach wie vor auch der Senat (anstelle der Volksversammlung) Gesetze ‚macht', steht dieser Feststellung nur scheinbar entgegen. Denn: Eigenständiges ist vom Senat kaum noch zu erwarten. Schon der Augustus-Nachfolger Tiberius rügt die übermäßige Willfährigkeit dieses Gremiums, seine Unlust, unabhängige Entscheidungen zu treffen; man hat sich auch im Senat schnell daran gewöhnt, nur noch zu tun, was der Kaiser vorschlägt und billigt. Mit Hadrian kommt dann auch das Ediktrecht der Praetoren zum Erliegen; es wird überflüssig, nachdem das Edictum perpetuum das bisher geschaffene praetorische Recht zum ‚ewigen' erhoben hat. Eine nicht-kaiserliche Rechtsquelle mehr, die versiegt. Die Konstitutionen der Principes hingegen setzen ihren Vormarsch im römischen Recht fort. Sie besitzen einerseits – theoretisch – zeitlich unbeschränkte Gültigkeit, können jedoch andererseits vom Kaiser jederzeit widerrufen und aufgehoben werden; von ihrem juristischen Rang her stehen sie mit dem Gesetz, dem – aus der Übung gekommenen – Volksbeschluß (Plebiszit) und den Senatus consulta auf einer Stufe. Die fortschreitende kaiserliche ‚Monopolisierung' des Rechts erfaßt im übrigen auch die Rechtsprechung und Gerichtsbarkeit: der Kaiser kann mit Zustimmung einer der Prozeß-führenden Parteien diesen an sich ziehen; er greift auch in Verfahren ein, für die – in der frühen Kaiserzeit – an sich das Senatsgericht zuständig ist (Repetunden- und Majestätsprozesse). Darüberhinaus ist er als Mitglied des Senats berechtigt, an dessen Gerichtsverhandlungen teilzunehmen bzw. sie selbst zu leiten; und er verfügt mit dem tribunizischen Interzessionsrecht über ein wirksames Mittel, die Ausführung ihm nicht genehmer Urteile zu blockieren oder ganz zu verhindern. Der deutliche Verlust an – freilich ohnehin nur aristokratisch-magistratischer – ‚Demokratie' im Rechtswesen ist insofern positiv zu werten, als das römische Recht damit an Uniformität und Homogenität gewinnt.

Der gesamte Inhalt dieses Rechts, das alle nur denkbaren juristischen Fragestellungen und Probleme umschließt und – römisch – beantwortet, kann hier nicht ausgebreitet werden. Aber einige der Grundprinzipien und Grundanliegen, denen es folgt und die es verfolgt, seien erwähnt: Roms Juristen – etwa Ulpian, der sich seinerseits auf Celsus beruft – verstehen das Recht als eine ‚Kunst', die dem Guten dienen soll, die das Un-Recht definiert und den Einzelnen lehrt, es zu erkennen und nicht zu tun, und die jedem aufzeigt, was nicht und was erlaubt ist; sie stecken damit zugleich im Interesse und als Voraussetzung einer jeden menschlichen, gesellschaftlichen Ordnung die Grenzen individueller Freiheit ab. Das Recht allein, nicht Macht oder gar physische Kraft, soll das Zusammenleben aller regulieren und bestimmen. Essentieller und konstitutiver Bestandteil des Rechts (ius) ist die Gerechtigkeit (iustitia); von ihr hat es seinen Namen, ohne sie existiert es nicht. Gerecht ist, was angemessen ist.

Aufgabe des Rechts ist es daher: das Angemessene durchzusetzen und zu verwirklichen. Gleichsam als Motto des Corpus Iuris steht den Institutiones der Satz (Ulpians) voran: „Gerechtigkeit ist der dauernde und unaufhörliche Wille, jedem Menschen sein Recht werden zu lassen". Damit das Recht sich nicht von seiner Basis, der Gerechtigkeit, entfernt und sich nicht in sein Gegenteil verkehrt, muß gewährleistet sein, daß möglichst niemandem im Namen des Rechts Unrecht geschieht: in dubio pro reo lautet die Devise, mit der die Römer Vorkehrungen treffen, dem unbeabsichtigten – deswegen aber dem Ansehen des Rechts und dem Vertrauen in das Recht nicht weniger abträglichen – Rechtsbruch von offizieller Seite vorzubeugen. Zudem muß nach römischem Verständnis Recht, um Recht zu bleiben, einmal gesetzt (möglichst) allgemein gültig sein. Erst wenn es alle gleichermaßen bindet und überall und stets Geltung erlangt, hat das Recht seinen ihm innewohnenden Anspruch, absolute Norm zu sein, erfüllt.

In einer Hinsicht erreicht auch die Wirklichkeit des Imperium Romanum diesen angestrebten Idealzustand nicht ganz: es kennt z.B. das Privileg, die Bevor-Rechtung Einzelner. Bemerkenswert jedoch, daß bei einer etwaigen Privilegierung Rasse, Volkstum, Religion keine Rolle spielen. Und schon auch der Begriff als solcher, der sich von priva lex (= (kaiserliches) Sonder-, Ausnahme-Gesetz) herleitet, ist aufschlußreich: er gibt zu erkennen, daß die durch Privileg ‚bewilligte' Ungleichheit an sich außerhalb des römischen Rechts liegt.

In anderer Hinsicht ist Rom dem Postulat der Allgemeingültigkeit des Rechts in seinem Herrschaftsbereich, dem Mittelmeer und weiten Teilen Europas, in vorbildlicher Weise nachgekommen: indem es 212 n. Chr. mit der Constitutio Antoniniana, einem Erlaß des Kaisers Antoninus Caracalla, die freie Reichsbevölkerung zu römischen Bürgern erklärt und so alle ein und demselben Recht unterstellt. Damit schafft Rom einen in sich geschlossenen Rechtsraum von noch nie dagewesenen Ausmaßen. Römisches Recht ist hinfort Reichsrecht und – insoweit dieses Reich den damaligen Orbis repräsentiert – antikes Weltrecht. Im fortschrittlichen 20. Jh. besitzt noch nicht einmal Europa einen einheitlichen rechtlichen Rahmen.

Unter dieser Perspektive muß es als nachgerade kleinlich erscheinen, wenn in der modernen Historiographie immer wieder mit Nachdruck auf das teilweise Fortwirken einzelner lokaler, nicht-römischer Rechtsformen im Osten des Imperiums hingewiesen wird, sowie darauf, daß sich hier die rechtliche Romanisierung weniger schnell und intensiv vollzogen habe als im Westen und sie in einigen Bezirken der östlichen Reichshälfte ‚nur' an der Oberfläche erfolgt sei. Immerhin ist es andererseits gerade der griechische Osten, in dem sich mit Alexandria, Berytus, Caesarea und Constantinopel die berühmtesten und angesehensten *römischen* Rechtsschulen befinden. Er ist es auch, der mit der Kodifizierung des römischen Rechts im 6. Jh. n. Chr. unter Justinian der im Westen bereits weit fortgeschrittenen Vulgarisierung ein Gegengewicht entgegen setzt und das klassische römische Recht in Mittelalter und Neuzeit tradiert. Hier, im Osten, besteht das Corpus Iuris ungebrochen als geltende Rechtsgrundlage selbst nach Roms Fall weiter; im Byzantinischen Reich bis zu dessen Auflösung 1453, in Griechenland gar bis 1941. Als im 11. Jh. die Juristen in Bologna die Digesten wiederentdecken, ist es dieses im Osten bewahrte römische Recht, an das sie anknüpfen; nicht das ‚germanisierte' der vor allem vom Codex Theodosianus beeinflußten „Leges Barbarorum" der Ost- und West-Goten und der „Lex Romana" der Burgunden. Von Bologna aus verbreitet sich dann das römische Recht im mittelalterlichen Italien, in Spanien und Südfrankreich und wird schließlich im 15./16. Jh. auch in Deutschland rezipiert; ohne daß freilich durch diesen Prozeß abermals ein im Recht geeintes Europa entstanden wäre. Nichtsdestoweniger ist das Recht die wohl bedeutendste Erbschaft, die die Römer der Welt hinterlassen haben: ein knappes Drittel der heutigen Erdbevölkerung lebt noch immer unter Rechtsformen, die im Römischen wurzeln.

Während die reichsweite Urbanisierung und die weltweiten Wirtschafts- und Handelsbeziehungen im Imperium Romanum den wechselseitigen Kulturaustausch fördern und die griechisch-römische Zivilisation vermittelnd weitertragen, fungieren als Keimzellen der eigentlichen Romanisierung des Weltreichs in Sprache und Recht – neben der römischen Reichsverwaltung und ihren Organen – vor allem die Armee und die Bürger- bzw. Veteranen-Kolonien. Dies einmal in dem Sinne, daß mit ihrer Stationierung bzw. Anlage außerhalb Italiens das römische Bevölkerungselement überall im Reich Fuß faßt; des weiteren insofern, als sowohl von der Armee als auch von den Kolonien romanisierende Impulse ausgehen, die nicht nur sie selbst, sondern auch ihre Umgebung erfassen.

Roms Truppen stehen zum einen in den jeweils erst kürzlich neu eingerichteten, oder auch noch nicht endgültig befriedeten Provinzen des Reiches; zum anderen an dessen Peripherie, im Grenzbereich. Das heißt: in der Regel gerade in solchen Gebieten, die noch am stärksten ‚barbarisch', zivilisatorisch rückständig sind, und bislang noch am wenigsten mit Rom Kontakt hatten. Sobald jedoch hier römische Kastelle und die dazu gehörigen Lager‚städte' entstehen, in denen sich tagtäglich, jahrelang römischer Alltag abspielt, kann es gar nicht ausbleiben, daß dieser auf die Nachbarschaft abfärbt; zumal sich die römische ‚Enklave' aus der Umgebung versorgt, und allein schon deswegen der Zwang zur sprachlichen Verständigung gegeben ist. Wichtiger vielleicht noch: Roms Armee setzt sich etwa zur Hälfte aus nicht-römischen Auxiliareinheiten zusammen, die aber – in dem hier behandelten Zeitraum – von römischen Offizieren geführt werden, in denen römisches Militärrecht gilt und die gängige Kommandosprache Latein ist. Der sich daraus notwendigerweise ergebende Romanisierungseffekt wird noch dadurch beschleunigt und erweitert, daß die in ihrem Volkstum ursprünglich einheitlichen Auxilien durch örtliche Aushebungen am jeweiligen, vielfach wechselnden und z. T. weit von der Heimat entfernten Standort ergänzt werden. Die Zerstörung der ‚nationalen' Geschlossenheit erleichtert die Anpassung an das Römische, macht sie im Interesse einer Kommunikation innerhalb der von Natur aus vielsprachigen Truppenabteilung geradezu erforderlich.[21] Zudem wird immer mehr das gesamte Reich zur Rekrutierung der Auxilien (wie im übrigen auch der Legionen) herangezogen. Stammen die in ihnen während der julisch-claudischen Zeit dienenden Soldaten noch vorwiegend aus Gallien und Spanien, werden danach u. a. auch Germanien, Illyrien, Pannonien und Galatien bevorzugte Einzugsbereiche der römischen Armee. Der von ihr ausgehende Einfluß erfaßt und prägt also einen sich stetig vergrößernden Kreis der Reichsbevölkerung.

Als weiteres Mittel der Durchdringung des Reiches mit römischen Bürgern dient Rom die Anlage von ‚Pflanzstädten', Kolonien. Systematisch und in großem Stil betreibt erstmals Caesar die Gründung von Kolonien außerhalb Italiens, in den Provinzen: so in Nordafrika

(Karthago), Spanien (Urso), Gallien (Nyon), Griechenland (Korinth), aber auch in Kleinasien und Illyricum. Die Kaiserzeit folgt seinem Beispiel. Neue Kolonien entstehen vor allem im Zuge der Landversorgung der nach beendeter Dienstzeit aus dem Heer entlassenen Soldaten. Es sind also vorwiegend militärische Ansiedlungen; sie besitzen aber den Rechts-Status einer römischen/latinischen Stadtgemeinde. Augustus richtet Kolonien in der Gallia Narbonensis, in Spanien, Mauretanien und auch im griechischen Osten ein. In der Zeit etwa von der Mitte des 1. bis zur Mitte des 2. Jh. n. Chr. werden verstärkt auch der Balkan und die nordwestlichen Grenzgebiete in den Kolonisierungsprozeß mit einbezogen. Auch wenn dieser in der griechisch-östlichen Reichshälfte weniger intensiv ist als in den übrigen Regionen des Imperiums, ist dennoch festzuhalten, daß das Reich insgesamt im 2. Jh. n. Chr. mit römischen Kolonien durchsetzt ist. Schwer zu sagen, ob und inwieweit im Einzelfall bei der Anlage dieser Kolonien die militärische Sicherung eines Gebietes oder dessen wirtschaftliche und kulturelle Erschließung das ausschlaggebende Motiv gewesen ist. Was jedoch ihre Funktion und Wirkung als Vor- und Sendboten der Romanisierung betrifft, gilt für die Kolonien das für die Armeelager Gesagte entsprechend und mehr. Nicht zuletzt auch deswegen, weil viele Kolonien nicht im ‚luftleeren' Raum, sondern in unmittelbarer Nachbarschaft bereits bestehender einheimischer Siedlungen und Gemeinden angelegt werden. Daß die hier dann stattfindende Assimilierung sich weniger wechselseitig als vielmehr einseitig, nämlich seitens der Provinzialen, vollzieht, versteht sich gerade in den von Rom aus gesehen unterentwickelten Gebieten imgrunde von selbst: der ‚zugereiste' Römer hätte es als Zumutung empfunden, sich seinerseits auf die Stufe der ‚Barbaren' herabzugeben. Hermetisch abgeschirmt gegen das Einsickern einheimischen Kulturgutes hat sich Rom freilich nie. Die keltischen Einflüsse in der römischen Kunst Galliens sind nur ein Gegenbeispiel.

Wären die Wege der Romanisierung Einbahnstraßen geblieben, auf denen Rom seine Bürger als Soldaten und Kolonisten in die Welt hinaussendet, die umgekehrte Richtung jedoch, den Zugang und Aufstieg der Provinzialen zum bürgerrechtlichen Dasein, sperrt, hätte das Imperium Romanum in dieser Hinsicht den Kolonialreichen der Portugiesen, Spanier etc. nichts voraus. Daß die Römer sich anders als sie verhalten, nicht nur wirtschaftlich, sondern auch in der entscheidenden Frage einer gesellschaftlichen und juristischen Gleichberechtigung ihrer ‚Kolonialvölker', ist bereits mehrfach angeklungen. Es lohnt sich, diesen Aspekt noch etwas näher zu betrachten.

Gesellschaftliche Offenheit

Die Hereinnahme von im Reich lebenden Nicht-Römern in den römischen Bürgerverband ist kein kaiserzeitliches Novum. Im Prinzipat jedoch wird in der bewußt auf eine Ausweitung der römischen Bürgerschaft und die allmähliche rechtliche Angleichung der Provinzen an Rom und Italien abzielenden Bürgerrechts-Politik der Kaiser zur üblichen Praxis, wozu sich die Republik gegenüber der freien provinzialen Bevölkerung nur in seltenen Ausnahmefällen hatte verstehen können.

Den Anstoß zur Öffnung der Gemeinschaft römischer Bürger auf breiter Ebene gibt wiederum Iulius Caesar. Bereits er bedient sich der beiden möglichen Formen der ‚Einbürgerung' Provinzialer: entweder Gewährung des Bürgerrechts (bzw. als Vorstufe dazu des ‚Halb'-Bürgerrechts (ius Latii)) an ganze Provinzgemeinden, oder Erhebung einzelner Personen oder Personen-Gruppen in den römischen Bürgerstand. Zum Ärger seiner Zeitgenossen – ist hinzuzufügen. Mehr noch als die großzügige Vergabe latinischen Rechts an Sizilien und an mehrere spanische civitates und solche der Gallia Narbonensis, und mehr auch noch als die Verleihung des Bürgerrechts an die Transpadaner (Gallia Cisalpina), Emporiae (Ampurias), Gades (Cadiz), Tingis (Tanger) und Utica (nordwestlich von Karthago),[22] erregt die Aufnahme von angeblich ‚barbarischen', eher aber wohl bereits ‚romanisierten' Galliern in den Senat die Gemüter der Caesar-Kritiker. Vorsichtiger, aber grundsätzlich nicht anders als Caesar handhabt Augustus während seiner 40-jährigen Regentschaft die Vermehrung des Bürgerpotentials. Unter Tiberius und Caligula ist ein gewisser Stillstand in dieser Entwicklung zu verzeichnen. Mit Claudius jedoch findet die kaiserliche Politik zu ihrer ursprünglichen caesarischen Aufgeschlossenheit zurück. In dieser Beziehung erweist sich der von seiner Abstammung her eher claudische als julische Princeps als besserer und echterer Julier (= Caesar-Nachkomme), als es die bissige Verunglimpfung des Claudius durch Seneca, der ihm in seiner „Apocolocyntosis" (‚Verkürbissung') just die julische Qualität abspricht, wahrhaben will und vermuten läßt. Claudius hat seine Ziele und Intentionen in der Bürgerrechtspolitik in einer Rede formuliert, die uns – mit einigen Lücken – inschriftlich auf der Tabula Lugdunensis (Lugdunum/Lyon ist die Geburtsstadt des Claudius) und auch in der literarischen Version des Tacitus überliefert ist. Ihr Inhalt: man möge das römische Bürgerrecht neuerlich und verstärkt auf die Reichsbevölkerung ausdehnen; Rom solle darüberhinaus – in bewußter Absetzung von den griechischen Stadtstaaten, die den Unterworfenen die volle Integration stets verweigerten – seinen Staat den Neubürgern und zumal deren Nachfahren nun auch *wirklich* zugänglich machen und ihnen also auch den Zutritt zu römischen Ämtern und in den Senat gewähren. Mit diesen beiden Forderungen ist Claudius für die Zukunft richtungsweisend geworden; und er selbst hat sie in einem Ausmaß erfüllt, das ihm bei Seneca den – in der Übertreibung lächerlichen und auf diese Wirkung berechneten – Vorwurf einbringt, er habe in einem Aufwasch allen Britanniern, Galliern, Spaniern und Griechen die Toga (= äußeres ‚Abzeichen' des römischen Bürgers) verleihen wollen. Wahllos jedoch, wie Seneca es unterstellt, vergibt auch Claudius das Bürgerrecht ganz gewiß nicht. Vielmehr lehnt er – laut Cassius Dio – dessen Übertragung an Provinziale, die des Lateinischen nicht mächtig sind, strikt ab. Nicht auszuschließen ist freilich, daß dem Claudius als zwar noch nicht von ihm, aber von seinen Nachfolgern zu verwirklichende Idee die völlige rechtliche Gleichstellung des von Rom beherrschten Orbis mit der Urbs Roma vorschwebte (A. N. Sherwin-White). Dies aber wäre durchaus eher des Lobes als des Tadels wert.

Der von Claudius nicht eingeleitete, aber wieder in Gang gesetzte Prozeß der Überführung der Provinzialen in den höheren Rechtsstatus der römischen Bürger setzt sich in der Folgezeit – abgesehen einmal von Neros diesbezüglicher Inaktivität – kontinuierlich fort; beschleunigt sich gar noch und greift besonders ab Hadrian und unter Septimius Severus dann auch auf den griechisch-sprachigen Raum in toto über, der ja in allen Belangen der Romanisierung dem Westen hinterherhinkt.

Wieder ist es die Armee – diesmal allerdings indirekt und mittelbar –, die auch bei der Ausweitung des römischen Bürgerverbandes eine besondere Rolle spielt. Von Augustus bis Caracalla. Insofern nämlich, als alle Provinzialen, die 25 Jahre in Roms Hilfstruppen, den Auxilien, gedient haben, bei ihrer ehrenvollen (und nur bei dieser) Entlassung aus dem Heer per Diplom das römische Bürgerrecht erhalten. Bis zum Jahre 139/40 n. Chr. wird dabei auch sogar den während der Dienstzeit ihrer Väter geborenen, d. h. bis hin zu Septimius Severus: illegitimen,[23] Kindern der Auxiliaren das Bürgerrecht zuteil. Später müssen auch sie (nur die Knaben – versteht sich) erst den Militärdienst absolvieren, ehe sie Bürger werden.[24] Noch etwas anderes kommt hinzu: selbst die römischen Legionen werden allmählich nicht mehr nur aus Bürgern, geschweige denn allein im klassischen Bürgerland Italien rekrutiert, sondern auch aus den Noch-Nicht-Bürgern der Reichsprovinzen. Um jedoch die Legion auch weiterhin wenigstens fiktiv als Bürger-Wehr gelten lassen zu können und um sie gegenüber den ‚eigentlichen' provinzialen Einheiten, den Auxilien, abzugrenzen, verfällt man auf den Trick, die für die Legionen angeworbenen Provinzialen schon vor bzw. bei Eintritt in die Armee zu römischen Bürgern zu erklären. Beide Praktiken der Bürgerrechtsverleihung zeitigen neben dem das relativ schnelle Heranwachsen eines Reichsbürgertums fördernden Effekt im übrigen auch noch die positive Nebenwirkung, daß Rom nur in besonderen militärischen Notzeiten in den Provinzen auf die Möglichkeit der Zwangsrekrutierung zurückgreifen muß. Normalerweise kommt man mit den Freiwilligen aus, die sich in der berechtigten Hoffnung melden, über den Militärdienst zum Bürger aufzusteigen. Leistung für Rom als erste Pflicht des potentiellen Neubürgers.

Zu Beginn des 3. Jh. n. Chr. ist die Einbeziehung der Reichsbevölkerung in das römische Bürgerrecht zahlenmäßig so weit fortgeschritten, daß dessen Vergabe an *alle* im Imperium lebenden *Freien* in der Constitutio Antoniniana[25] des Kaisers Caracalla von 212 n. Chr. nurmehr als natürlicher und logischer Schlußpunkt der Bürgerrechtspolitik seiner Vorgänger erscheint. Sie ist daher auch offensichtlich von den Zeitgenossen keineswegs als ein revolutionärer Akt empfunden worden; wir wissen nichts von erstaunten Reaktionen. So sehr ist bereits Rom im Reich und das Reich in Rom aufgegangen, daß Cassius Dio sich die Verfügung Caracallas allenfalls noch insoweit als notwendig und begründet vorstellen kann, als mit ihr letzte Steuerreserven unter den in den Provinzen bislang noch verbliebenen Nicht-Bürgern mobilisiert werden sollen: auch sie haben nun, nach der Constitutio, die Erbschaftssteuer zu entrichten, die traditionell nur Römer zahlen. – Die Wertung der Maßnahme Caracallas als Generalerlaß für das Reichs-Ganze ist heute allgemein unbestritten. Nicht einig hingegen ist sich die Forschung, ob er automatisch auch für jene gilt, die künftig ins Reich einwandern und sich dort niederlassen werden. Mit Sicherheit ausgenommen von der Bürgerrechtsverleihung Caracallas sind die unfreien Bewohner des Imperiums, die Sklaven; ferner – mit großer Wahrscheinlichkeit – die Gruppe der sog. dediticii;[26] und eventuell auch die sog. Latini Iuniani, minder berechtete Freigelassene (vgl. unten S. 226).

Selbst jedoch dieser zweiten, niederen Kategorie von Nicht-Römern auf Reichsboden, den Sklaven, hat Rom grundsätzlich nie – weder vor noch nach der Constitutio Antoniniana – den Weg ins Bürgertum versperrt. Unabhängig von der speziell auf die freien Provinzialen bezogenen kaiserlichen Bürgerrechtspolitk kann der Sklave mit Willen und Zustimmung seines Herrn nicht nur die Freiheit (wieder-)erlangen, sondern mit ihr zugleich auch das römische Bürgerrecht.

Sklave ist man entweder von Geburt: wenn beide Elternteile bzw. auch nur die Mutter Sklaven sind. Unklar ist, wie es sich bei Kindern verhält, die ein Sklave mit einer Freien zeugt. Daß eine eindeutige und durchgehende gesetzliche Regelung für diese Fälle nicht faßbar ist, könnte einmal daran liegen, daß sie seltener vorkommen, weil der Frau, die intime Beziehungen zu einem Sklaven unterhält, zumindest zeitweise im Prinzipat selbst die Versetzung in den Sklavenstand droht; plausibler erscheint die Erklärung, daß der Gesetzgeber hier bewußt eine Lücke gelassen hat: wie sollte er einen Tatbestand überhaupt aufdecken bzw. – wenn strafbar – gleich und gerecht ahnden, den letztlich nur die Aussage der Mutter ‚beweisen' kann? Er ist ja noch nicht in der Lage, mittels Blutgruppenvergleich Vaterschaften wenigstens einigermaßen sicher festzustellen.

Oder man wird Sklave: als Kriegsgefangener durch Verkauf, als Schwerverbrecher durch Gerichtsurteil. Auch der Menschenhandel vor allem mit dem nicht-römischen Ausland spielt bei der Versklavung Freier eine Rolle.

Von ihrer sozialen Herkunft und ihrer ethnischen Abstammung her bilden die Sklaven im Reich eine überaus inhomogene Gruppe. Das ist sicher mit ein Grund dafür, daß sie niemals ein eigenes ‚Klassenbewußtsein' entwickelt haben. Man findet unter ihnen Angehörige der gebildeten, begüterten Schichten aus dem griechisch-orientalischen Raum ebenso wie unzivilisierte Barbaren; Kelten, Germanen, Daker, Afrikaner (weiße und schwarze) kaum seltener als Syrer, Kleinasiaten, Araber und Perser. Je nach Bildung und Fähigkeit werden die Sklaven in den verschiedenen Bereichen des öffentlichen und privaten Lebens eingesetzt und schwanken auch ihre Preise. Sie sind als servi publici im unteren, z. T. sogar im mittleren Staatsdienst tätig; als Mitglieder der familia urbana bzw. rustica in den privaten Haushalten bzw. in der Landwirtschaft; sie arbeiten im Handwerk, im Handel und in den Geschäften. Kaiserzeitlichen Zeugnissen zufolge kostet ein Sklave oder eine Sklavin zwischen ca. 1000 Sesterzen (etwas mehr als das Jahreseinkommen eines Arbeiters) und 100000 Sesterzen (unteres Jahresgehalt eines Provinzgouverneurs); wobei billige Sonderangebote sowie auch die Phantasiepreise, die Reiche bereit sind, für wissenschaftlich und künstlerisch besonders gebildete Sklaven und ausnehmend schöne, gut gewachsene Knaben und Mädchen zu zahlen, noch nicht berücksichtigt sind.

Wieviele Sklaven es in der Prinzipatszeit im Imperium Romanum gegeben hat, läßt sich nicht einmal annähernd sagen. Es liegen nur wenige exakte Angaben vor, und auch diese bewegen sich noch in einer derart großen Spannbreite und sind regional so unterschiedlich, daß selbst Schätzungen imgrunde unrealistisch bleiben müssen. Wenn schon die ‚Berechnungen' für die Stadt Rom zu völlig uneinheitlichen Ergebnissen führen, die einen den Anteil der Sklaven an der römischen Stadtbevölkerung (ca. 600000 oder 1,2 Millionen?) auf ein Fünftel veranschlagen, andere von einem guten Drittel bis knapper Hälfte sprechen, ist angesichts der weitaus schlechteren Quellenlage für die einzelnen Provinzen leicht abzusehen, welch hoffnungsloses Unterfangen eine sie erfassende ‚Statistik' wäre. Auch die noch einigermaßen abgesicherte Feststellung, daß einerseits 2–3 Sklaven in einem städtischen Haushalt als wenig gelten, andererseits ein großer

Hausstand gelegentlich mehrere Hundert Sklaven umfaßt, hilft nicht weiter, weil beide Werte viel zu weit auseinanderliegen, um aus ihnen einen vernünftigen Durchschnitt errechnen zu können. Sicher ist nur, daß die Zahl der Sklaven in der Kaiserzeit konstant rückläufig ist: die verstärkt betriebene Sklaven-‚Zucht', die dadurch gefördert wird, daß man den Sklaven vielfach gestattet, in ehelicher Gemeinschaft zu leben[27] und den Sklavinnen die Freiheit verspricht, die ihrem Herrn drei und mehr Sklavenkinder gebären, gleicht offenkundig den durch die Abstinenz der römischen Kaiser in Sachen Eroberung bedingten Rückgang der Kriegsgefangenenzahlen – und damit der Sklaven-Importe – nicht aus.

Der Sklave ist als Sachbesitz (res mancipi) seines Herrn rechtlos. Er untersteht auch noch in der frühen Kaiserzeit uneingeschränkt und schutzlos dessen Gewalt. Seine Behandlung bzw. gegebenenfalls Bestrafung bemißt sich einzig und allein nach dem Gutdünken seines mehr oder weniger Menschen- bzw. Sklaven-freundlichen Besitzers; auch über seine Arbeitskraft, seinen Körper und sein Leben verfügt frei und juristisch durch das ius vitae ac necis gedeckt der Herr; und weiblichen Sklaven gegenüber steht diesem keineswegs nur ein ius primae noctis zu.

Es ist in der modernen althistorischen Forschung – wohl in dem Bemühen, der ihrerseits z. T. übertreibenden Schwarzmalerei marxistischer Geschichtsschreibung zu begegnen – nachgerade zur ‚Mode' geworden, die römische Sklaverei dadurch zu verharmlosen, daß man auf die nicht wenigen bezeugten Fälle verweist, in denen sich der Herr in fast väterlicher Fürsorge um seine Sklaven kümmert und ein familiäres (Vertrauens-)Verhältnis zwischen beiden besteht; oder indem man betont, daß die materielle Situation des Sklaven bisweilen besser gewesen sein dürfte als die manch eines armen Freien. Diese Art der Darstellung ist nicht nur insoweit zu relativieren, als sie für die in der Landwirtschaft, in ‚industriellen' Betrieben oder gar im Bergbau beschäftigten Sklaven weit weniger zutrifft als für die häuslich-städtischen; ihr ist vor allem deswegen zu widersprechen, weil sie einen Zustand im Kern verschleiert und als ‚gar nicht so schlimm' zeichnet, den man für sich selbst als absolut unzumutbar und unerträglich, weil Menschen-unwürdig, zurückweisen und bekämpfen würde. Dieser Zustand heißt: totale Fremdbestimmung und völlige

– nicht nur faktische sondern auch rechtliche – Abhängigkeit einer Person vom Willen und der Willkür einer anderen.

Zugegeben: die kaiserliche Gesetzgebung hat sich in Ansätzen um eine gewisse Besserstellung der Sklaven bemüht. Einige Sklavenschutzbestimmungen setzen der vollen Verfügungsgewalt des Sklavenhalters Grenzen; allerdings immer noch sehr weit gesteckte und eigentlich auch erst im 2. Jh. n. Chr., unter Hadrian (später nochmals unter Diokletian und Constantin). Eine erste Schutzmaßnahme fällt in die Zeit des Claudius. Er verbietet, daß kranke, arbeitsunfähige Sklaven von ihren Herren einfach auf die Straße gesetzt werden; geschieht das dennoch, sollen sie für frei erklärt und damit einem neuerlichen Zugriff ihres Herrn entzogen werden. Hadrian bedroht denjenigen mit bis zu 5 Jahren Verbannung, der sich grundloser und übermäßiger Mißhandlungen seiner Sklaven schuldig macht. Ferner ordnet er an, daß Sklaven, die wegen solcher Mißhandlungen um Asyl (in Heiligtümern) nachsuchen, in Rom vom Stadtpraefekten, in den Provinzen vom jeweiligen Statthalter neu und an einen anderen Herrn als den bisherigen verkauft werden müssen. Darüberhinaus untersagt er generell, de facto jedoch speziell die diesbezüglichen Praktiken einiger Sklavenbesitzer ansprechend, die Knaben-Kastrierung. Mit einiger Wahrscheinlichkeit geht auch das Verbot, Sklaven zwangsweise als Gladiatoren in die Arenen zu schicken, bereits auf Hadrian zurück. In den „Institutionen" des Juristen Gaius (2. Jh. n. Chr.) findet sich schließlich der Satz, daß die willkürliche, unbegründete Tötung eines Sklaven durch seinen Eigentümer strafrechtlich genauso zu behandeln sei, als habe er einen ihm nicht gehörenden Sklaven getötet.

Die in diesen Verordnungen zum Ausdruck kommende ‚Humanisierung' der Sklaverei besitzt – näher besehen – freilich zwei Schönheitsfehler: die Fraglichkeit ihrer humanitären Motivation und die ihrer Verwirklichung in der Praxis. Nicht zu bestreiten ist, daß die stoische Philosophie in der Tat die Auffassung vertritt, auch Sklaven seien Menschen und dementsprechend menschlich solle man sich ihnen gegenüber verhalten. Durchaus zweifelhaft hingegen ist, ob und inwieweit die nicht nur auf die Sklaven bezogenen humanen Ideen der Stoa breite Anerkennung gefunden, und somit auch die die Sklaverei mildernden Gesetze wirklich verursacht haben. Von einem allgemeinen Humanisierungsprozeß ist jedenfalls z. B. im römischen Strafrecht und Strafvollzug, in der Behandlung von Kriegsgegnern und Aufständischen, oder bei den blutigen Darbietungen in den Circusarenen nichts zu spüren. Naheliegender erscheint daher die Vermutung, daß die Sklavenschutzbestimmungen eher anderen als stoischen Überlegungen ihre Entstehung verdanken: vor allem oekonomischen. Die Ware Mensch hat sich verknappt und damit automatisch eine Wertsteigerung erfahren; sie willkürlich verkommen zu lassen, zu beschädigen, gar zu zerstören, wird zur sträflichen Kapital-Verschwendung und führt zu unnötiger Beeinträchtigung und Vergeudung wertvoller Arbeitskraft. Aufgabe des Staates muß es sein, dies unter Eingriff in den bislang rein privaten Bereich der Sklavenhaltung zu verhindern. Sich dieser Deutung der Sklavengesetze anzuschließen oder nicht, ist Ansichtssache. Auch mag man zu Recht einwenden, daß für die Sklaven selbst letztlich nicht die Motivation der Schutzbestimmungen das Entscheidende ist, sondern der Schutz, den sie tatsächlich gewähren. Gewähren sie ihn? Wirksam, nicht nur formal? Skepsis scheint berechtigt. Nicht zuletzt, weil das Risiko, das der Sklavenbesitzer bei Zuwiderhandlungen gegen die Sklavengesetze eingeht, in dem Maße gering ist, wie es für die Sklaven, die Anzeige gegen ihren Herrn erstatten, groß ist; sofern sie überhaupt eine Anzeige wagen bzw. dazu kommen. Denn: entscheidet der Richter gegen sie, werden sie wehrlos wieder ihrem Herrn und seinen unausbleiblichen Rachemaßnahmen ausgeliefert. Und die Gefahr, daß die Sache so ausgeht, ist gegeben: in dubio pro domino ist zwar kein geltender Rechtssatz; aber die Untersuchungsbeamten – sie sind selbst Sklavenbesitzer – dürften nicht selten in dieser Denkweise befangen gewesen sein. Und weiter: wie soll ein Gericht, zumal wenn Aussage des Herrn gegen Aussage des Sklaven steht, sicher ermitteln, ob die vom Sklaven behauptete Mißhandlung nicht doch nur zulässige Bestrafung und die Inanspruchnahme des Asylrechts daher unstatthaft war, ob also nicht schlichtweg Sklavenflucht vorliegt, deren gebührende Ahndung dann wieder dem Besitzer zusteht und obliegt; oder wie auch soll es herausfinden, ob der Sklave zum Gladiatorenkampf tatsächlich gezwungen wurde? Selbst wenn man – nicht eben realistisch – alle Möglichkeiten der Rechtsbeugung einmal ausschließt, bleibt dem Herrn auch im Rahmen des Gesetzes ein weiter (Be-)Handlungsspielraum gegenüber seinen Sklaven: er behält in vol-

12. Provinziale, aber keineswegs provinzielle Glasarbeiten vom Rhein.

13. Schulunterricht, dargestellt auf einem Grabrelief von der Mosel.

14. Römische Ingenieurleistungen auch in Spanien. Die Aquaedukte von Tarragona und Merida.

lem Umfang das Recht der Züchtigung; tritt in deren Gefolge, ohne daß eine unmittelbare Tötungsabsicht besteht (genauer: *nachgewiesen* werden kann), der Tod des Sklaven ein, fällt dieser Tatbestand nicht unter die juristische Kategorie des Mordes oder Totschlags und auch nicht unter den bei Gaius überlieferten strafrechtlichen Grundsatz. Im übrigen behandelt auch die von Gaius festgehaltene Regelung den Sklaven juristisch weiterhin als Sache, indem nämlich Tötung eines Sklaven nur wie die Beschädigung bzw. Zerstörung fremden Eigentums mit einer seinem Sachwert angemessenen Geldstrafe belegt wird. – Man sollte vorsichtig mit dem Begriff der Humanisierung im römischen Sklavenrecht und in der römischen Sklavenhaltung umgehen!

Das Humanste an der römischen Sklaverei ist der Akt, der sie – bis zum Untergang des römischen Reiches nicht als Institution insgesamt, aber in einer Fülle von Einzelfällen – aufhebt: die Freilassung. Sie ist zu allen Zeiten römischer Geschichte möglich, rein theoretisch für jeden Sklaven erreichbar, und Sklaverei insoweit nur potentiell ein Urteil auf ‚Lebenslänglich'.

Angesichts der un-menschlichen Rigorosität römischer Sklaverei und der Tatsache, daß das römische Recht, indem es den Sklaven als Sache einstuft, zwischen ihm und dem Freien nicht nur einen graduellen Unterschied des gesellschaftlichen Standes und des sozialen Status festschreibt, sondern sie beide grundsätzlich ver- und ge-schiedenen Formen des Seins zuweist, kann es imgrunde nur verblüffen, mit welcher Bereitwilligkeit die Römer Sklaven in die Freiheit entlassen, wie liberal sie sich den Freigelassenen gegenüber verhalten und wie problemlos sich für sie deren Existenzveränderung, der Übergang zum Menschen-Bürger, offenbar vollzieht.

Die normale, offizielle Form der Freilassung (manumissio) ist die, die vor einem Magistraten (Praetor) bzw. einer (magistratischen) Kommission vorgenommen wird und/oder bei der der Herr des freizulassenden Sklaven dessen Eintragung in die bürgerlichen Censuslisten veranlaßt; einen dementsprechenden Willensentscheid kann der Besitzer auch testamentarisch hinterlassen. Als informell, deswegen aber nicht weniger rechtskräftig, gilt die sog. manumissio inter amicos oder voluntate domini, jene Art der Freilassung also, die lediglich vor Freunden als nicht-amtlichen Zeugen erfolgt, oder dem Sklaven seitens seines Herrn einfach mitgeteilt wird. Beidesmal kann die Freilassung de facto ein Freikauf sein, wenn der Sklave aus Zuwendungen und Belohnungen seines Herrn genügend Geld (das theoretisch nach wie vor dessen Eigentum ist!) gespart hat, um diesem damit den für ihn verausgabten Kaufpreis bzw. seinen derzeitigen Wert erstatten zu können. Selbstverständlich ist jedoch der Sklavenbesitzer nicht verpflichtet, auf ein solches Freikauf-Angebot seines Sklaven einzugehen.

Die informelle, inoffizielle Freilassung macht aus dem Freigelassenen noch keinen römischen Voll-Bürger: ein unter Augustus oder Tiberius ergangenes Gesetz, die Lex Iunia, gesteht ihm nur das latinische Recht zu, weswegen diese Gruppe der Freigelassenen auch die Bezeichnung Latini Iuniani trägt; ihr gesamter Besitz fällt bei ihrem Tod automatisch an ihren ehemaligen Herrn, während das bei den ‚regulär' Freigelassenen nur dann der Fall ist, wenn sie testamentarisch nichts anderes verfügen bzw. keinen natürlichen Erben zurücklassen. Immerhin steht aber auch den Latini Iuniani seit dem Jahre 23 n. Chr. der öffentliche Dienst Roms offen.

Demgegenüber werden die amtlich Freigelassenen umgehend in die Bürgerschaft bzw. das Ius Civile integriert und überführt. In der Republik ursprünglich anscheinend ohne jegliche politisch-rechtliche Einschränkung. Wenn Caesar die Absicht zugeschrieben wird, er habe mittels Gesetz erzwingen wollen, daß zumindest in den Munizipien die Freigelassenen Zutritt auch zu allen politischen Ämtern erhalten, bezieht er sich entweder auf eine erst spätrepublikanische rechtliche Benachteiligung der Freigelassenen, oder versucht auch nur, einer sie faktisch diskriminierenden Praxis gesetzlich entgegenzuwirken.

Anders als sein Adoptivvater bemüht sich Augustus (und ähnlich auch noch Tiberius), die seiner Ansicht nach zu schnelle und zu weitgehende Durch- und Zer-setzung des römischen Bürgertums mit und seitens der Freigelassenen dadurch einzudämmen, daß er nicht nur der Flut der Freilassungen, sondern auch dem gesellschaftlichen Aufstieg der ehemaligen Sklaven einen Riegel vorschiebt. Ein augusteisches Gesetz, die Lex Aelia Sentia, bestimmt u. a., daß Sklaven, die sich vormals schwerer Vergehen schuldig gemacht hatten, bei ihrer Freilassung nicht gleichzeitig das Bürgerrecht erhalten sollen; die ebenfalls unter der Regierung des Augustus in Kraft getretene Lex Fufia Caninia verbietet den römischen Sklavenhaltern ferner, per Testament mehr als höchstens 100 ihrer Sklaven freizulassen und legt für diejenigen, die bis zu 500 Sklaven besitzen, die zulässigen testamentarischen Freilassungen in genauen Prozentzahlen fest (je nach Größe der Sklavenschaft 20–50%). Die jährlichen römischen Magistraturen sowie das höchste Amt in den latinischen/römischen Stadtgemeinden, das Decurionat, dürfen Freigelassene nach dem Willen des Augustus nicht (mehr) bekleiden; erst für ihre in Freiheit geborenen Söhne sollen diese Beschränkungen entfallen. Des weiteren untersagt Augustus Ehen zwischen Freigelassenen und Senatoren. Tiberius ergänzt das ‚puristische' Gesetzeswerk seines Vorgängers, indem er Freigelassene bis in die 3. Generation vom Ritterstand ausschließt, auch wenn sie die finanzielle Voraussetzung dafür, ein Vermögen von mindestens 400000 Sesterzen, mitbringen.

Abgesehen davon, daß auch diese restriktiven Bestimmungen in ihrer Mehrzahl am rechtlichen Status der Freigelassenen als cives Romani prinzipiell nichts ändern, sind sie in der Folgezeit immer wieder unterlaufen und mit Wissen der Kaiser mißachtet worden; mit dem Erfolg, daß sie bereits etwa ab der Mitte des 1. Jh. n. Chr. weitgehend außer Kraft treten.

Freigelassene aller Herren Länder spielen im römischen Imperium nicht nur im Handel, im Geschäftsleben, als Künstler, Lehrer und Wissenschaftler eine bedeutende Rolle, sondern auch im Staatsdienst, in der zentralen und munizipalen Verwaltung, wo sie zu Tausenden tätig sind. Trotz der mißgünstigen Charakterisierung als skrupellosen Parvenus, die ihnen in der römischen Literatur, etwa bei Petronius, Juvenal oder Tacitus, zuteil wird, genießen reiche Freigelassene als Maezene ihrer Heimatgemeinden und häufig als Priester des römischen Kaiserkultes hohes Ansehen. Durch Heirat ebenso wie durch Reichtum steigen sie in die höchsten Ränge der römischen Gesellschaft auf, werden in den Ritter- und Senatorenstand aufgenommen. In der kaiserlichen Verwaltung erreichen sie wiederholt die Stellung von Staatssekretären. Die Beispiele Pallas, Narcissus und Nymphidius sind vielleicht nicht typisch, aber doch symptomatisch dafür, wie weit es ein Freigelassener bringen kann und was in der offenen Gesellschaft Rom möglich ist: Pallas ist kaiserlicher Finanzminister (a rationibus) unter Claudius und erhält von ihm den praetorischen Rang ehrenhalber. ‚Nur' bis zum quaestorischen bringt es Narcissus, der Kanzleirat (ab epistulis) des Claudius. Nero erhebt den Nymphidius zum Praefekten der Praetorianergarde und verleiht ihm die Rangzeichen eines Consuls. Der Freigelassene soll sich sogar Hoffnungen gemacht haben, nach Nero selbst Princeps werden zu können. Eine damals freilich noch utopische Vorstellung.

Mit Sicherheit kommen wesentlich mehr Sklaven aus dem häuslich-städtischen Bereich in den Genuß der Freiheit und des römischen Bürgerrechts als solche, die auf dem Lande tätig sind. Das liegt zum einen daran, daß die Leistungen und Verdienste der Erstgenannten in der Wohnung oder im Geschäft des Herrn für diesen augenfälliger sind als diejenigen der Ackersklaven; zumal dann, wenn der Herr nur periodenweise oder gar nur während gelegentlicher Stippvisiten auf dem Gutshof anwesend ist. Zum anderen hängt es zweifellos mit der unterschiedlichen Bildung und Intelligenz der beiden Sklavengruppen zusammen: auch bei den Freilassungen kann man – wie bei den Bürgerrechtsverleihungen an Provinziale – davon ausgehen, daß sie einen gewissen Grad der Zivilisierung wenn nicht Romanisierung voraussetzen; den hat bzw. erwirbt aber der ‚Stadt'-Sklave ganz sicher eher bzw. leichter als der ‚Land'-Sklave.

Insgesamt gesehen ist die Freilassungspraxis der Römer, sowohl was die den freigelassenen Sklaven eingeräumte rechtliche Stellung als auch das Maß ihrer sozialen Eingliederung anlangt, in der Antike ohne Vorbild und Parallele. Und die USA tun sich noch heute, über 100 Jahre nach offizieller Abschaffung der Sklaverei, mit der Integration ihrer ehemaligen Sklaven schwerer, als die römische ‚Sklavenhaltergesellschaft'.

Was für die Freigelassenen gilt, trifft in gleicher Weise für die Provinzialen zu: auch hier bleibt die Aufnahme in den Bürgerverband nicht im Formalrechtlichen stecken, sondern konkretisiert und realisiert sich auf gesellschaftlicher Ebene. Nichts verdeutlicht das besser als die allmählich ansteigende Zahl römischer Senatoren provinzialer Abkunft. Als Claudius (Mitte 1. Jh. n. Chr.) gallischen Aristokraten das Recht verspricht, Staatsämter in Rom bekleiden zu dürfen und ihnen damit die Mitgliedschaft im Senat eröffnet, kann er sich bereits auf mehrere ähnlich gelagerte Fälle in den vorausgegangenen Jahrzehnten berufen; selbst das Consulat haben vor Claudius nachweislich schon 4 Spanier bzw. Süd-Gallier erreicht. Gegen Ende des 1. und während des 2. Jh. n. Chr. ziehen dann zunehmend auch ‚Griechen', Bürger aus der östlichen Reichshälfte, in den Senat ein; für diesen Zeitraum hat man (H. Halfmann) rund 125 Senatoren namentlich ermittelt, die aus dem griechischen Osten stammen. 81 n. Chr. stellt der Osten seinen ersten Consul in Rom. Zum Sprungbrett für die senatorische Laufbahn einzelner Provinzialer wird übrigens in nach-claudischer Zeit nicht selten die eigene Tätigkeit (bzw. die der Väter) als Delegierten bei den Provinziallandtagen.

Natürlich gelangt insgesamt gesehen nur ein Bruchteil der provinzial-römischen Bevölkerung bis in den stadtrömischen Senat und zu den höchsten Staatsämtern. Aber das gilt ebenso für ‚Alt'-Römer und ergibt sich schon allein aus der vergleichsweise geringen Anzahl dieser Stellen. In der lokalen Selbstverwaltung hingegen, auch der in den Städten latinischen bzw. römischen Rechts, machen Neubürger und deren Abkömmlinge einen immer größeren Prozentsatz der Magistrate und der städtischen Honoratioren aus. Das Bild einer vorurteilslosen Aufgeschlossenheit der römischen Gesellschaft gegenüber dem Provinzialrömertum rundet sich ab, wenn man mit bedenkt, daß ihm sogar die Inbesitznahme des römischen Kaiserthrons nicht versagt wird: Traian, Hadrian und Marc Aurel sind letztlich alle spanischer Herkunft; mit Septimius Severus steigt ein Nordafrikaner zum Princeps auf; sein Sohn Caracalla ist mütterlicherseits Syrer; ebenso Elagabal. Nicht zu reden von den Soldatenkaisern der Folgezeit: Maximinus wächst als thrakischer Bauernsohn auf; Philippus kommt aus Arabien; Decius stammt aus Pannonien; Diokletian ist das Kind eines illyrisch-dalmatischen Freigelassenen. Illyrer ist auch Aurelian.

Gewiß: die politische Bedeutung, die das römische Bürgerrecht einstmals in der Republik besaß, als – theoretisch – noch die Gesamtheit der Bürger in Volkswahlen und bei Abstimmungen über Gesetzesvorlagen (Welt-)Politik ‚machte', hat es in der Kaiserzeit, in der der Princeps von Anbeginn de facto und fortschreitend auch de iure alle politischen Entscheidungskompetenzen in sich vereinigt, nicht mehr. Aber auch diese politische Entwertung des Bürgerrechts trifft alle, keineswegs nur die provinzialen Bürger. Conditio sine qua non jedoch bleibt das Bürgerrecht für die erfolgreiche Karriere in der zentralen und munizipalen Verwaltung und im Heer, und ist damit zugleich Grundvoraussetzung für bessere Verdienstmöglichkeiten im öffentlichen Bereich. Seine ‚Sesam-öffne-dich-Funktion' behält es auch für den Aufstieg in den Ritter- und Senatorenstand. Weiterhin wirksamer Bestandteil des Bürgerrechts ist darüberhinaus das Provokationsrecht; es räumt dem Inhaber das Vorrecht ein, sich gegebenenfalls der Gerichtsbarkeit des jeweiligen Provinzstatthalters durch Berufung auf den Kaiser (der an die Stelle der republikanischen Appellationsinstanzen: Magistrate und römisches Volk, getreten ist) zu entziehen und Überführung nach Rom zwecks dortiger Aburteilung bzw. Begnadigung zu verlangen (vgl. dieses Verfahren beim Apostel Paulus). Im Eherecht schließlich spielt die Civität des Mannes insoweit eine entscheidende Rolle, als nur der Bürger eine nach dem römischen ius civile rechtsgültige Ehe (conubium) mit einer Römerin eingehen kann und nur die aus einem solchen conubium entstammenden Kinder vom römischen Staat als legitim anerkannt werden. Nur *die* Nachkommenschaft, die aus einer Ehe hervorgeht, in der entweder beide Elternteile oder zumindest der Vater den Rechtsstatus des römischen Bürgers bereits besitzen, erhält auch ihrerseits das römische Bürgerrecht: im erstgenannten Falle automatisch; im zweiten, wenn dem Mann das conubium mit einer nicht-römischen Frau eigens gestattet wurde. Geschieht das nicht, nehmen die Kinder aus einer solchen ‚Mischehe' die peregrine ‚Staatsbürgerschaft' der Mutter an. Normalerweise gesteht der Kaiser den Provinzialen, die in der römischen Armee gedient haben, bei ihrer Entlassung zugleich mit dem Bürgerrecht auch das conubium mit peregrinen Frauen zu.

Trotz seines nurmehr geringen politischen Gehalts und trotz der vergleichsweise wenigen Rechte, die es dem Provinzialen neu überträgt, behält das römische Bürgerrecht sein Gewicht als Status-Symbol und seine soziale und gesellschaftliche Schlüsselfunktion. In dem Maße, in dem es immer mehr Reichsbewohnern, freien und (einstig) unfreien, ohne Ansehen von Volkstum, Rasse und Religion zuteil wird, nivelliert es bestehende Unterschiede zwischen Römern und Provinzialen und formt das Imperium Romanum zu einer staatsbürgerlichen Einheit. Private Freilassungen einerseits und kaiserliche Bürgerrechtspolitik, gipfelnd in der Constitutio Antoniniana, andererseits, machen das Weltreich zur gemeinsamen Heimat, communis patria, aller seiner freien und freigelassenen Einwohner. Und wie sich der ehemalige Sklave durch die Übernahme des Vor- und Geschlechts-Namens seines Herrn als dessen Klient zu erkennen gibt, nimmt der Neubürger aus der Provinz das Gentilnomen des Kaisers an, dem er die Eingliederung in den römischen Bürgerverband verdankt, und anerkennt ihn damit gleichsam als seinen Patron.

So bindet und verbindet das Bürgerrecht die Bewohner des Imperiums gleich dreifach: untereinander, an Rom und das Reich, und mit dem Herrscher; es wird zum wirkungsvollen Ferment der römischen Weltintegration.

Religiöse Toleranz

Quot homines, tot sententiae. Bezogen auf das römische Imperium könnte man übersetzen: so viele Völkerschaften es beherbergt, so viele religiöse Vorstellungen zählt es in seinen Grenzen. In Sachen Religion ist die römische Reichs-Gesellschaft eine wahrhaft pluralistische. Sie bleibt es bis zum Sieg des Christentums. Und sie lebt in einem beinahe ungestörten Religions-Frieden bis zum Erstarken des Christentums. Ironie der Geschichte: der Wille, das Abendland im Glauben an eine – die christliche – „Frohe Botschaft" zu einen und einig zu erhalten, hat mehr Kriege, Unruhen, Blutvergießen, Mühen und Zwang gekostet, als Rom je auf- und anwenden muß, um sein Viel-Religionen-Reich zusammenzuhalten.

Es gibt zwar im Imperium eine Staatsreligion: die römische. Nicht-Zugehörigkeit führt aber nicht a priori zu gesellschaftlicher und politischer Diskriminierung und Isolierung. Roms Staatsreligion ist nicht Reichsreligion und hat auch nicht den Ehrgeiz es zu werden. Wenn dennoch in der westlichen Reichshälfte allmählich römisch gefärbte Gottheiten die einheimischen Kulte überlagern und bisweilen soweit verdrängen, daß diese in ihrem eigenen religiösen Gehalt nur noch vage erkennbar sind, ist das nicht Ergebnis staatlicher Religionspolitik, sondern Folge eines im Zuge allgemeiner Romanisierung natürlichen religiösen Assimilierungsprozesses, in dem die ‚primitivere' (Natur-)Religion der ‚höher' entwickelten weicht. Der Osten hingegen behält nicht nur selbst ‚seine' Religionen bei; er greift vielmehr mit ihnen auch auf Rom und die übrigen Reichsgebiete über, ohne daran gehindert zu werden:

Von Ägypten aus verbreitet sich der Kult der Isis, Schwester und Gemahlin des Osiris; ihr, der Kultur-bringenden Himmelsgöttin, stiften Caligula und Caracalla in Rom Tempel. Der von den Griechen mit Zeus, Helios und Hades gleichgesetzte ägyptische Serapis, in dem sich die Gestalt des Osiris mit dem göttlichen Stier Apis vereinigt, Lichtgottheit und Beherrscher des Himmels und der Unterwelt in einem, findet bis hin zum Ende des 4. Jh. n. Chr. weit über sein Ursprungsland hinaus Verehrung; in einem solchen Maße, daß die Christus-Anhänger seine Bekämpfung als vordringliche Aufgabe erachten und nicht eher ruhen, bis sie all seine Heiligtümer zerstört haben. Der syrische Baal von Emesa, auch er Symbolfigur des Himmels und der Sonne, aber auch Fruchtbarkeitsgott, verehrt in Form eines schwarzen konischen Steines (eines Meteors?), schickt sich unter Kaiser Elagabal an, oberster römischer Staatsgott zu werden; dieses etwas zu hoch gesteckte Ziel verfehlt er zwar: mit seines Priesters und Förderers Tod verschwindet er wieder aus Rom, aber nicht aus dem Reich. Ein anderer Baal, der von Doliche in Syrien, ist im römischen Gewand des Jupiter Dolichenus jahrzehntelang bevorzugte Gottheit vor allem der in den Ostprovinzen stationierten römischen Truppen. Kleinasien beschert dem Imperium den orgiastischen Kult der Fruchtbarkeitsgöttin und Großen Mutter (Magna Mater) Kybele; zusammen mit ihrem jugendlichen Liebhaber, dem ebenfalls phrygischen Attis, dringt sie über Italien in der hohen Kaiserzeit auch im Westen und in Nordafrika vor; Kernpunkt des Kybele-Attis-Kultes ist ein Wiedergeburtsritus, bei dem der Gläubige mit dem Blut eines Stieres ‚getauft' wird. Aus Persien kommend, tritt der Fels-geborene Lichtgott Mithras, der für das Gute und gegen das Böse kämpft, seinen Siegeszug im römischen Reich an; Commodus läßt sich in seinen Kult einweihen; in der Symbiose mit Sol Invictus, dem Unbesiegten Sonnengott, steigt Mithras gegen Ende des 3. Jh. n. Chr. sogar zur römischen Staatsgottheit auf. Auch die Mithras-Religion kennt das Ritual des Stieropfers (Taurobolium) und die Blut-‚Taufe' als Zeichen erlangter Sündenreinheit und des Beginns eines neuen Lebens. Der in der mithräischen Lehre enthaltene Gedanke an eine

Unsterblichkeit der Seele ähnelt in mancher Hinsicht dem christlichen Auferstehungsglauben. Den Griechen verdankt das republikanische Rom die Anthropomorphisierung seines Götterhimmels; dem kaiserzeitlichen Imperium bringt Griechenland mit dem neu erblühenden Demeter-Kult und der Orphik zwei Religionen, die, wie die meisten der genannten orientalischen, ihren Anhängern nicht nur göttlichen Schutz und Wohlergehen zu Lebzeiten versprechen, sondern ihnen darüberhinaus ein glückliches Leben nach dem Tode verheißen.

Die Vielzahl der im Reich beheimateten, ausgeübten und von Rom tolerierten Kulte ist damit nur angedeutet. Die Beispiele jedoch sind mit Bedacht gewählt: aus der Sicht der römischen Staatsreligion haben alle genannten Kulte etwas ‚Exotisches' an sich; entweder im Hinblick auf das sie begleitende Zeremoniell, die Kultformen, oder bezüglich der ihnen eigenen religiösen Lehren. Mit Ausnahme des Baal-Kultes sind es Mysterienreligionen, die sich ihrem ganzen Charakter nach von der offiziellen römischen unterscheiden; und zwar *grundsätzlich:*

- sie sind als Geheim-Kulte nicht jedermann ohne weiteres zugänglich und setzen eine (stufenweise) Einweihung und Einweisung dessen, der an ihnen teilhaben möchte, in das Ritual und den Inhalt der Religion voraus;
- sie verstehen sich als eine religiöse Lehre, die sich nicht allein auf die Vermittlung bestimmter Kult-Formen und -Vorschriften beschränkt, sondern auch Glaubenssätze enthält und ethische Anforderungen an ihre Anhänger stellt;
- sie verbinden Diesseits und Jenseits, Welt, Unterwelt und Himmel, verheißen ‚Erlösung' und Wiedergeburt, und betrachten das irdische Leben eines Menschen gleichsam nur als eine Übergangsphase zu einem höheren geläuterten post-mortalen Dasein.

In der Duldung des Un-Römischen, des Fremd- und Andersartigen, offenbart sich Roms ‚Rezept' zur Erhaltung des imperialen Religionsfriedens, das volle Ausmaß römischer Toleranz im religiösen Bereich. Daß es sich bei dieser Toleranz nicht nur um ein passives Laissez-faire handelt, sondern auch um ein Stück Politik, zeigt sich daran, daß sie bei aller Weitherzigkeit nicht bedingungslos ist. Im Gegenteil, sie fordert Gegenleistungen – auch politische. Mehr noch: im Politischen findet sie ihre Grenze. Rom erwartet von den verschiedenen Kultgemeinschaften im Reich, daß sie:

1. konventionelle Regeln der Sittlichkeit und Moral nicht verletzen;
2. die öffentliche Ordnung und das friedliche Zusammenleben aller nicht durch einen religiösen Ausschließlichkeitsanspruch, gepaart mit übereifriger Missionstätigkeit, Proselytenwerbung und Verunglimpfung anderer Götter und Gottesvorstellungen, gefährden, sie sich also ebenso tolerant verhalten, wie der römische Staat selbst; und
3. aus der ihnen gewährten Glaubensfreiheit und religiösen Selbstbestimmung nicht den Anspruch auf politische Freiheit und ‚nationale' Autonomie bzw. Unabhängigkeit ableiten und Rom auch nicht, wenn es ihn fordert, den Beweis ihrer politischen Loyalität versagen, indem sie eine Beteiligung am Kaiserkult verweigern.

Übertretungen des ersten Gebotes veranlassen Rom zum gelegentlichen Vorgehen gegen einige der orientalischen Religionen; den Anhängern des Isis- und Baal-Kultes beispielsweise wirft man – übrigens nicht ohne Grund – sexuelle Ausschweifungen bis Perversionen vor. Aber schon das Weiterbestehen dieser Kulte und die Verbreitung der Kybele-Attis-Orgien beweisen, daß Rom offenbar noch am ehesten bereit ist, Nachsicht walten zu lassen, in puncto Moral; jedenfalls gehen auf ihr Konto *allein* keine anhaltenden Unterdrückungsmaßnahmen.

Empfindlicher schon zeigt sich der römische Staat bei Zuwiderhandlungen gegen das zweite Gebot. Besonders deutlich wird das in der reichsweiten Auseinandersetzung mit dem Christentum, die im 3. Jh. n. Chr. in systematische Verfolgung einmündet. In einem geringeren Maße spielt die Nichterfüllung der zweiten Forderung auch beim Konflikt mit den Juden eine Rolle. Dagegen fällt den heidnischen Religionsgemeinschaften im Reich die Akzeptierung des römischen Postulats wechselseitiger Toleranz nicht schwer; es ist auch das Ihre; Meinungsverschiedenheiten mit Rom fehlt hier also der Boden.

Absolut unnachgiebig und alles andere als flexibel und liberal reagieren die Römer auf die Nichtbeachtung des dritten Gebotes. Daraus resultierende Zusammenstöße mit Heiden, wie etwa unter Claudius mit der anti-römisch eingestellten keltischen Priesterschaft der Druiden, sind jedoch Ausnahmen. Der Verzicht auf ‚nationale' Aufstandsbewegungen bereitet auch der universal ausgerichteten christlichen Kirche keine Schwierigkeiten; ganz im Gegenteil: sie sieht im Imperium Romanum die ihr angemessene, Gott-gegebene historisch-politische Plattform. Auch die römischen Kaiser ab Constantin erkennen schließlich diese natürliche Interessengemeinschaft zwischen Welt-Reich und Welt-Kirche und ziehen mit der Erhebung des Christentums zur Staatsreligion die Konsequenz. Mit ein Grund für diese späte ‚Bekehrung' Roms und die vorausgehende Bekämpfung der Christen ist deren Weigerung, sich am Kaiserkult zu beteiligen. Mit den Juden gibt es aufgrund eines frühen Kompromisses (vgl. unten S. 236) bezüglich der kultischen Verehrung des Kaisers nur hin und wieder Unstimmigkeiten. Dafür sind es jedoch die Juden, die, weil sie sich mit der freien Religionsausübung nicht begnügen wollen, die volle Härte und Unduldsamkeit der in ihrem politischen Herrschaftsanspruch angegriffenen Römer erfahren.

Die römisch-jüdischen Beziehungen sind für das Verhalten Roms in besonderer Weise aufschlußreich: sie zeigen die extrem auseinanderliegenden Pole auf, zwischen denen es sich bewegt; wie weit die Toleranz der Römer gehen kann, um selbst schwer integrierbare Elemente noch mit dem Reich zu versöhnen, und wie unversöhnlich und radikal sie bereit sind zu handeln, um religiös untermauerten politischen Abspaltungstendenzen zu begegnen.

Obwohl Judaea erst 6 n. Chr. von Rom annektiert und der Verwaltung eines Procurators unterstellt wird, befindet sich der Staat der Juden faktisch seit den Tagen des Pompeius unter römischer Kontrolle. Rom sieht sich damit erstmals mit einer monotheistischen Religion konfrontiert und mit einer staatlich-rechtlichen Organisation, die – wurzelnd in dieser Religion – von der römischen bzw. der klassisch-antiken überhaupt, deutlich abweicht. Beide potentiellen Reibungsflächen versucht Rom nun aber nicht dadurch zu beseitigen, daß es den Juden seine eigenen Vorstellungen aufoktroyiert, sondern indem es die jüdische Religions-Gemeinde von eventuell ‚anstößigen' römischen Normen und Rechtssätzen entbindet, sie also privilegiert; darüberhinaus übernimmt der römische Staat sogar den Schutz der außerhalb Judaeas, in fast allen Großstädten des Reiches lebenden jüdischen Minderheiten.

Den Anfang mit der Privilegierung der Juden macht Caesar; Augustus ergänzt und erweitert die caesarische Gesetzgebung. Sie enthält nach den Berichten der jüdischen Schriftsteller Flavius Josephus und Philo von Alexandria (beide 1. Jh. n. Chr.) alle notwendigen Ausnahmeregelungen, um den Juden auch unter römischer Oberhoheit die Beibehaltung ihrer religiösen Gewohnheiten und ihrer von den Vätern gesetzlich vorgezeichneten Lebensweise zu ermöglichen. Im einzelnen:

- der Sabbath wird als jüdischer Feiertag von Rom offiziell anerkannt, mit allen sich daraus ergebenden Konsequenzen: an diesem Tag darf ein Jude auch von römischer Seite nicht vor Gericht belangt werden; er wird von allen etwaigen Verpflichtungen freigestellt, deren Wahrnehmung das jüdische Gesetz am Sabbath verbietet; z. B. soll einem im römischen Heer dienenden Juden keine Marschleistung abverlangt werden, auch kein Waffendienst, weil die Sabbathvorschriften dies untersagen. Vermutlich hat der römische Staat sogar in jedem 7. Jahr, dem Sabbathjahr, normalerweise auf die Zahlung von Steuern verzichtet, da strenggläubige Juden in dieser Zeit ihre Felder nicht bestellen;
- der Tempelbezirk von Jerusalem gilt als unverletzlich und den jüdischen Synagogen überall im Reich wird römischer Schutz vor Übergriffen garantiert; Zuwiderhandlungen will Rom selbst als Sakrileg ahnden;
- an römischen Staatsfesten brauchen die Juden nicht teilzunehmen; lediglich vom Kaiserkult und damit zusammenhängenden Feierlichkeiten werden sie nicht völlig entbunden: das übliche Kaiser-Opfer wird ihnen zwar erlassen, aber sie müssen sich verpflichten, bei ihrem Gott Jaweh *für* den römischen Princeps als Repräsentanten der römischen Staatsmacht zu beten;
- die finanzielle Unabhängigkeit der jüdischen Religionsgemeinschaft wird dadurch gewährleistet, daß Rom den Juden auch weiterhin gestattet, die traditionelle Tempelsteuer nach Jerusalem abzuführen; Rom erkennt den Tempelschatz als Besitz des jüdischen Volkes an;
- die Versammlungsfreiheit bleibt den Juden weitgehend erhalten, obwohl sie selbst für römische Bürger durch Caesar beschränkt bzw. aufgehoben worden war;

- die eigenständige religiöse Gerichtsbarkeit der Juden wird nicht angetastet, und innerhalb nicht-jüdischer Stadtgemeinden räumt Rom ihnen eine von den vorhandenen lokalen Behörden nahezu unabhängige Selbstverwaltung ein.

Trotz dieser an Liberalität und Großzügigkeit kaum noch zu überbietenden Bestimmungen, für die man in anderen Staaten und Reichen bis hinein in die jüngste Vergangenheit vergeblich nach Parallelen sucht, sind die Römer dennoch in die Weltgeschichte und in die Erinnerung des jüdischen Volkes als diejenigen eingegangen, die das jüdische Gemeinwesen und sein Kultzentrum zerschlugen, die Juden in alle Welt zerstreuten und sie in solchen Massen versklavten und hinschlachteten, daß sich dagegen mittelalterliche Judenpogrome noch harmlos ausnehmen. Und dabei handelt es sich nicht um historischen Rufmord, sondern um Tatsachen:

Der von Caligula gegen Ende seiner Regierung durch die Forderung, auch die Juden müßten ihn kultisch verehren, mutwillig provozierte römisch-jüdische Konflikt, der in Alexandria in Ausschreitungen der einheimischen Stadtbevölkerung gegen die Juden kulminiert und sich zusätzlich aus speziell alexandrinisch-jüdischen Rivalitäten und Streitigkeiten um die von den Juden beanspruchte Beteiligung am Bürgerrecht und an der Kommunal-Verwaltung der Alexandriner nährt, ist rückschauend nur eine vergleichsweise unbedeutende und von ihrem Verlauf her untypische Episode. Dank des vermittelnden Eingreifens des Claudius und seiner ausdrücklichen Distanzierung von den Kult-Forderungen seines ermordeten Vorgängers Caligula endet sie glimpflich; allerdings droht auch schon Claudius den Juden ein entschiedenes und hartes Vorgehen an, falls sie erneut mit ihren unangemessenen lokalpolitischen Ansprüchen und ihrer fanatischen Proselytenmacherei Unfrieden stifteten.

Der erste eigentliche Krieg zwischen Römern und Juden bricht unter Nero aus. Wahrscheinlich sind wirtschaftliche Mißstände und die jüdische Unzufriedenheit mit dem amtierenden römischen Gouverneur das auslösende Moment. Der Aufstand erfaßt binnen kurzem ganz Judaea und wird erst nach jahrelangen Kämpfen und der systematischen Zerstörung der abgefallenen Ortschaften von Titus im Auftrag und in Vertretung seines kaiserlichen Vaters Vespasian niedergeschlagen. Titus krönt seinen Feldherrnruhm damit, daß er Jerusalem praktisch dem Erdboden gleichmacht und Tausende von Juden in die Sklaverei schickt.

Ähnliches spielt sich in Judaea nochmals unter Hadrian ab. Anlaß dieses zweiten großen Krieges ist die Absicht Hadrians, auf dem Boden des alten Jerusalem eine römische Kolonie zu gründen und anstelle des jüdischen Tempels und Nationalheiligtums dem römischen Jupiter eine Kultstätte zu errichten. Darüberhinaus mißverstehen die Juden des Kaisers Verbot der Kastrierung, indem sie es auf ihren im religiösen Gesetz verankerten Beschneidungsritus beziehen. Noch gründlicher als dies schon Titus getan hatte, stellt Hadrian durch die Einäscherung zahlreicher Städte und Vernichtung ganzer Einwohnerschaften die Ruhe in Judaea wieder her. Dazu gehört auch, daß er den Juden für alle Zukunft untersagt, Jerusalem zu betreten. Seine rigorosen Maßnahmen wirken derart nachhaltig, daß die unter Antoninus Pius und Septimius Severus abermals ausbrechenden Revolten nur noch als ein letztes schwaches Aufflackern des jüdischen Widerstandswillens erscheinen.

Es ist richtig, daß die römisch-jüdischen Auseinandersetzungen z. T. in religiösen Fragen ihren Anfang nehmen. Daraus jedoch erklärt sich hinreichend weder die Verbissenheit der sonst religiös toleranten Römer, noch und schon gar nicht die selbst für Roms Gepflogenheiten bei der Behandlung von Rebellen abnormale und exzessive Brutalität seiner Kriegführung in Judaea.

Die Ursachen für die römische Unnachgiebigkeit können nicht im Religiösen liegen. Die vorausgehende Privilegierung der Juden entzieht einer solchen Annahme jegliche glaubhafte Grundlage; sie allein schon beweist, daß es den Römern nicht um die Beseitigung der jüdischen Religion oder um die Ausrottung der jüdischen Kultgemeinschaft gegangen sein kann. Dagegen spricht ferner, daß weder Claudius noch Vespasian die Aufstände der Juden zum Anlaß nehmen, ihre religiöse Bevorrechtung zu widerrufen, sie diese vielmehr bestätigen bzw. erneuern. Hadrian hat nur vermutungsweise anders gehandelt als seine beiden Amtsvorgänger. Mit Sicherheit sind die für die Juden geltenden Sonderregelungen unter Antoninus Pius im großen und ganzen wieder in Kraft. Auch ist der römische Staat nie – noch nicht einmal *während* der jüdischen Kriege – gegen Synagogen außerhalb des Kampf- und ‚Staats'gebietes Judaea vorgegangen. Verfolgungen der politisch ungefährlichen Juden im Reich finden nicht statt. Und nach seinen Siegen schreitet Rom selbst in Judaea nicht gegen die – freilich nach der Zerstörung Jerusalems dezentralisierte – Kultausübung der Juden ein. Die Angriffe Roms gelten nicht der jüdischen Religion und nicht dem jüdischen Glauben; beides wird auch weiterhin toleriert.

Für die Römer sind die Auseinandersetzungen mit den Juden politischer Natur. Und nicht nur für sie: auch die Juden führen die Kriege unter Nero, Vespasian und Hadrian sowie die späteren Revolten jeweils als Freiheitskampf gegen Rom. Was Rom zerschlagen will und auch zerschlägt, ist die jüdische ‚Nation' (nicht die Rasse – nota bene!), die sich römischer Beherrschung widersetzt und sich aus dem Reichsverband herauslösen will; und es sind diejenigen religiösen ‚Institutionen', die diese ‚Nation' und deren Widerstand stützen, die Rom beseitigt. Deswegen, um der jüdischen Gemeinde die finanzielle Basis zu nehmen, verfügt Vespasian, daß die Tempelsteuer forthin an Rom zu entrichten sei; deswegen, um politische Sammelbewegungen zu erschweren bzw. zu verhindern, zerstören die Römer das religiöse Zentrum der Juden, das Symbol ihrer ‚nationalen' Existenz und Integrität: Jerusalem, und verbieten ihnen den Zutritt. Diese Maßnahmen markieren das endgültige Ende des jüdischen ‚Staates'. Es ist dieses historische Schockerlebnis, das noch heute, 2000 Jahre danach, die Politik des modernen Israel bestimmt und auf dessen Hintergrund seine Weigerung, Jerusalem preiszugeben, zu sehen ist.

Wie gesagt: das Verhältnis Rom – Juden ist ein Extremfall. Im Positiven wie im Negativen. Aber doch auch typisch: noch in seiner ausgeprägtesten und zugleich abstoßendsten Form, in der militärischen Unterdrückung, ist der römische Herrschaftsanspruch nicht total; er spart die religiöse, geistige Sphäre aus. In ihr – gerade das zeigt der römisch-jüdische Konflikt – bleibt Roms Grundhaltung die Toleranz. Und die muß bei den Römern wohl schon tief sitzen, wenn sie mehrere in tödlichem gegenseitigen Haß geführte Kriege unbeschadet übersteht und selbst denen gegenüber Bestand hat, die man bezichtigt, Rom ‚vernichten' zu wollen.

Bei dem Versuch, die Hintergründe des generell toleranten Verhaltens der Römer anderen Religionen gegenüber aufzudecken, muß zumindest als Teil-Erklärung bei ihnen das Vorhandensein der Erkenntnis unterstellt werden, daß eine der unerläßlichen Voraussetzungen für die Einheit und den Zusammenhalt des Welt-Reiches der religiöse Friede in ihm ist, und daß dieser seinerseits in einem ‚polyreligiösen' Reichsverband wie dem römischen Imperium auf Dauer nur bei wechselseitiger Duldsamkeit möglich ist. Vielleicht hat Rom auch unbewußt ‚gewußt', daß es für einen Staat gefährlicher sein kann, seinen Untertanen ihre Religion zu nehmen und sie daran zu hindern, nach eigener Fasson ihre religiösen Bedürfnisse zu befriedigen und selig zu werden, als ihnen ihre politischen Rechte und Freiheiten zu beschneiden.

Kultische Herrscherverehrung

Es müßte gerade bei den Römern, die ihrer Religion für ihr Gemeinwesen stets einen Staats-tragenden und -erhaltenden Wert beigemessen haben, überraschen, wenn sie nicht, sobald sie lernten, das Reich als ihren Staat zu betrachten, versucht hätten, auch diesem einen Rückhalt im Religiösen zu geben; nicht zwangsweise und in Unterdrückung der bestehenden Kulte und Religionen, sondern in einer für möglichst alle akzeptablen, sie untereinander verbindenden Form. Tatsächlich unternimmt Rom den Versuch; wie zu erwarten. Und ist erfolgreich; wie sich zeigen wird. Sein Mittel: der Kaiserkult. Er steht über der Vielfalt der Religionen, ohne sie einzuengen oder zu beherrschen. Der römische Kaiser, der den Staat und das Imperium repräsentiert und der ohnehin schon gemeinsamer politischer Bezugspunkt der Reichsbevölkerung ist, wird dies in der charismatischen Überhöhung seiner Person auch kultisch.

Um den römischen Kaiserkult nicht als reinen Byzantinismus mißzuverstehen, seine Bedeutung abschätzen und ihn sachlich beurteilen zu können, bedarf es zuvor eines Blickes auf seine Ursprünge und Entwicklung, sowie auch auf seine Erscheinungsformen und Verbreitung im Reich.

Die göttlich-kultische Verehrung eines Menschen als Gott-ähnliches oder Gott-gleiches Wesen, wie sie bei den römischen Kaisern begegnet, ist grundsätzlich überhaupt nur dann denkbar, wenn Menschen und Götter als einander ver- und an-gleichbar gedacht werden.

15. Die Anfänge des Kaiserkultes. Tempel für Caesar und Augustus.

16. Apotheose und Himmelfahrt des verdienten Herrschers Antoninus Pius.

Sie setzt die Vorstellung voraus, daß Gottsein nur eine höhere – die höchste – Stufe des Menschseins darstellt und demnach der ‚große' Mensch zumindest ein ‚kleiner' Gott werden kann. Ihrerseits ist diese Vorstellung nur da möglich, wo sich der Mensch von seinen Göttern ein menschliches Bild macht, der Götterhimmel also anthropomorphisiert ist.

Der griechische ist es bereits in homerischer Zeit; und unter griechischem (und etruskischem) Einfluß vermenschlicht sich auch der urprünglich numinöse Gottesbegriff der Römer. Die unausbleibliche Folge der Anthropomorphisierung der Götter ist die Abkehr von der Idee göttlicher Allmacht, eine Verengung der den einzelnen Gottheiten zugeschriebenen Kompetenzbereiche und Minderung der ihnen zugetrauten Wirkungsmöglichkeiten: das griechisch-römische Pantheon ‚atomisiert' sich in diesem Sinne in eine kaum noch überschaubare Fülle kleiner und kleinster Spezialgottheiten. Die Annahme, ein Mensch könne sich durch Leistung, etwa wenn er wie einer dieser Götter seinen Mitmenschen hilft und sie schützt, den – wenn auch zunächst nur postumen – Aufstieg unter die Götter verdienen, ist der logische nächste Schritt. Heroen nennen Griechen und Römer diese zu (Halb-)Göttern gewordenen Menschen; oftmals sind es legendäre Städtegründer. Der Übergang von der kultischen Verehrung Toter zu derjenigen Lebender, die sich als Wohltäter (Euergetes) ihrer Mitbürger und als ihre Retter und Helfer (Soter) aus und in militärischer und materieller Not erwiesen haben, ist dann nur noch eine Frage der Zeit. Zumal bei den Griechen, bei denen der Sophist Protagoras (5. Jh. v. Chr.) den Menschen zum Maß aller Dinge – des Seienden und des Nichtseienden – erhebt, und der Philosoph Epikur (2. Hälfte 4. Jh. bzw. Anfang 3. Jh. v. Chr.) das Nicht-Interesse der Götter am menschlichen Schicksal predigt; was den Gedanken nahe legt, daß vom Menschen eher ‚göttlicher' Beistand zu erwarten sei, als von den fernen ‚menschlichen' Göttern, und daß es demgemäß nur billig ist, den neuen ‚Göttern' ihre guten Taten kultisch zu vergelten. Alsbald floriert der Personen-Kult.

In Griechenland und Kleinasien werden göttliche Ehren vor allem für hilf- und siegreiche Herrscher zu Lebzeiten seit dem 4. Jh. v. Chr. üblich; Stadtgemeinden beschließen zu ihren Ehren die Abhaltung von Spielen, stellen ihre Standbilder in heiligen Bezirken und Tempeln auf und machen sie damit zu besonderen Schützlingen und ‚Genossen' der Götter; auch die kultische Begehung der Geburtstage der ‚Heilsbringer' gehört zum Kanon der Herrscherverehrung. In Rom und Italien findet sie Eingang in der Spätphase der Republik und erreicht hier in einer wahren Flut von Ehrenbeschlüssen für Caesar[28] ihren ersten Höhepunkt. Im griechischen Osten freilich überträgt sich der Herrscherkult schon früher, seit Beginn des 2. Jh. v. Chr., auf Rom, indem er den Vertretern des römischen Staates, seinen Feldherrn und Statthaltern als den neuen (mächtigeren) Machthabern zuteil wird. Dieser Brauch hat sich bereits im 1. Jh. v. Chr. so allgemein in den östlichen Reichsprovinzen eingebürgert, daß Cicero sich als lobenswert bescheidene Ausnahme rühmen kann, wenn er seiner Provinz Kilikien die kultische Verehrung seiner Person ausdrücklich untersagt.

Angesichts dieser inflationären Tendenz bei der Zuerkennung von dem Götterkult entlehnter Ehrungen an Menschen, durch die diese den Gottheiten angenähert, nicht aber gleichgesetzt werden, bleibt als letztmögliche Steigerung nur noch die völlige Verwischung der Grenzen zwischen Mensch und Gott: die Apotheose. Schon der Seleukide Antiochos II von Syrien (1. Hälfte 3. Jh. v. Chr.) führt in seiner Herrschertitulatur die Bezeichnung „Theos" (Gott); spätestens seit dem 2. Jh. v. Chr. ist das Gottkönigtum *die* Herrschaftsform der hellenistischen Diadochenreiche und der Herrscherkult in seiner nun höchsten Ausprägung für Griechen, Kleinasiaten, Syrer und Ägypter nachgerade eine Selbstverständlichkeit. Was könnte für sie näher liegen, als diesen Kult auf den zu übertragen, dessen ‚Omnipotenz' über jeden Zweifel erhaben ist: auf den römischen Kaiser.

Damit ist aber der Kaiserkult als Teil der *römischen Staats*-Religion noch nicht erklärt; er wäre in Rom offiziell wohl auch kaum je geworden, wenn seine Wurzeln ausschließlich im Denken und Brauchtum der Griechen und ihrer östlichen Nachbarn gelegen hätten. Tatsächlich ist dies nicht der Fall. Schon die Aufnahmebereitschaft Roms für den griechischen Heroenglauben sowie auch die römische Übernahme und Weiterentwicklung der ‚philosophischen' Vorstellung, wonach Leistung nicht nur adelt, sondern das Walten göttlicher Kräfte im Menschen offenbart, ja sogar – im Dienste des Staates erbracht – den Weg zum post-mortalen Aufstieg unter die Götter ebnet,[29] lassen vermuten, daß die griechische ‚Idee' in Rom auf einen gut vorbereiteten Boden fiel. Auch der Umstand, daß Caesars Mörder zwar viele Gründe – wahre und erfundene – anführen, um ihre Mordtat zu rechtfertigen, man Caesar aber nicht die kultische Verehrung als todeswürdiges Verbrechen vorwirft, ist imgrunde nur verständlich, wenn man unterstellt, daß der Gedanke einer möglichen Angleichung Mensch – Gott nicht als unrömisch empfunden wird, es dafür vielmehr auch im Römischen Ansatzpunkte gegeben hat.

Einer von ihnen ist der in Rom seit alters gepflegte Ahnenkult: wächserne Bildnisse (Masken) der verstorbenen Angehörigen werden in Schreinen im Haus der Familie aufbewahrt; vor ihnen und/oder an den Gräbern der Toten bringen die Nachfahren regelmäßig einmal im Jahr Speise- und Trankopfer dar, um die Toten-Geister (Manen), in denen man, wie ihre lateinische Bezeichnung di manes (di = dei = Götter) zeigt, Gottheiten sieht, freundlich zu stimmen. Ein weiterer Ansatzpunkt: der Geniuskult. Nach römischem Glauben ist der Genius eine jedem Menschen innewohnende überirdische, halbgöttliche Kraft und zugleich sein persönlicher Schutzgeist. Speziell beim Mann wird er zudem als göttliche Verkörperung der Zeugungskraft gedacht, die diesen befähigt, neues menschliches Leben zu schaffen. Es ist üblich, innerhalb der Hausgemeinschaft die Genii einzelner – lebender! – Familienmitglieder kultisch zu verehren; insbesondere den Genius des Pater familias, des Haus- und Familienvorstandes, von dessen Entscheidungen und Handeln das Wohlergehen der familiären Gemeinschaft abhängt. Beim Genius des Pater familias werden auch Eide geleistet, die als ebenso heilig und sanktioniert gelten, wie jene, die man bei den Göttern schwört.

Ahnenkult und Geniuskult gehören in die private, häusliche Sphäre; sie sind nicht Sache des Staates. Sie können es aber werden: dann, wenn die Gemeinschaft der Bürger, der Staat, seine ihm eigenen ‚Ahnen', die Staats-(Neu-)Gründer, verehrt, denen er, wie eine Familie ihren Vorfahren, seine Entstehung und den Fortbestand über Generationen hinweg verdankt. Oder auch dann, wenn einzelne noch lebende Personen für den Staat eben die Bedeutung erlangen, die der Pater familias für einen Familienverband besitzt, sie also, wie dieser für das Wohlergehen der Hausgemeinschaft, für dasjenige aller und des Gesamtstaates sorgen und dafür Verantwortung tragen.

Jeder römische Princeps versteht sich in seinem Amt und vom theoretischen Anspruch her als Vater des Staates, als Pater Patriae; er führt offiziell diesen Titel, und in aller Regel sind die Bürger auch damit einverstanden. Die ihm geltende postume Verehrung und der auf seinen Genius bezogene Kult können demnach nicht mehr reine Privatsache sein; sie sind ihrer politischen Natur gemäß Sache der Gemeinschaft, des Staates.

Man sieht: der römische Kaiserkult erwächst sowohl aus griechisch-östlichen als auch aus römischen Ideen und historischen Gegebenheiten gleichsam ganz natürlich. Und dementsprechend zwanglos findet er auch Aufnahme und Verbreitung in den Ostprovinzen und innerhalb des römischen Bürgerverbandes. Nur im Westen fehlen weitgehend die Traditionen, an die er anknüpfen und auf die er aufbauen könnte. Obwohl auch hier die römische Überlieferung von Vorfällen zu berichten weiß, in denen bereits römischen Generälen der Republik seitens einzelner spanischer Stämme (halb-)kultische Ehren zuteil geworden sein sollen. Fest steht, daß der römische Kaiserkult auch in der westlichen Reichshälfte schnell und im allgemeinen mühelos eine breite Anhängerschaft gewinnt.

Zumindest in der frühen Prinzipatszeit jedoch sind die Formen, in denen er sich in den genannten drei Bereichen vollzieht, (noch) nicht einheitlich. Der fundamentalste Unterschied, der vor allem den östlichen Kult von der offiziellen Version der römischen Herrscherverehrung trennt, ergibt sich daraus, daß die Römer trotz aller griechischen Beeinflußung das Gottkönigtum, insoweit es die Erhebung des *lebenden* Herrschers unter die Staatsgötter impliziert, nicht übernehmen – auch Caesar, der ‚Begründer' des römischen Kaiserkultes, hat es nicht getan; was freilich dennoch immer wieder behauptet wird. Entsprechend den genuin römischen Vorstellungen, wie sie sich im Ahnen- und Geniuskult spiegeln, wird in Rom erst der *verstorbene* Herrscher als Gottheit, Divus, consecriert; was der Kaiser zu seinen Lebzeiten in Rom an kultischen Ehren empfängt, gilt strenggenommen nicht ihm, sondern seinem Genius. Diese Fiktion – mehr ist es tatsächlich nicht – wird imgrunde bis zum 3. Jh. n. Chr. aufrechterhalten: erstmals bei Aurelian (270–275 n. Chr.) erscheint die Bezeichnung Deus (Gott) in der amtlichen Titulatur eines lebenden Kaisers. Bis dahin wird allein schon die Absicht eines Princeps, in Rom seine offizielle

Anerkennung als Gottheit zu Lebzeiten durchsetzen zu wollen, in der römischen Historiographie als Zeichen hybrider Maßlosigkeit eines politisch unzurechnungsfähigen, wahnsinnigen Despoten gewertet (man vgl. dies etwa bei Caligula, Domitian, Commodus). Der Osten hingegen verehrt den römischen Kaiser schon vor seinem Tod in Tempeln als Gott (Theos); logischerweise kennt man hier die postume Divinisierung nicht, weil sie sich erübrigt.

Auch darin mag man im übrigen ein Anzeichen römischer ‚Toleranz' sehen: Roms Kaiser – vor allem die frühen (Augustus, Tiberius, Claudius) – versuchen zwar gelegentlich, den Übereifer östlicher Stadtgemeinden, die einander mit immer neuen kultischen Ehrenbeschlüssen zu überbieten trachten, zu bremsen, zwingen ihnen aber nicht die nach römischem Sakralrecht verbindliche Form des Herrscherkultes auf. Umgekehrt nehmen die Kaiser auch auf die etwas langsamere Entwicklung in den Westprovinzen durchaus Rücksicht und verlangen von ihren dortigen Untertanen nicht sogleich dieselbe kultische Verehrung, wie sie ihnen die östlichen Reichsbewohner entgegenbringen. So werden im Westen dem Kaiser anfänglich ‚nur' Altäre geweiht; der erste Tempelbau des Westens (im spanischen Tarraco) gilt dem verstorbenen Augustus, dem Divus.

Wie angesichts des alle Lebensbereiche erfassenden Vereinheitlichungsprozesses im Imperium kaum anders zu erwarten, verwischen sich im Laufe der Kaiserzeit auch die Unterschiede in der Herrscherverehrung; sowohl die zwischen Ost und West, als auch die zwischen dem römischen Staatskult und den Provinzialkulten. Daß im allgemeinen Alltag selbst die Differenzierung zwischen dem staatlich-römischen Kaiserkult als Form quasi-göttlicher Verehrung und dem provinzialen Kaiserkult als tatsächlichem ‚Gottesdienst' verschwindet, ist nicht zuletzt auf die rapide steigende Zahl von Neubürgern zurückzuführen: sie, die gestern als Provinziale noch dem Kaiser als Gott opferten, werden schwerlich den neuen bürgerlichen Rechtsstatus zum Anlaß nehmen, sich morgen religiös anders zu verhalten. Auch die Tatsache, daß die Kaiser oftmals gerade denen, die im provinzialen Gott-Kaiser-Kult als Priester tätig sind, das Bürgerrecht wegen dieses ihres ‚Verdienstes' verleihen, hat selbstverständlich auch nicht eben dazu beigetragen, die ursprüngliche Trennungslinie scharf sichtbar zu erhalten. Hinzukommt, daß der römische Bürger als Privatmann seit jeher bereit ist, in der Verehrung des Kaisers viel weiter zu gehen, als es von ihm von staatswegen verlangt wird: schon für die augusteischen Dichter Vergil, Properz und Horaz braucht der Princeps nicht erst zu sterben, um zum Gott zu werden: er ist der vom Himmel herabgestiegene, der gegenwärtige Gott (praesens deus). Und am kaiserlichen Hof findet bereits im ersten nachchristlichen Jahrhundert gelegentlich und inoffiziell die Anrede dominus et deus (Herr und Gott) Verwendung. Man ist geneigt, diejenigen, die sich ihrer befleißigen, als Schmeichler, Kriecher, subalterne Naturen und Hofschranzen zu beschimpfen. Aber dieser Vorwurf müßte dann auch die hoch geschätzten Panegyriker des Augustus treffen; imgrunde alle Reichsbewohner, die am Kaiserkult, zumal in seiner ‚provinzialen' Ausformung, teilnehmen. Ist die pauschale charakterliche Abqualifizierung der Kaiser-Verehrer also vielleicht doch eine zu simple und verzerrende Erklärung für das Phaenomen Kaiserkult? Besitzt er wirklich keinerlei religiösen Gehalt? Könnte er nicht doch einem echten Bedürfnis entspringen und sich – sei es auch nur teilweise – aus ehrenwerteren Quellen als politischem Duckmäusertum speisen?

Die Vorstellung von der Gegenwärtigkeit des Göttlichen im Kaiser ist mehr als bloße poetische Übertreibung. Sie hat ihren realen Hintergrund in den Taten und Leistungen des Herrschers für den Staat, das Reich und deren Angehörige. Er ist es, der gute Princeps, der Rom und seinem Imperium den Frieden (Pax) bringt und erhält; der jedem einzelnen ein Leben in Sicherheit (Securitas) ermöglicht; der Recht (Ius) setzt und für Gerechtigkeit (Iustitia) sorgt; der damit und durch seine eigene Großzügigkeit (Liberalitas) dem Weltreich und seinen Bewohnern allgemeine Wohlfahrt (Salus) beschert. All diese Eigenschaften und Daseinszustände gelten dem Römer als Ausdruck göttlichen Wirkens; mehr noch: sie personalisieren sich in seiner Vorstellung, und er verehrt sie als eigenständige Gottheiten. Daher ist es nur logisch, wenn ihm auch der, der sie seinerseits verkörpert und realisiert, als Gott, zumindest als Inkarnation göttlicher Kräfte erscheint. In diesem Sinne ist der Kult für den menschlichen Friedensbringer, Beschützer und Wohltäter, ist selbst die göttliche Verehrung des römischen Princeps als ‚Heiland' (Soter), weder Blasphemie noch zwangsläufig und a priori unaufrichtige Heuchelei. Der Kaiserkult kann vielmehr sehr wohl den Charakter einer Ersatz-Religion besitzen bzw. annehmen, und vielleicht sogar religiös eher befriedigen als der rituell formale Kult für eine ebenfalls menschengestaltige, aber weit entrückte Götterwelt. Und weil die ‚Segnungen' des Prinzipats nicht nur dem römischen Bürger, sondern allen Reichsbewohnern zuteil werden, können auch sie die aufgezeigten Gedankengänge der Römer nachvollziehen, zumal sie ihnen vielfach nicht neu, sondern seit Jahrhunderten vertraut und geläufig sind.

Natürlich erfüllt auch der Kaiserkult etwaige metaphysische Sehnsüchte nicht; zum Jenseits, dem Leben nach dem Tode stellt er keinerlei Verbindung her und verspricht auch keine eschatologische Erlösung. Sein Reich ist ausschließlich von dieser Welt. Wem das nicht genügt, dem steht es frei, sich den Mysterienreligionen zuzuwenden; gemeinsam mit dem Kaiserkult füllen sie die religiöse Lücke, die die Anthropomorphisierung der klassischen heidnischen Götter hinterlassen hat. Ihre höchste Blüte jedoch erleben die Mysterienreligionen und mit ihnen das Christentum bezeichnenderweise erst, als das Reich die seine überschritten hat; als irdisch-materielle Krisen dazu verleiten, ein besseres Leben im Jenseits zu suchen, der Diesseitsbezogene Kaiserkult seinen ursprünglichen Sinn verliert, und sinnentleert nun tatsächlich zur bloßen ‚Floskel' erstarrt: weil die, denen er gilt, die kaiserlichen Weltbeherrscher, nicht mehr in der Lage sind, den ‚Himmel auf Erden' zu verwirklichen. Damit ist der Kaiserkult seiner religiösen Grundlagen und Voraussetzungen beraubt. Der Kaiser findet ‚Gläubige' nur solange er hic et nunc, und nicht erst in einem fernen und unbekannten Jenseits, seine ‚göttliche' Potenz unter Beweis stellt.

Der zumindest am Anfang und im Ansatz zweifellos vorhandene religiöse Kern der Herrscherverehrung im römischen Reich macht es *denkbar,* daß die, die den Kaiser als Gott bezeichnen und ihm wie einem solchen kultisch huldigen, tatsächlich an das glauben, was sie sagen und tun. *Bewiesen* ist damit der Glaube an den Gott-Kaiser nicht. Er läßt sich auch nicht beweisen. Auch nicht durch die Häufigkeit, mit der beim kaiserlichen Namen geschworen wird, die Vielzahl der Kultstätten in allen Reichsteilen, die regelmäßig stattfindenden Kulthandlungen, oder durch die verbreitete Teilnahme der Reichsbevölkerung an den kultisch eingekleideten Feierlichkeiten zu Ehren des Kaisers etwa aus Anlaß seines Geburtstages, eines militärischen Sieges oder seiner wohlbehaltenen Rückkehr von einem Feldzug. Aber mit derselben Berechtigung, mit der wir einen Staat als christlich bezeichnen, in dem der Christengott bei Eidesleistungen angerufen wird, Kirchen das Stadtbild prägen, die Bürger an Gottesdiensten teilnehmen und gemeinschaftlich das Weihnachtsfest begehen, mit derselben Berechtigung kann man vom Imperium Romanum als einem im Kaiserkult geeinten Staat und vom Kaiserkult als einer antiken Welt-(Reichs-)Religion sprechen; ohne damit lokale und zeitliche Unterschiede und Schwankungen in der Intensität seiner Durchführung zu leugnen.

Im übrigen: was den Staat, die Regierung am Kaiserkult mehr als der etwaige persönliche, überzeugte Glaube des Einzelnen, was ihn in erster Linie und vor allem interessiert, ist, daß er praktiziert wird und also sichtbar die ihm von Anbeginn eigene politische Funktion erfüllt: den Bürger und die Provinzialen über die Person des Kaisers an das Reich zu binden. Unverzichtbar ist Roms Herrschern der Kaiserkult nicht als religiöses Bekenntnis, sondern als formaler Be- und Nach-weis politischer Loyalität. Sein Vollzug, das Kaiser-Opfer, entspricht – der etwas hinkende Vergleich sei gestattet – dem Eid auf die Verfassung. Wer ihn verweigert, gerät automatisch in den Verdacht der Staatsfeindlichkeit. Nicht nur im Alten Rom. Deswegen, weil der Kultakt als Politikum gewertet wird, wird selbst den Juden, die man ansonsten religiös privilegiert, für das ihnen erlassene Kaiseropfer eine Ersatzhandlung, das Gebet für den Herrscher, abverlangt. Aus demselben Grunde und weil Rom nicht einsehen kann, warum und inwiefern die Forderung nach Erfüllung dieser kultisch-politischen Formalität, mit der man seiner Ansicht nach gar nicht in die Glaubenssphäre und Religionslehre anderer eingreift, gerade für sie unzumutbar sein soll, besteht Rom auch den Christen gegenüber auf ihr und verhängt über die ganz Obstinaten Todesurteile. Nicht zufällig auch ist der Kaiserkult anfänglich im Osten wie im Westen mit dem der Göttin Roma, des römischen Staates Schutzgottheit und göttliche Personifikation, gekoppelt; sind die politischen Zentren einer Provinz, die Städte, in denen sich die Provinziallandtage versammeln, häufig zugleich Zentren des Kaiserkultes; und werden die alljährlichen Zusammenkünfte der Provinz-Delegierten mit der kultischen

Verehrung des obersten römischen Staatsrepräsentanten, des Kaisers, eröffnet. Die politische Verbindung zwischen Rom und den Reichsterritorien wird auf diese Weise ‚oberflächlich' religiös verankert und die Bereitschaft zu politischem Wohlverhalten über die zum Kaiserkult getestet.

Der Widerspruch zwischen Roms Toleranz in Sachen Religion und seiner Intoleranz, wenn es um den Kaiserkult geht, ist nur ein scheinbarer bzw. einer aus christlich-monotheistischer Sicht: der Kaiserkult hat niemals die Ausübung anderer heidnischer Religionen und Kulte behindert oder versucht, sie zurückzudrängen. Er versteht sich nicht als deren Konkurrent und wird auch nicht als solcher empfunden. Keine der auf Reichsboden ansässigen Religions- und Mysterien-Gemeinschaften – außer der christlichen (und jüdischen) – betrachtet die Beteiligung am Kaiserkult als unvereinbar mit den eigenen religiösen Vorstellungen oder sieht sich durch ihn in ihrem Glauben bedroht. So wenig ihn Rom mittels Zwang einführt und verbreitet, so wenig wird er als Zumutung gewertet. Und daß der Kaiserkult von Rom auch politisch genutzt wird, weil und damit er nicht nur Reichs-Spitze und Reichs-Körper sondern auch die verschiedenen Reichs-Teile in gemeinsamer Ausrichtung auf ein und dasselbe ‚Kultobjekt' verbindet, stört wenn überhaupt nur die Wenigen (Druiden, Juden), die noch immer im auch für sie wohl geordneten kaiserzeitlichen Imperium den Verlust ihrer ‚nationalen' Unabhängigkeit beklagen.

Wie hoch Rom und seine Kaiser selbst den Wert des Kaiserkultes als Absicherung und Stütze der Zentralgewalt, als das Reich verklammerndes Element und als Mit-Garanten der Einheit eingeschätzt haben, zeigen die Bemühungen einzelner Herrscher des 3. und beginnenden 4. Jh. n. Chr. (z. B. des Aurelian, des Diokletian und der ihm nachfolgenden Tetrarchen einschließlich des frühen Constantin), den in seiner Geschlossenheit von wirtschaftlichen und militärischen Krisen und von Usurpationen bedrohten Reichsverband u. a. mittels einer zeremoniell verstärkten ‚Entrückung' des Kaisers aus seiner menschlichen Umwelt sowie durch eine Wiederbelebung des Kaiserkultes neuerlich zu festigen. Der Erfolg ist mäßig und nur von kurzer Dauer. Der Kaiserkult ‚zieht' nicht mehr. Weder religiös noch politisch. Das tut er nur solange der Adressat reale, konkret-spürbare, der Verehrung würdige Leistungen aufzuweisen hat.

Durch die in ihm natürlicherweise gegebene extrem enge Verquikkung des Kultisch-Religiösen mit dem Politischen ist der Kaiserkult a priori eine zeit- und situationsbedingte Erscheinung: sein offizieller Beginn unter Caesar und Augustus fällt mit der Konzentration der Staatsmacht in einer Hand, mit dem Entstehen des Reichsgedankens und dem Aufblühen des Imperiums zusammen; sein inoffizielles Ende mit der zunächst widerrechtlichen, dann im tetrarchischen Herrschaftssystem legalisierten Zersplitterung der Kaisergewalt, dem sich anbahnenden Zerbröckeln des Reichsverbandes und dem wirtschaftlichen Niedergang des Welt-Reiches.

Viertes Kapitel

Wertung aus antiker Sicht
Hymnus und Verklärung

Wie haben die, die es erlebten, über das römische Reich gedacht? Wie weit hat die Reichsbevölkerung sich mit dem Imperium Romanum identifiziert und in ihm ‚ihren' Staat gesehen? Ist man sich des Besonderen der römischen Weltorganisation bewußt gewesen? Oder haben die Menschen Roms Herrschaft nur einfach als unvermeidlich hingenommen?

Fragen wir sie selbst, die Zeitgenossen, soweit das möglich ist und sie sich literarisch geäußert haben. Auch wenn diese Art der ‚Meinungsforschung' naturgemäß nur einzelne Repräsentanten der Bildungsschicht erfaßt.

Einer von ihnen, Aelius Aristides, griechischer Sophist und Rhetor aus Mysien (Kleinasien), Reichsbürger unter den Kaisern Hadrian, Antoninus Pius und Marc Aurel, hat Rom und seinem weltstaatlichen Imperium eine eigene Rede gewidmet. In ihr bezieht Aristides ausführlich Stellung:[30]

Fasziniert betrachtet Aristides die territoriale Ausdehnung des Reiches, das in seinen Grenzen alles umfaßt, „was die Sonne bescheint, ... nur einige wenige Gebiete nicht, die ihr (= die Römer) als wertlos und unwürdig erachtetet". Mehr Erstaunen und Bewunderung jedoch als die Größe des Reiches erweckt in ihm dessen innere „Vollendung"; sie zu beschreiben, stellt er sich zur Aufgabe:

Überall im Reich herrscht römische Ordnung und Fürsorge; die Statthalter erlauben sich in den Provinzen keine Übergriffe (mehr); denn „sie denken, daß er (= der Kaiser) über alles unterrichtet ist, was sie tun ... und sie müssen fürchten, sein Mißfallen zu erregen". Niemand von ihnen geht mehr eigenmächtig und willkürlich vor; vielmehr „wenden sie sich an ihn und bitten um seine Anweisungen". Die römische Zentrale achtet darauf, daß nur solche Männer als Gouverneure in die Provinzen entsandt werden, von denen man annehmen kann, daß sie sich „um die, die sie regieren sollen, kümmern und sie beschützen, statt über sie wie Herren über Sklaven zu herrschen". Kommen dennoch einmal Ungesetzlichkeiten oder Ungerechtigkeiten vor, gibt es jetzt im Kaiserreich „*einen* Richter als höchste Instanz", dessen Macht und Sachkompetenz über jeden Zweifel erhaben sind. Römische Herrschaft bedeutet nicht zwangsläufig das Ende traditioneller Selbstverwaltung; zahlreichen griechischen Stadtgemeinden wird „ihre alte Freiheit und Autonomie" belassen, und Rom gibt „denen, die dies wünschen, die Möglichkeit, ihre (lokalen) Angelegenheiten selbst zu regeln". Römische „Großzügigkeit gilt allen Städten im Reich in gleicher Weise; ... ohne Unterlaß werden ihnen Geschenke und Wohltaten zuteil". Weder die Perser, noch Alexander d. Gr., noch auch Athen entwickelten in ihren Reichen „ein geordnetes System der Herrschaft (Verwaltung)", sondern erst die Römer: „die Kunst des Regierens ist eure Entdeckung ... bevor euer Reich (entstand), gab es überall nur Unordnung; ... als ihr jedoch die Vorherrschaft in der Welt übernahmt, endeten Verwirrung und Streit, und eine allumfassende Ordnung trat wie ein strahlendes Licht in das Leben der Menschen ein". Dank Roms Fähigkeit, „gerecht und vernünftig zu herrschen, erblühte das Weltreich".

Innerhalb des römischen Reiches kann jeder sich frei bewegen, „jeder leicht reisen, wohin er will; so als ob er von Heimat zu Heimat zieht; ... alle Wege stehen allen offen; ... ihr habt die Erde zugänglich gemacht, ... Brücken gebaut und Wege über Berge geführt". Die Meere sind sicher geworden: „ihr habt sie (von Piraten) gereinigt; ... jetzt beherrschen Handelsschiffe, nicht mehr Kriegsschiffe, die See". Der allgemeine Friede, die römische Obhut „kommt Armen und Reichen zugute; ... Saaten werden nicht mehr verwüstet, ... und man kann die wenigen nur bedauern, die nicht unter eurer Herrschaft leben und damit deren Segnungen entbehren". Rom, die Stadt, ist nur das augenfälligste Beispiel für den Aufschwung und die Entfaltung der Wirtschaft in ganz neuen Dimensionen: hier „finden der Welthandel ... und alle Erzeugnisse der Erde ihren gemeinsamen Markt; ... Güter aus Indien ... Arabien ... und Babylonien treffen hier ein; ... alle (nur denkbaren) Industrie- und Naturprodukte fließen hier wie in einem Sammelbecken zusammen".

Zahlreiche Städte hat Rom neu gegründet; schon bestehende wachsen und gedeihen unter römischem Schutz; „sie alle wetteifern untereinander um eine möglichst anziehende Ausstattung, sind voll von Sporthallen (Gymnasien), Brunnenanlagen, ... Tempeln, Geschäften, Handwerksbetrieben und Schulen". Vor allem die Städte haben dazu beigetragen, daß „die Erde schön geworden ist wie ein blühender Garten". Kultur und Zivilisation haben sich im ganzen Reich verbreitet; mit den römischen Siedlungen sind „Kunst und Handwerk zugleich mit wunderbarer Ordnung" selbst in die Grenzregionen gelangt. Die im Reich lebenden „barbarischen Völkerschaften bildet und erzieht ihr, mit Nachsicht oder auch Strenge, je nach ihrem Charakter und ihrer Veranlagung". Und über allem steht das Recht. Wo Rom herrscht, herrschen die Gesetze: „der alles sehende Sonnengott erblickt nirgends mehr Gewalt und Ungerechtigkeit; ... Gerechtigkeit und Gesetz ist in allem, was (der Kaiser) veranlaßt und verfügt". Vor dem richterlichen Urteil des Princeps „sind alle gleich; der Unbedeutende und der Angesehene, der einfache Bürger und der Adlige, der Arme und der Reiche". Die Römer haben erstmals der gesamten zivilisierten Welt „ein für alle gemeinsam geltendes Recht gegeben"; sie machten es möglich, „daß jeder überall heiraten kann" und schlossen so die verschiedensten Völkerschaften „zu einer einzigen Familie zusammen".

Nie hat Rom versucht, seinen Bürgerverband als ‚Elite' gegenüber der Reichsbevölkerung abzugrenzen: „in der Ausweitung des Bürgerrechts bzw. der Bürgerschaft saht ihr euer Ziel; ... die Bewohner eures Reiches, die dies aufgrund ihrer Fähigkeiten und Leistungen verdienten, habt ihr ins Bürgerrecht aufgenommen; ... der Begriff ‚Römer' bezeichnet nicht mehr nur den Bürger der Stadt Rom, sondern eine ‚nationale' Einheit". Auch der soziale Aufstieg wird niemandem verwehrt: „unabhängig von gesellschaftlichem Rang und Herkunft ... erhält jeder die Stellung, die ihm (von seiner Qualifikation her) gebührt"; daher „kann Neid und Mißgunst in eurem Reich gar nicht erst entstehen, ... weil ihr allen gleiche Chancen gebt". Deswegen auch „fürchten alle mehr, von euch aufgegeben zu werden, als daß sie selbst den Wunsch hätten, euch zu verlassen".

Aristides resümiert (an mehreren Stellen seiner Rede): „Der gesamte zivilisierte Erdkreis ist unter eurer Herrschaft zu einem einzigen

Staat geworden; ... durch euch ist er zu einer harmonischen, umfassenden Einheit zusammengewachsen". Knapp 1 ½ Jahrhunderte vor Aristides hatte sich der römische – aus Campanien stammende – Historiker Velleius Paterculus an alle Götter mit der Bitte gewandt: „Hütet, bewahrt und schützt diese Ordnung und diesen Frieden". Jetzt schickt der ‚provinziale' Grieche Aristides ein ähnliches Gebet zum Himmel: „Verleiht dem Reich und dieser Stadt ewige Blüte und Dauer!" Und er ist sich sicher, daß „für den ewigen Bestand dieses Imperiums die gesamte Welt betet" und die „Menschheit nicht müde werden wird, das Lob Roms zu singen".

Die Götter haben sich als weit weniger zuverlässig erwiesen als die Menschen: 50–100 Jahre nach Aristides ist die Blüte verwelkt und gut weitere 200 Jahre später das Reich untergegangen. Aber in seiner Einschätzung der kommenden Reichsbürger- und Menschheitsgenerationen sollte sich Aristides nicht irren: sie preisen Rom auch noch in ganz ähnlich hohen Tönen wie er, als nur noch ein schwacher Abglanz von der einstigen Größe des Reiches zu sehen ist; beschwörend und bis zuletzt hoffend, es möge zu ihr zurückfinden und in seinem alten Glanz neu erstehen. Und über den endgültigen Zerfall hinweg wird das europäische Abendland eine eigens der Ehre und dem Andenken Roms gewidmete Dichtung hervorbringen. Wir wollen uns auf einige beispielhafte Zeugnisse aus der späten römischen Antike beschränken:[31]

Ausonius, der um 310 n. Chr. im gallischen Burdigala (Bordeaux) geborene Dichter, liebt und verehrt seine Geburts- und Heimatstadt über alles; und doch gesteht auch er: „patrias sed Roma supervenit omnes (Rom aber übertrifft alle Vaterländer)", weil es aller Heimat geworden ist.

Hegesipp, von dem wir lediglich wissen, daß er – vermutlich im 4. Jh. n. Chr. – das Werk des jüdischen Historikers Flavius Josephus ins Lateinische übersetzte und bearbeitete, rühmt die Römer als die, denen es gelungen ist, den „Erdkreis (orbis terrarum)" zu vereinen; und „weil das römische Reich ihn umschließt, wird er von den meisten auch ‚orbis romanus' genannt".

(Einer) der unbekannte(n) Verfasser der wahrscheinlich in der 2. Hälfte des 4. Jh. n. Chr. entstandenen Historia Augusta (= Geschichte der Kaiser Hadrian bis Carinus, 117 – 285 n. Chr.) identifiziert gleichsam das Imperium Romanum mit der von Menschen bewohnten Welt, indem er es als ,,den *einen,* aus den verschiedensten Teilen des orbis humanus entstandenen Staat (res publica)" bezeichnet.

Claudian, ein aus dem ägyptischen Alexandria stammender Grieche, der wohl bedeutendste lateinische Dichter der Spätantike (er lebt gegen Ende des 4. bzw. Anfang des 5. Jh. n. Chr.), nennt Rom die ,,Mutter der Gesetze (legum genetrix) ..., die dem Reich erstmals Recht schenkte"; sie hat in seinen Augen ,,in eine Stadt verwandelt, was früher das ganze Weltrund war". Sein Rom-Bild verklärt sich in einem einzigen Lobgesang: die Urbs Roma ist es, ,,die allein die Besiegten in ihrem Schoße aufgenommen und das Menschengeschlecht mit gemeinsamem Namen gehegt hat – nach Mutterart, nicht Herrinnenart; die als Mitbürger die bezeichnet hat, die sie bezähmte; und die mit dem Bande der Liebe das weit Auseinanderliegende verknüpft hat. Ihrem friedebringenden Brauch verdanken wir es alle, daß der Fremde wie in der Heimat lebt, daß jeder seinen Wohnsitz frei wechseln kann, ... daß wir alle ohne Unterschied aus Rhône und Orontes trinken (können) und ein einziges Volk sind (quod cuncti gens una sumus)".

Prudentius, in etwa Zeitgenosse Claudians, Spanier seiner Herkunft nach, mit dem die lateinische Dichtung der christlichen Antike ihre höchste Blüte erlebt, besingt vor allem die zivilisatorische Leistung der Römer: unter Roms Herrschaft haben ,,sprachlich geschiedene Völker und kulturell voneinander getrennte" zusammengefunden; Rom gab ,,Gesetze und Recht allen Unterworfenen" und der ganzen Welt *eine* Gesittung und Ordnung und vollbrachte damit eine unvergleichliche Tat: ,,Wahrlich, so weit sind voneinander entfernt Roms Wesen und das der Barbaren, wie vom Vierfüßler der, der wandelt hin auf zwei Füßen, oder der Stumme von dem, der zu reden vermag".

Der heilige Hieronymus, gebürtig aus Dalmatien, der die letzten drei Jahrzehnte seines Lebens als Einsiedler in Bethlehem verbringt (gest. daselbst 419/20 n. Chr.), ist dennoch der Welt noch nicht so sehr entrückt, daß nicht auch ihn die Kunde vom Fall Roms aufs Tiefste bestürzt und Tränen seine Stimme ersticken, wie er selbst eingesteht. Es klingt nach Weltuntergangsstimmung, wenn er aus Anlaß der Eroberung Roms durch Alarich (410 n. Chr.) in einem Brief schreibt: ,,genommen ist die Stadt, die selbst den ganzen Erdkreis einnahm (capitur urbs quae totum cepit orbem)".

Rutilius Namatianus, wie Ausonius ein ,Gallier', der in der ersten Hälfte des 5. Jh. n. Chr. lebt und dennoch ein überzeugter Heide ist, bezeichnet in einem Gedicht, das er von Rom heimkehrend, wo er Stadtpräfekt war, verfaßt, die Stadt als der ,,Welt Mutter (mater mundi) ... und ihren gemeinsamen Gesetzgeber"; und das, was Rom für die Welt bedeutet und getan hat, verherrlicht er mit den Worten: ,,Der Sonne Strahlen gleich gewährst du deine Gaben, bis zu den Grenzen des erdumgürtenden Ozeans; ... du hast geschaffen den verschiedenen Stämmen ein einziges Vaterland (fecisti patriam diversis gentibus unam); ... deine Herrschaft hat Nutzen gebracht sogar jenen, die keine Gerechtigkeit kannten; ... den Besiegten bietest du Anteil an deinem eigenen Recht; ... du bewirkst, daß alle leben in gemeinsamem Bund; ... und frei trägt jeder den Nacken im friedlichen Joch".

Sidonius aus Lugdunum (Lyon), gestorben ca. 485 n. Chr., berühmter lateinischer Schriftsteller seiner Zeit und Bischof von Clermont, das er gegen die anstürmenden Westgoten verteidigen muß, besingt noch immer das von Barbaren überflutete, sterbende Rom. Noch jetzt klingt der Gedanke an die communis patria Imperium Romanum nach; er wird in der apodiktischen Formulierung des Juristen Modestinus (1. Hälfte des 3. Jh. n. Chr., Schüler Ulpians): ,,Rom ist unser gemeinsames Vaterland", im 6. Jh. n. Chr. unter den Digesten sogar Eingang in das Corpus Iuris des Justinian finden, und lebt auf diese Weise auch noch fort, als er sich nach der Auflösung des weströmischen Reiches in Wunschdenken verwandelt hat.

Das wäre gewiß kaum möglich gewesen, wenn nicht auch die Christen diese Vorstellung adaptiert hätten. Aber man sieht ja: auch sie haben ihren Frieden mit Rom gemacht und sich als ,Staatskirche' erstaunlich schnell mit eben dem Rom arrangiert, das sie verfolgte und dessen Metropole sie selbst jahrhundertelang als Sündenpfuhl und zweites noch verdorbeneres Babylon beschimpft hatten. Gegen die Verführungen der Macht ist auch die Kirche nicht gefeit. Ihren von politischem Opportunismus nicht freien Sinneswandel erklärt sie den Gläubigen theologisch: ,,Wir glauben, daß die Ausdehnung des römischen Reiches von der göttlichen Vorsehung geplant war", schreibt der in Trier geborene Bischof von Mailand, Ambrosius (gest. 397 n. Chr.); für ihn ist Rom von Gott erwählt „als Haupt der Völker (gentium caput)". Und bei Prudentius lesen wir: Gott hat Rom die Weltherrschaft gegeben, „auf daß der vielverschiedenen Völkerschar Gesittung und Verhaltensart, auch ihre Sprachen, ihr Talent und ihren Kult du (Rom) unterwerfest einigem Gesetz; ... dasselbe reden jene nun, die einst getrennt ihr Kult, ein und dasselbe fühlen sie". Das römische Imperium hat also seinen festen Platz im christlich-göttlichen Heilsplan und im teleologischen Geschichtsdenken der Christen gefunden; es ist für sie Instrument und notwendige Vorstufe der gottgewollten Christianisierung der Menschheit.

Obwohl mit dieser besonderen ‚interpretatio christiana' den spätantiken christlichen Werturteilen über Rom ein dem Aristides wie auch den heidnischen Autoren des 4. und 5. Jh. n. Chr. fremder Denkansatz und Blickwinkel zugrundeliegt; obwohl ferner sich die Stimmen aus der Spätzeit römischer Geschichte weniger ausführlich, detailliert und konkret äußern als Aristides; und obwohl schließlich imgrunde nur er aus eigenem Erleben weiß, wovon er spricht, wenn er das Imperium als in jeder Hinsicht vorbildlichen und vollkommenen Weltstaat rühmt, alle Späteren hingegen nur noch „Lobredner vergangener Zeiten" (Horaz) sind, weil zu ihrer Zeit die wirtschaftliche und militärische Reichskrise bereits zum Dauerzustand geworden ist: nichtsdestoweniger kommen sie im Kern dennoch alle zum selben Ergebnis, stimmen sie alle in ihrer Lobpreisung Roms und in dem, was sie an ihm als besonders lobenswert hervorheben, auffallend überein. Roms einmalige Leistung besteht in ihrer aller Augen darin, daß es:

- die gesamte (bewohnte) Welt und die der zivilisierten Menschheit zu gegenseitiger Deckung gebracht hat;
- alle Völker der Erde zu einer Einheit zusammengeführt hat;
- dem Erdkreis Gesetze und *eine* rechtliche Ordnung gegeben hat;
- kurz: aus der früher nur als geographischer Raum existenten Welt eine politische, gesellschaftliche und wirtschaftliche Gemeinschaft, einen Staat, geformt hat.

Neu ist die hier greifbar werdende Verherrlichung Roms nicht. Sie hat ihre Vorläufer vor allem in der augusteischen Dichtung. Schon

Horaz schwärmt: „Sonnengott, niemals könntest du Größeres schauen als Rom!" Der Gedanke eines Ineinander-Aufgehens von Urbs (Rom) und Orbis (Erdkreis) findet sich bereits bei Ovid: „die ganze Welt lag in dieser Stadt (ingens orbis in urbe fuit)". Properz wird hymnisch: „jegliches Wunder verliert mit dem römischen Lande verglichen; hier hat vereint die Natur, was nur erstand in der Welt". Für Vergil verwirklichen sich im Zeitalter des Augustus die Prophezeiungen, die er in der „Aeneis" seinem Helden, Aeneas, dem trojanischen Stammvater der Römer, zuteil werden läßt: die Götter werden die Römer zu „Herren der Welt (domini rerum)" erheben; sie werden ihnen, denen es „geziemt, der Welt mit Macht zu gebieten, ... Ordnung zu setzen und Frieden" ein „Reich ohne räumliche und zeitliche Grenzen" geben; und wenn dann erst das julische Geschlecht in Rom regiert, „dann wird sanfter die rauhe Zeit nach beendeten Kriegen, und Fides, Vesta, Quirinus (= Romulus) und sein Bruder Remus werden Recht setzen, ... goldene Zeiten werden nach Latium zurückkehren". Etwa ein ¾ Jahrhundert später preist der ältere Plinius „die unvergleichliche Majestät des römischen Friedens", sieht das Imperium als wirtschaftliche und politische Einheit und spricht von Rom als dem „einen Vaterland aller Völkerschaften des gesamten Erdkreises (una cunctarum gentium in toto orbe patria)". Die Anklänge an diese Formulierungen bei den Autoren der Folgezeit sind nicht zu überhören.

Wie ist es also um deren historischen Aussagewert bestellt? Besitzen sie überhaupt einen? Oder reproduzieren sie nur ein dichterisches Klischee? Entwertet nicht zudem allein schon der unbestreitbar panegyrische Tonfall die Äußerungen des Aristides und seiner ‚Nachfahren'?

Des Panegyrikers unausweichliches (und meist verdientes) Schicksal ist es, daß man ihm das Lob, das er spendet, nicht glaubt; allenfalls mit so großen Abstrichen, daß im Endeffekt kaum noch etwas übrig bleibt. Aber man vergleiche doch nur das, was Aristides schreibt, mit den dargelegten Fakten und tatsächlichen ‚Errungenschaften' des römischen Reiches: die Entsprechungen zwischen der panegyrischen ‚Dichtung' und der historischen ‚Wahrheit' sind überraschend weitgehend. Aristides kommt der Realität *seiner* Zeit vielleicht näher, mindestens so nahe wie dem Heute die allenthalben geläufigen, von regierungsfreundlichen Ghostwritern verfaßten Berichte zur Lage der Nation.

Berechtigt erscheint der Vorwurf der Klischeehaftigkeit bei den Schriftstellern des 4. und 5. Jh. n. Chr. insoweit, als ihr Rom-Bild in der Tat mehr der Vergangenheit entlehnt, als Spiegelbild der Gegenwart ist. Wertlos ist ihr Zeugnis dennoch nicht. Beweist doch gerade das Wiederaufgreifen ‚alter' Wertungen und das Festhalten an ihnen auch noch in der Spätantike, wie tief das Imperium Romanum als *der* Weltstaat schlechthin und als *die* ideale Organisationsform der Völker in das antike Bewußtsein eingedrungen ist. Wenn trotz aller lebhaft beklagten materiellen Bedrückungen durch Kriege und Barbareneinfälle, die Rom nicht mehr verhindern kann, sowie durch ins Unermeßliche steigende Steuern, die Rom selbst seinen Bürgern abverlangt, dennoch dem römischen Imperium nach wie vor gehuldigt wird, dann spricht das für eine immer noch – nicht nur in phantasievollen Lobreden – vorhandene, politische Tragfähigkeit der Rom-Idee; und auch dafür, daß man unübersehbare momentane Mängel nicht unbesehen dem Imperium und seinem ‚System' der Weltstaatlichkeit anlastet. Noch in Krise und Verfall bleibt die Leistung Roms, die Völker-verbindende zivilisatorische und rechtliche Ordnung im Blick. Ihre Bewahrung bzw. Wiederherstellung ist nicht nur wehmütige Nostalgie und utopische Träumerei; vielmehr auch konkreter Auftrag an die eigene Gegenwart.

Um ein bloßes Aufwärmen augusteischer Poesie handelt es sich bei Aristides und den ‚Panegyrikern' der Spätzeit ohnehin nicht; kann es sich nicht handeln. Denn: der Standpunkt und der Standort, von dem aus die Augusteer (nicht mehr Plinius) schreiben, ist ein grundsätzlich anderer: die Sicht des Vergil (und seiner Zeitgenossen) ist – noch – eine eindeutig stadt-römische, italische, die der „Herren der Welt" und ‚Gebieter'; der Friede, von dem sie reden, – noch – vorwiegend ein Bürgerfriede, das Ende der spätrepublikanischen inner-römischen Auseinandersetzungen; und das „goldene Zeitalter" wird auch nur erst „Latium" (dem italischen Bürgerland) verheißen. Aristides und die Folgenden hingegen sprechen vom Reich und für das Reich. Genau das ist das Bemerkenswerte und Neue: die Reichs-Welt, obwohl oftmals nur mit brutalen militärischen Mitteln von Rom unterworfen, identifiziert sich selbst jetzt so sehr mit Rom, daß sie sich die Sehweise der Römer zu eigen machen kann; deren Hymnen auf ‚ihr' Rom kommen nun wie selbstverständlich den Reichsbewohnern von den Lippen; das einstmals unterentwickelte Gallien versteht ebenso kunstvoll zu dichten, wie das schon Jahrhunderte früher hoch zivilisierte, kulturell vergleichsweise beinahe dekadente griechisch-ägyptische Alexandria; und obwohl die ‚Panegyriker' aus allen Himmelsrichtungen des Imperiums stammen, sich in ihrer ethnischen Herkunft unterscheiden und verschiedenen Kult- bzw. Religionsgemeinschaften angehören, ist ihr Lob doch einstimmig; inhaltlich und sprachlich: nur der früheste unter ihnen, Aristides bedient sich seiner griechischen Muttersprache; später schreibt ‚man' lateinisch.

Nichts könnte besser die sachliche Richtigkeit und Berechtigung der panegyrischen Äußerungen aus nach-augusteischer Zeit verdeutlichen als diese Gegebenheiten. Sie beweisen es: Rom *hat* den bewohnten Erdkreis zivilisiert und die Völker der Welt vereint; es *ist* das Vaterland aller geworden.

Wer die Urteile des Aristides, Claudian, Prudentius, Rutilius Namatianus etc. pauschal als Klischee und geschmacklose Lobhudelei abqualifiziert, macht es sich zu einfach. Es war eben schwer, keinen Panegyricus auf den kaiserzeitlichen Weltstaat Rom zu schreiben.

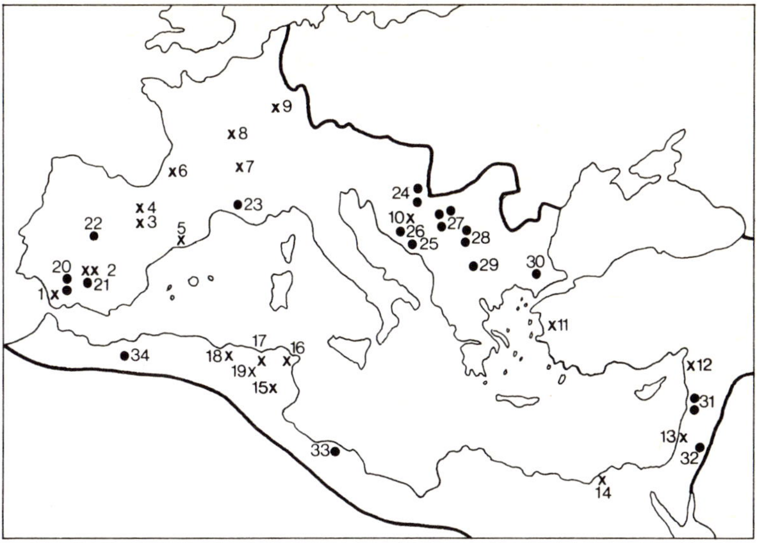

Karte 3: Römische Kaiser und lateinische Schriftsteller provinzialer Herkunft

× = lat. Schriftsteller (1.–5. Jh.)
(Nr. 1–19)

1 Columella (Gades)
2 Seneca (Corduba)
Lucan (Corduba)
3 Martial (Bilbilis)
4 Quintilian (Calagurris)
5 Prudentius (Tarraco (?))
6 Ausonius (Burdigala)
7 Sidonius (Lugdunum)
8 Rutilius Namatianus (Gallien)
9 Ambrosius (Trier)
10 Hieronymus (Stridon)
11 Gaius (Kl. Asien)
12 Ammian (Antiochia)
13 Ulpian (Tyros)
14 Claudian (Alexandria)
15 Florus (Nord-Afrika)
16 Tertullian (Carthago)
17 Augustin (Tagaste)
18 Fronto (Cirta)
19 Apuleius (Madaura)

• = röm. Kaiser (2.–4. Jh.)
(Nr. 20–34)

20 Traian (Italica)
Hadrian (Italica)
21 Marc Aurel (Uccubi)
22 Theodosius d. Gr. (Spanien)
23 Antoninus Pius (Nemausus)
24 Valentinian (Cibalis)
Valens (Cibalis)
25 Carus (Narona (?))
26 Diokletian (Dalmatien)
27 Decius (Sirmium (?))
Aurelian (Sirmium)
Probus (Sirmium)
28 Constantius Chlorus (Naissus)
Constantin d. Gr. (Naissus (?))
29 Claudius Gothicus (Dardanien (?))
30 Maximinus (Thrakien)
31 Elagabal (Emesa)
Severus Alexander (Emesa)
32 Philippus (Philippopolis)
33 Septimius Severus (Leptis Magna)
34 Macrinus (Mauretanien)

Fazit und Epilog

Das Vermächtnis der Kaiserzeit

Drei Schönheitsfehler vor allem sind es, die den modernen Betrachter zögern lassen, in den antiken Lobgesang auf das Imperium Romanum vorbehaltlos mit einzustimmen, weil sie nach seinem Dafürhalten das Bild eines ‚idealen' Staates doch empfindlich stören:

– Die Sklaverei. Sie verliert zwar fortschreitend an Bedeutung, wird aber auch in der Kaiserzeit nicht aufgehoben; ernstlich noch nicht einmal in Frage gestellt. Die Sklaverei verletzt nicht nur das allgemeine Menschenrecht; genaugenommen negiert sie es. Allerdings ‚nur' faktisch, nicht in der juristischen Definition der Römer. Denn die spricht denen, die sie ihrer Menschenrechte beraubt, zugleich das Mensch-Sein ab. – Zur Entschuldigung Roms ist lediglich anzuführen: in der Nicht-Beseitigung der Sklaverei hat damals niemand ein Versäumnis gesehen. Sklaverei ist ein antikes ‚Naturgesetz', das in seiner prinzipiellen Gültigkeit und Berechtigung selbst die nicht anzweifeln, die unter ihr leiden.

– Der Mangel an Demokratie. Demokratische Ansätze bzw. Relikte finden sich zwar im Bereich der kommunalen Selbstverwaltung. Doch ist schon hier ihr tatsächliches politisches Gewicht gering: der örtliche (Geld-)Adel bildet den Stadtrat und stellt die städtischen Magistrate; er macht die Kommunalpolitik; das bürgerliche passive Wahlrecht bleibt de facto auf eine kleine Minderheit des Besitzbürgertums beschränkt, weil die zu vergebenden Ämter entweder unbesoldete Ehrenämter sind, oder die gewährte Bezahlung bei weitem nicht ausreicht, um damit die erwartete finanzielle Beteiligung an Spielen, Bauten und ‚Sozialleistungen' bestreiten zu können. Und auf zentraler Reichsebene wird politische Macht zum Monopol des Kaisers; die römische Volksversammlung ist praktisch ausgeschaltet. Das aristokratische Gremium Senat existiert zwar weiterhin als Mitbestimmungsorgan und Kontrollinstanz der monarchischen Reichsspitze; aber diese seine Rechte und seine Funktion besitzen zunehmend nurmehr rein theoretischen und fiktiven Charakter. Die Gegebenheiten in den Kommunen und in der Zentrale schließen von vorneherein aus, daß die allmähliche rechtliche Gleichstellung von Provinzialen und Römern sich in einer politischen Demokratisierung des Weltstaates niederschlägt. Die Kompetenzen der Provinziallandtage sind letztlich zu gering, um dieser Institution das Gewicht eines Gegenbeweises beimessen zu können. – Zur Entlastung Roms ist jedoch zu sagen: Demokratie gilt in der Antike lediglich einigen griechischen Stadtstaaten, vor allem den Athenern – und selbst ihnen nur teil- und zeitweise – als beste aller möglichen politischen Organisations- und Staatsformen; das ‚Beispiel', das sie geben, ist mit seinen demagogischen und ochlokratischen Auswüchsen, in seinem insgesamt eher chaotischen Erscheinungsbild wenig dazu angetan, sich zur Nachahmung zu empfehlen; und auch in den staatstheoretischen Schriften und Betrachtungen eines Platon, Aristoteles, Polybios, Cicero stößt die Demokratie auf Skepsis, wenn nicht Ablehnung. Ganz davon abgesehen übersteigt ihre etwaige Realisierung im römischen Weltreich nicht nur die Vorstellungskraft der Zeitgenossen, sondern auch die tatsächlichen damaligen organisatorisch-politischen und technisch-kommunikativen Möglichkeiten. Es ist demnach ein ‚unzeitgemäßer' Vorwurf, wenn man Rom die nicht erfolgte Demokratisierung anlastet; wohl auch ein unbilliger. Denn die Welt des 20. Jh. hat selbst noch längst nicht allgemein verwirklicht, wozu Rom hätte bereits fähig sein sollen.

– Die Art der Entstehung des Reichsverbandes, sein weitgehend gewaltsames Zustandekommen. Freiwillig sind ihm, der erst noch zur Welt-Organisation werden muß, die wenigsten Staaten und Völkerschaften beigetreten. Selbst die ‚nur' politische Vergewaltigung, die unblutige Vereinnahmung durch die Römer, war fast schon ein Privileg; die militärische beinahe die Norm. Nicht also aus einem politischen Willensentscheid seiner Mitglieder, auch nicht aus der Einsicht in die Notwendigkeit oder Opportunität eines über-‚nationalen' Zusammenschlusses erwächst das Weltreich Rom, sondern ist Ergebnis einer auf Herrschaft ausgerichteten Machtpolitik und kriegerischer, territorialer Expansion eines – des römischen – Staates. Diesen seinen Ursprung als Zwangsvereinigung hat auch das kaiserzeitliche Reich restlos nie überwunden: Rom verlangt von den Reichsvölkern uneingeschränkte politische Loyalität; Opposition gegen, gar ‚Austritte' aus dem Imperium läßt es nicht zu. Ein derartiges Ansinnen wird notfalls (wie in Judaea) durch erneute ‚Eroberung' unterdrückt. Auch wenn man berücksichtigt, daß die Antike nationale Selbstbestimmung als Grundrecht der Völker nicht kennt und Reichsbildungen und imperiale Herrschaft erst in der neuzeitlichen Imperialismus-Debatte zum Vergehen werden, ist es dennoch insbesondere der von der Republik ererbte Geburtsfehler des Imperium Romanum, der von heute aus gesehen an ihm als unauslöschlicher Makel haften bleibt und seinen Wert als unbesehen nachahmenswürdiges Vorbild internationaler Weltstaatlichkeit mindert. – Das aber ist dem Kaiserreich zugute zu halten: es hat alles getan, um die ‚Sünden' seiner republikanischen Vor-Väter vergessen zu lassen und den Bestand und Zusammenhalt des Reiches nicht durch Druck sichern zu müssen, sondern auf der Grundlage eines allgemeinen freiwilligen Konsenses seiner Bewohner erhalten zu können.

Zwang wird weitgehend überflüssig, weil der Weltstaat Rom allen Mitgliedern einsichtige und greifbare Vorteile bringt: einen Friedenszustand, der in seiner Dauer und im Hinblick auf die Größe des geographischen Raumes, den er erfaßt, in nach-römischer Zeit nicht mehr wiederkehrt; den Schutz einer rechtlich verankerten Ordnung, die das friedliche Zusammenleben aller ermöglicht und auch dem Schwächeren eine sichere Existenz gewährt, indem sie ihn der faustrechtlichen Willkür des Stärkeren entzieht; die Möglichkeit einer nahezu ungehinderten geistigen Entfaltung des Individuums, die ihren sichtbarsten Ausdruck in den weit gesteckten Grenzen religiöser Toleranz findet; ein kulturelles und zivilisatorisches Angebot, mit dem die nicht-römische Außenwelt nicht konkurrieren kann; die Chance für die Provinzialen aller ‚Rassen', zum römischen Welt-Bürger zu werden; die Aussicht für den seiner Abstammung und sozialen Herkunft nach Unbedeutenden, durch wirtschaftliche Leistungen und solche in Verwaltung und Heer gesellschaftlich aufzusteigen; und die Freizügigkeit innerhalb eines gemeinsamen, durch eine Währung geeinten, verkehrstechnisch und rechtlich erschlossenen Weltmarktes, der allen offen steht und jedem Gewinnmöglichkeiten bietet.

Dies sind die Reparationen, die der zum Reichspolitiker bekehrte römische Eroberer den Mittelmeervölkern zahlt, und seine Gegenleistung für das, was er kassiert und ihnen nicht rückerstattet: ihre Autonomie und Eigenstaatlichkeit.

Die ‚Freiheit' außerhalb des Imperiums lockt niemanden, weil sie mit ihrer militärischen, rechtlichen und wirtschaftlich-materiellen Unsicherheit imgrunde gar keine echte Alternative darstellt. Man braucht nur z. B. die Lebensbedingungen in vorrömischen Siedlungen der gallischen Kelten, wie sie uns die Archäologen rekonstruieren, mit dem relativen Luxus römischer Wohnhäuser und Stadtanlagen zu vergleichen, um zu verstehen, warum es spätestens in der mittleren Kaiserzeit den Gallier nicht mehr drängt, sich gegen das Imperium aufzulehnen, oder sein Heil in der Flucht ins freie Germanien zu suchen. Das subjektive Gefühl des Einzelnen, frei zu sein, nicht unter Druck zu leben, hat auch und nicht zuletzt immer etwas mit oekonomischer Zwanglosigkeit und wirtschaftlichem Wohlergehen zu tun. Nicht von ungefähr hören wir weltweite und anhaltende Klagen einer sich be- und unter-drückt fühlenden Bevölkerung im römischen Reich erst ab dem 3. Jh. n. Chr., mit Beginn der Krise; und sie haben alle ein Thema: die Gefährdung der materiellen Existenz.

Klänge es nicht zu pathetisch, könnte man die Situation des Reiches im 3. Jh. n. Chr. beinahe als tragisch bezeichnen: erst kurz zuvor, in der Zeit der Antonine, erreichen Kultur und Zivilisation im Imperium ihren Höchststand, haben sich römisches Recht und lateinische Sprache überall verbreitet; in dieser Epoche auch setzt sich endgültig die einheitliche kaiserliche Verwaltung in allen Provinzen durch; Septimius Severus zieht um die Wende vom 2. zum 3. Jh. n. Chr. die Staats-Einnahmen in einer Kasse zusammen und baut die immer noch bestehende militärische ‚Privilegierung' Italiens dadurch ab, daß er jetzt auch hier wie in einer Reichsprovinz Truppen stationiert; mit der Constitutio Antoniniana aus dem Jahre 212 n. Chr. findet der Prozeß der rechtlichen Gleichstellung aller Freien im Reich mit den römischen Bürgern seinen Abschluß; Kaiser Gallienus nimmt um die Mitte des 3. Jh. n. Chr. dem Senatorenstand sein altes Vorrecht, die Legions-Kommandeure stellen zu dürfen und reduziert den überproportionalen senatorischen Anteil an der gehobenen Provinzadministration; eine Generation später, seit Diokletian, verliert schließlich Italien seine steuerliche Begünstigung gegenüber den Provinzen und zahlt hinfort wie diese auch direkte Steuern.

In gewisser Hinsicht gelangt demnach das Imperium als einheitlicher Verband erst im 3. Jh. n. Chr. zu seiner ‚Idealform'. Aber gerade zu dieser Zeit beginnt sich der wirtschaftliche Niedergang abzuzeichnen und wird der militärische Druck von außen auf das Reich so stark, daß Rom gar nichts anderes übrigbleibt, als seine Politik im Innern den Zwängen und Notwendigkeiten der Außenpolitik unterzuordnen; in seinem Bemühen, alles nur verfügbare menschliche und wirtschaftliche Potential zu mobilisieren, um der Bedrohung Herr zu werden, pervertiert der ‚liberale' römische Staat des Prinzipats zum Zwangsstaat (Dominat) der Spätantike.[32]

Mit einer Kolonialmacht hat freilich selbst er, der alle, aber eben nicht nur seine ‚Kolonien', die Reichsprovinzen, unerbittlich ‚dominiert', kaum etwas gemein. Erst recht nicht das Kaiserreich der früheren Jahrhunderte. Wer es dennoch behauptet, hat entweder von den realen damaligen Zuständen im römischen Reich wenig Ahnung, oder läßt sich schlicht und einfach von der ‚wörtlichen' Identität zwischen römischer colonia und moderner Kolonie zu ebenso weitreichenden wie falschen Schlüssen verleiten. Wirtschaftlich betreibt dieses Rom nicht Kolonialismus sondern Entwicklungshilfe. Es unterwirft die Produktion und den Handel einzelner Provinzen keinen einschneidenden Beschränkungen und erläßt auch keine das römische Italien einseitig begünstigenden Vorschriften, obwohl dieses damit zusehends seine agrarische und ‚industrielle' Vorrangstellung einbüßt. Unverantwortliche Ausbeutung gehört der Vergangenheit an. Ebenso wie den Provinzen die Möglichkeit geboten wird, wirtschaftlich untereinander und mit dem römischen ‚Herrenvolk' gleichzuziehen, bleibt auch die griechisch-römische Zivilisation nicht Gütesiegel einer herrschenden Elite, die bewußt auf Abstand hält, sondern wird reichsweites Allgemeingut. Anfänglich bestehende rechtliche Unterschiede zwischen Römern und Nicht-Römern werden nicht zementiert, sondern allmählich nivelliert; solche der Hautfarbe, ethnischen Herkunft und Religionszugehörigkeit stellen grundsätzlich kein Hindernis dar, Eingang in die römische Gesellschaft und in ihr einen angesehenen Platz zu finden. Welche Welten die angebliche Kolonialmacht Rom von den tatsächlichen Kolonialherren der Neuzeit trennen, verdeutlicht besser als manches andere die internationale Besetzung auf dem römischen Kaiserthron: in den Kaiserpalast auf dem Palatin in Rom ziehen ,Koloniale' aus Spanien, Illyrien, Syrien, Arabien und Nordafrika ein; sich dagegen einen Inder anstelle der Queen Victoria im Buckingham Palace vorzustellen, fällt auch lebhafter Phantasie schwer.

Alles in allem haben die antiken Panegyriker also doch recht. Ihnen erschien das römische Kaiserreich als *das* Weltwunder schlechthin; als eine mit allem Bisherigen unvergleichliche, noch nie dagewesene Leistung. Weil im Imperium Romanum die Welt erstmals und zudem für Jahrhunderte zu friedlicher, staatlicher Einheit zusammengefunden hatte.

Dieser Weltstaat ist Roms Vermächtnis an die Nachwelt; und zugleich Auftrag an sie, dem römischen Beispiel zu folgen. Er blieb bis heute unerfüllt. Obwohl seit der Auflösung des Orbis Romanus eineinhalb Jahrtausende vergangen sind, und es in dieser Zeit nie an neuerlichen Reichsbildungen mangelte, sucht Rom noch immer vergeblich seines Gleichen.

Warum?
Insoweit das imperiale Rom den nachfolgenden Jahrhunderten bis hin zum Britischen Empire als klassisches Vorbild gegolten hat und diesem Ansehen auch seine Schönheitsfehler noch keinen wesentlichen Abbruch taten, kann sich das Ausbleiben einer tatsächlichen Renovatio Imperii kaum anders als aus dem Unvermögen seiner Möchtegern-Diadochen erklären, ein vorhandenes politisches Muster neu nachzuzeichnen. Gewiß: auch sie schon konnten das römische Modell nicht einfach, ohne jegliche korrigierende Veränderungen übernehmen; sie hätten es den historisch gewandelten Bedingungen anpassen müssen, um es in ihre jeweilige Gegenwart transponieren zu können. Eine sicher erfüllbare Forderung, die das offensichtliche Versagen nicht entschuldigt.

Und warum hat das 20. Jh. das Versäumte nicht nachgeholt? Es ist als selbstverständlich zuzugestehen, daß Roms Weltstaat-Konstruktion auch und gerade der Jetztzeit kein Patentrezept für die Einigung

‚ihrer' Staatenwelt unter dem gemeinsamen Dach über-nationaler Ordnung an die Hand geben kann; zumal die Re-Konstruktion in modernisierter Fassung ein beachtliches quantitatives und qualitatives Mehr an entwickelter National-Staatlichkeit zu berücksichtigen und zusammenzufügen hätte. Zuzugestehen ist ferner, daß ein im Wortsinn globaler, alle bestehenden Machtblöcke übergreifender Weltstaat derzeit realistischerweise nicht in Betracht kommen kann. Aber die ‚freie Welt' – was hindert sie daran, zu umfassender politischer Einheit zu gelangen?

Vielleicht ist es der Zweifel, ob und inwieweit Weltstaatlichkeit heute überhaupt noch wünschenswert sei, der ihr den Willen, die Bereitschaft nimmt, sie zögern läßt, Rom nachzueifern. Nicht nur, weil ihr mittlerweile dessen Mängel und Makel abstoßend und abschreckend erscheinen. Mißtrauen und Unbehagen sitzen tiefer: bislang ist auch die nach-römische Geschichte den Beweis schuldig geblieben, daß man bei der Gründung von Welt-Reichs-Staaten auch ohne militärische Hebammendienste auskommen kann; nicht gerade eine Empfehlung für diese internationale Organisationsform. Zudem stellt sich die Befürchtung ein, daß heutigentags der Weltstaat zum Zwangsstaat großen Stils entarten könnte; daß er über seine Funktion als die Gemeinschaft ordnende Institution hinaus die geistige, ideologische Vereinheitlichung aller seiner Mitglieder anstreben würde; daß er die ausgefeilten technisch-naturwissenschaftlichen, bürokratisch-administrativen und psychologisch-meinungsbildenden Möglichkeiten, die zur Verfügung stehen, als Instrument totaler bis hin zu mentizider Beherrschung der menschlichen Persönlichkeit mißbrauchen könnte. Demnach wäre Weltstaatlichkeit letztlich, womöglich von vorneherein, gleichbedeutend mit Despotie, Totalitarismus und einem auf die völlige, physische und psychische Vereinnahmung des Individuums abzielenden staatlichen Absolutheitsanspruch auf weltweiter Ebene.

Rom hat mit seiner Weltorganisation gezeigt, daß es so nicht zwangsläufig kommen muß. Freilich: ihm fehlten nicht nur von Haus aus die totalitären Neigungen und Tendenzen, sondern auch die Mittel, diese zu verwirklichen, hätte es sie gehabt. Das mag seine subjektive Leistung schmälern. Als objektiver Tatbestand behält sie ihren vorbildlich-exemplarischen Charakter.

Es bleibt die Frage: ist das positive Beispiel, das Rom hinterließ, ist Weltstaatlichkeit heute wirklich nur unter Inkaufnahme ihrer möglichen negativen Begleit- und Folgeerscheinungen erreichbar? Ein Alptraum also, den man besser vergißt? Oder dient der Hinweis auf die Gefahren und Risiken lediglich als Alibi dafür, daß sie noch immer nicht wieder geschaffen wurden – die Zustände wie im Alten Rom?

Anhang

Der Republikanische Staat

3. Jh. v. Chr.

Schematisch vereinfachte Darstellung

RÖMISCHE BÜRGER: Patrizier/Patriziat (‚Geburtsadel') und Plebeier/Plebs
haben aktives und vermögensbedingt eingeschränktes passives Wahlrecht sowie allgemeines Stimmrecht bei ungleicher Stimmengewichtung; treten in Gruppen gegliedert zusammen in verschiedenen Arten von

VOLKSVERSAMMLUNGEN

bestehend aus Patriziern und Plebeiern:			bestehend nur aus Plebeiern:
Comitia curiata (gentiliz. Gliederung in 30 Curien)	*Comitia tributa* (regionale Gliederung in 35 Tribus)	*Comitia centuriata* (censusabhängige, milit. Gliederung in 193 Centurien)	*Concilia plebis* (regionale Gliederung in 35 Tribus)
sanktionieren Adoptionen u. Testamente; bestätigen mit einer Lex de imperio formal die gewählten Magistrate		entscheiden de iure über Krieg und Frieden; beschließen Gesetze nach magistratischer Vorlage; sind Appellationsinstanz bei Todesurteilen	erlassen auf tribunizischen Antrag Plebiszite mit Gesetzeskraft

wählen die

MAGISTRATE:	*8 Quaestoren*	*2 Aedilen*	*2 Censoren*	*4 Praetoren*	*2 Consuln*	*2 Aedilen*	*10 Volkstribune*
sind unbesoldet, ehrenamtlich; unterliegen dem	2 leiten die Staatskasse; 6 sind in der	überwachen die allg. Ordnung, das Bau- u.	führen in 18-monatiger Amtszeit alle	2 nehmen in Rom die Jurisdiction	stehen an der Staatsspitze; berufen Senat,	haben dieselben Aufgaben wie die von den Co-	sind sakrosankt; besitzen Veto/Interzessions-

kollegialen Prinzip;
amtieren/wechseln (mit Ausnahme d. Censoren u. d. Dictators) jahrweise;
haben Zutritt zu Senatssitzungen;
gehören teils dem Senat an;
gelangen teils nach Amtszeit in den Senat;
Ex-Magistrate stellen zunehmend das Gros der Mitglieder im

italischen u. provinzialen Finanzverwaltung tätig

Marktwesen;
richten öffentl. Spiele aus

4/5 Jahre den Census durch;
haben die Sittenaufsicht inne;
entscheiden über die Zugehörigkeit zum Senat

wahr;
2 gehen als Statthalter in die Provinzen

Comitien ein u. leiten sie;
besorgen Ausführung der Gesetze;
befehligen die Armee;
ernennen bei Bedarf für 6 Mon. einen *Dictator*

mitien gewählten Aedilen

recht gegen Magistrate und Senat;
berufen Concilia ein;
können Senatssitzungen veranlassen

Senat

bestehend aus 300 Senatoren aus patriz. u. führenden pleb. Familien
berät die Magistrate in allen Angelegenheiten;
bereitet Gesetzesvorlagen vor;
bestellt bei Vakanz der beiden Consul-Stellen einen Interrex;
kontrolliert die Staatsfinanzen;
empfängt auswärtige Gesandtschaften;
empfiehlt/verwirft Verträge;
bestimmt durch Ratschläge/Beschlüsse (consulta) faktisch weitgehend die Richtlinien der Innen- und Außen/Militärpolitik;
regiert kraft auctoritas den

Staat

Familien, die unter ihren Ahnen/Angehörigen einen Consul aufzuweisen haben, bilden den ‚Amtsadel‘, die

Nobilität

Anmerkungen

1 *(S. 19)* In: Goldne Zeiten führt' ich ein. Caesar und sein Wirtschaftsimperium, Frankfurt 1980, Fischer Taschenbuch Lizenzausgabe von: Caesar. Goldne Zeiten führt' ich ein. Das Wirtschaftsimperium des römischen Weltreiches, München 1978.

2 *(S. 20)* Vgl. K. W. Deutsch, Politics and government, Boston 1974[2].

3 *(S. 23)* Zum Fortleben des imperialen Rom-Gedankens vgl. die auf S. 286 (letzter Abschnitt) angegebene Literatur.

4 *(S. 54)* Es gibt noch eine religiöse: die Fetialen. Vgl. dazu S. 75 ff.

5 *(S. 59)* Unter ‚Vertrag' wird hier auch die statutenmäßig nicht fixierte Abmachung/Absprache mit dem Ausland verstanden.

6 *(S. 60)* Beispielsweise spielt Roms Hilfsbereitschaft gegenüber Pergamon, Sparta und Sagunt beim Ausbruch des 3. makedonischen, des achaeischen und des 2. punischen Krieges eine Rolle. Ob allerdings Sagunt überhaupt in amicitia zu Rom stand, oder gar in einem Bündnisvertrag, wie das die Formulierungen bei Polybios (pistis) und Livius (socii) nahelegen, ist umstritten.

7 *(S. 61)* Es werden im Folgenden lediglich die außer-italischen foedera/socii der Zeit nach 264 v. Chr. angesprochen, also die im eigentlichen Sinne auswärtigen Beziehungen Roms. Für die italischen Bundesgenossen gelten teilweise andere Konditionen als die hier geschilderten.

8 *(S. 70)* Es läßt sich zwar in der Antike keineswegs nur in Rom beobachten; fällt aber hier angesichts der nach Dimension und Intensität überdurchschnittlichen Extrovertiertheit römischer Politik besonders ins Auge.

9 *(S. 87)* Sie kennt als weitere Typen den Kommunikations- und den Kultur-Imperialismus. Ersterer ist in jedem Falle ‚un-antik' (mangelnde technische Möglichkeiten); letzterer setzt staatliche Kulturpolitik voraus, die in Rom nicht gegeben ist (vgl. aber S. 98 zum Verhältnis zwischen römischem ‚Sendungsbewußtsein' und Kultur-Imperialismus).

10 *(S. 111)* Das Wort provincia bezeichnet ursprünglich ganz allgemein den Amts-Auftrag bzw. -Bereich des römischen Magistraten; wird seit der Einrichtung Siziliens als erste römische ‚Provinz' (227 v. Chr.) aber zum terminus technicus für einen in sich geschlossenen Verwaltungsbezirk außerhalb Italiens.

11 *(S. 115)* Res/pecuniae repetundae = zurückzufordernde Dinge/Gelder; Sachwerte/Zahlungen also, die ein Statthalter unrechtmäßig eingezogen bzw. erpreßt hatte.

12 *(S. 120)* Möglicherweise hat ein Gesetz des C. Gracchus (122 v. Chr.) die Repetunden-Gerichtsbarkeit sogar ausschließlich den Rittern übertragen. Nach ihrer zeitweisen Entfernung aus den Gerichtshöfen durch Sulla stellten die Ritter – neben Senatoren und den sog. Aerartribunen (= Angehörige der Vermögensklasse unter den Rittern) – ein Drittel der Richter. Ab Caesar – nach Ausschluß der Aerartribune – (wieder) die Hälfte.

13 *(S. 131)* Etwas besser gestellt als Roms italische Bundesgenossen im allgemeinen sind lediglich die Latiner.

14 *(S. 147)* Auch bei den Zugeständnissen an die italischen Bundesgesnossen haben sicher als vorrangig erachtete außenpolitische Erwägungen (Krieg gegen Mithridates) mitgespielt (vgl. S. 132).

15 *(S. 178)* Das latinische Recht nimmt eine Mittelstellung zwischen römischem Bürger- und Peregrinen (Fremden)-Recht ein; es wird gleichsam als Vorstufe zur Aufnahme in den römischen Bürgerverband verliehen.

16 *(S. 178)* Ein entscheidender verfassungsrechtlicher Unterschied zwischen einem municipium und einer colonia läßt sich für die Kaiserzeit (spätestens etwa seit Ende des 1. Jh. n. Chr.) nicht mehr feststellen. Z. T. finden beide Bezeichnungen Anwendung für ein und dieselbe Stadt; auch der Bürger einer colonia heißt bisweilen municeps. Die begriffliche Differenzierung ist nur noch historisch zu erklären, d. h. von der Art der Entstehung der Stadtgemeinde her. Gellius drückt es so aus: in einem municipium wird eine einheimische Stadtbevölkerung in das latinische/römische Recht überführt; eine colonia trägt dieses in die provinziale Umgebung hinein.

17 *(S. 179)* Meist den eines Munizipiums; wesentlich seltener den einer im Ansehen höher stehenden Kolonie.

18 *(S. 180)* Vgl. dazu etwa die aus der Zeit Caesars bzw. aus der flavischen Epoche stammenden, inschriftlich überlieferten Stadtrechte von Urso (Osuna), Salpensa (nahe dem heutigen Utrera?) und Malaca (Malaga).

19 *(S. 183)* In Rom scheinen sich allerdings auch die Senatoren nicht viel anders verhalten zu haben als die Provinzialen: Tiberius jedenfalls findet immer wieder Anlaß, die geringe Entscheidungsfreudigkeit des Senats und dessen Neigung, den Kaiser ‚machen zu lassen', auf das lebhafteste zu beklagen.

20 *(S. 201)* Vgl. oben Anm. 1. Das Buch des Oekonomen behandelt die römische (Welt-)Wirtschaft wesentlich sachkundiger und ausführlicher, als es seitens der Verf. im vorliegenden Kapitel geschieht.

21 *(S. 215)* Die Identität von Standort und Rekrutierungsbezirk ist – für Legionen und Auxilien – erst gegen Ende des 2. Jh. n. Chr. der Normalfall.

22 *(S. 217)* Bei den genannten Städten ist Caesar nicht in jedem Falle als Urheber der Bürgerrechtsverleihung gesichert; z. T. gilt Augustus als solcher.

23 *(S. 219)* Erst Septimius Severus legalisiert die Soldatenehe.

24 *(S. 219)* Die alte Regelung scheint auch nach 140 n. Chr. bei den Angehörigen der Flotte und der Praetorianergarde beibehalten worden zu sein.

25 *(S. 219)* Ein auf uns gekommenes Papyrus-Fragment (= Papyrus Gießen 40) gibt entweder – wie die meisten Forscher glauben – die Constitutio Antoniniana selbst wieder, oder zumindest ein sie ergänzendes Gesetz.

26 *(S. 220)* Dediticii sind im klassischen lateinischen Sprachgebrauch Personen/Gemeinden/Stämme, die sich den Römern in bedingungsloser Kapitulation unterworfen haben; ob die Constitutio Antoniniana den Begriff ‚dediticii' überhaupt in diesem Sinne verwendet und wenn ja, wer genau damit gemeint sein könnte, ist nach wie vor umstritten.

27 *(S. 222)* Man spricht von contubernium. Es wird rechtlich allerdings nicht als Ehe anerkannt und kann auch jederzeit vom Herrn wieder unterbunden werden.

28 *(S. 242)* Feier seines Geburtstages, Spiele zu seinen Ehren, Benennung eines Monats (Juli) nach ihm, Gebete für seine Gesundheit und ein langes Leben, Aufstellung seiner Statuen neben denen der Götter, Weihung eines Tempels für seine ‚Milde' (Clementia), in den er als ihr ‚Genosse' mit einziehen soll.

29 *(S. 242)* Vgl. hierzu Cicero, Über den Staat, Buch VI (Somnium Scipionis).

30 *(S. 251)* Die nachstehenden Auszüge folgen in ihrer Anordnung und Reihenfolge nicht dem Aufbau der Rede des Aristides, sondern der Gliederung von Teil II, Kapitel 3 unserer Darstellung.

31 *(S. 254)* Die deutschen Übersetzungen der nachfolgenden Zitate (Spätantike; augusteische Dichtung) sind – teilweise – W. Arend bzw. B. Kytzler (vgl. Literaturhinweise zu II 4) entnommen.

32 *(S. 266)* Zur Diskussion um die möglichen Ursachen der endgültigen Auflösung des Imperium Romanum im 5. Jh. n. Chr. vgl. K. Christ (Hrsg.), Der Untergang des römischen Reiches, Darmstadt 1970 (mit ausgewählter Bibliographie).

Literaturhinweise

(Ausgewählte Bibliographie)

Vgl. darüberhinaus die wesentlich umfassendere Literaturzusammenstellung von K. Christ, Römische Geschichte. Eine Bibliographie (544 S., 8232 Titel), Darmstadt 1976

Einführende Gesamtdarstellungen

zur römischen Geschichte und Staatsverfassung

Adcock, F. E., Römische Staatskunst, Göttingen 1961
Barrow, R. H., Die Römer, Stuttgart 1960
Bengtson, H., Grundriß der römischen Geschichte mit Quellenkunde (bis 284 n. Chr.), München 1970^2
Christ, K., Die Römer. Eine Einführung in ihre Geschichte und Zivilisation, München 1979
Christ, K., Römische Geschichte. Einführung, Quellenkunde, Bibliographie, Darmstadt 1980^3
Christ, K., Das römische Weltreich, Freiburg 1973
Heuß, A., Römische Geschichte, Braunschweig 1976^4
Kornemann, E., Römische Geschichte, Stuttgart 1977^7
Lauffer, S., Römische Geschichte, München 1968^2
Meyer, E., Römischer Staat und Staatsgedanke, Zürich 1975^4
Mommsen, Th., Abriß des römischen Staatsrechts, Leipzig 1907^2 (Darmstadt 1974)
Piganiol, A., Histoire de Rome, Paris 1962^5
Volkmann, H., Grundzüge der römischen Geschichte, Darmstadt 1980^7

Teil I

Republik (3.–1. Jh. v. Chr.)

Bleicken, J., Geschichte der Römischen Republik, München 1980
Bleicken, J., Die Verfassung der römischen Republik, Paderborn 1975

Boren, H. C., The Roman republic, Princeton 1965
Cambridge Ancient History, vol. VII–X, Cambridge 1928–1934 (ND 1969–1971)
Grant, M., Rom (133 v. – 217 n. Chr.), Zürich 1960
Holmes, T. R., The Roman republic, Oxford 1923
Kiechle, F., Römische Geschichte I (Republik), Stuttgart 1967
Marsh, F. B., A history of the Roman world from 146 to 30 B. C., London 1963³
McDonald, A. H., Republican Rome, London 1966
Scullard, H. H., From the Gracchi to Nero, London 1970³
Vogt, J., Römische Geschichte I (Republik), München 1973⁶

1. Der Prozeß der Expansion

Colin, G., Rome et la Grèce (200–146 v. Chr.), Paris 1905
Dorey, T. A., Rome against Carthage, London 1971
Holleaux, M., Rome, la Grèce et les monarchies hellénistiques (273–205 v. Chr.), Paris 1935
Holmes, T. R., Caesar's conquest of Gaul, Oxford 1931²
Liebmann-Frankfort, Th., La frontière orientale dans la politique extérieure de la république romaine (189–63 v. Chr.), Brüssel 1969
Schulten, A., Die Keltiberer und ihre Kriege mit Rom, München 1914
Simon, H., Roms Kriege in Spanien 154–133 v. Chr., Frankfurt 1962
Stier, H. E., Roms Aufstieg zur Weltmacht und die griechische Welt, Köln 1957
Vogt, J. (Hrsg.), Rom und Karthago, Leipzig 1943

2. Mittel und Wege der Machtausdehnung

Adcock, F., Roman art of war, Cambridge 1940
Albert, S., Bellum Iustum, Frankfurter Althistorische Studien (FAS) 10, Kallmünz 1980
Badian, E., Foreign clientelae, Oxford 1958
Brassloff, S., Der römische Staat und seine internationalen Beziehungen, Wien 1928
Dahlheim, W., Struktur und Entwicklung des römischen Völkerrechts, München 1968 (Deditio und Societas, Diss. München 1965)
Haffter, H., Geistige Grundlagen der römischen Kriegsführung und Außenpolitik (1942), in: Römische Politik und römische Politiker, Heidelberg 1967, 7ff.

Heuß, A., Amicitia. Untersuchungen zu den rechtlichen Grundlagen der römischen Außenpolitik, Diss. Leipzig 1932; erweitert: Die völkerrechtlichen Grundlagen der römischen Außenpolitik in republikanischer Zeit, Berlin 1933

Parker, H. M. D., The Roman legions, Oxford 1958[2]

Täubler, E., Imperium Romanum. Studien zur Entwicklungsgeschichte des römischen Reiches I (Die Staatsverträge und Vertragsverhältnisse), Leipzig 1913 (ND 1964)

Ziegler, K.-H., Das Völkerrecht der römischen Republik, in: Festschrift J. Vogt, Bd. I 2, Berlin 1972, 68ff.

3. Motive und Hintergründe der Großreichsbildung

Erdmann, E., Römischer „Imperialismus" – Schlagwort oder Begriff?, Geschichte in Wissenschaft und Unterricht (GWU) 1977/78, 461ff.

Frank, T., Roman imperialism, New York 1914 (ND 1972)

Heinze, R., Von den Ursachen der Größe Roms (1921), in: Vom Geist des Römertums, 1960, 9ff.

Heuß, A., Der erste punische Krieg und das Problem des römischen Imperialismus, Historische Zeitschrift (HZ) 169, 1949, 457ff.

Timpe, D., Caesars gallischer Krieg und das Problem des römischen Imperialismus, Historia 14, 1965, 189ff.

Vogt, J., Divide et impera. Die angebliche Maxime des römischen Imperialismus (1940), in: R. Klein (Hrsg.), Das Staatsdenken der Römer, Darmstadt 1966, 15ff.

Werner, R., Das Problem des Imperialismus und die römische Ostpolitik im 2. Jh. v. Chr., in: Festschrift J. Vogt, Bd. I 1, Berlin 1972, 501ff.

4. Wirkung und Folgen der Welteroberung

Brunt, P. A., Social conflicts in the Roman republic, London 1971

Christ, K., Krise und Untergang der römischen Republik, Darmstadt 1979

Heuß, A., Der Untergang der römischen Republik und das Problem der Revolution, Historische Zeitschrift (HZ) 182, 1956, 1ff.

Martin, J., Die Popularen in der Geschichte der späten Republik, Diss. Freiburg 1965

Meier, Chr., Res publica amissa, Frankfurt 1980[2]

Schneider, H., Die Entstehung der römischen Militärdiktatur. Krise und Niedergang einer antiken Republik, Köln 1977

Seager, R. (Hrsg.), The crisis of the Roman republic, Cambridge 1969
Smith, R. E., The failure of the Roman republic, Cambridge 1955
Staerman, E. M., Die Blütezeit der Sklavenwirtschaft in der römischen Republik, Wiesbaden 1969
Ungern-Sternberg, J. v., Untersuchungen zum spätrepublikanischen Notstandsrecht, München 1970
Wiehn, E., Die illegalen Heereskommanden in Rom bis auf Caesar, Diss. Marburg 1926

Übergangszeit: Caesar und Augustus

Earl, D., Augustus und seine Zeit, Wiesbaden 1969
Gelzer, M., Caesar, Wiesbaden 1960[6]
Gesche, H., Caesar (Erträge der Forschung; Bibliographie), Darmstadt 1976
Hankel, W., Goldne Zeiten führt' ich ein. Caesar und sein Wirtschaftsimperium, Frankfurt 1980 (Caesar, München 1978)
Holmes, T. R., The architect of the Roman empire, Oxford 1928–1931
Jones, A. H. M., Augustus, London 1970
Oppermann, H., Caesar – Wegbereiter Europas, Göttingen 1963[2]
Syme, R., The Roman revolution, Oxford 1963[3] (deutsch: Stuttgart 1957)
Vittinghoff, F., Kaiser Augustus, Göttingen 1959

Teil II

Kaiserzeit (1.–3. Jh. n. Chr.)

Bleicken, J., Verfassungs- und Sozialgeschichte des römischen Kaiserreiches, Paderborn 1978
Cambridge Ancient History, vol. X–XII, Cambridge 1934–1939 (ND 1969–1971)
Charlesworth, M. P., The Roman empire, London 1968[4]
Dessau, H., Geschichte der römischen Kaiserzeit (bis 69 n. Chr.), Berlin 1924–1930
Domaszewski, A. v., Geschichte der römischen Kaiser, Leipzig 1923[3]
Garzetti, A., From Tiberius to the Antonines, London 1974
Grant, M., Rom (133 v. – 217 n. Chr.), Zürich 1960
Grant, M., Das römische Reich am Wendepunkt, München 1972
Millar, F., The emperor in the Roman world, London 1977
Parker, H. M. D., A history of the Roman world from A. D. 138–337, London 1935

Scullard, H. H., From the Gracchi to Nero, London 1970[3]
Walser, G. – Pekáry, Th., Die Krise des römischen Reiches (3. Jh.; Forschungsbericht), Berlin 1962

1. Grundlagen der Integration: keine besonderen Hinweise

2. Vorbedingung und Voraussetzung des inneren Aufbaus

Beckmann, F., Der Friede des Augustus, Münster 1951
Grant, M., The army of the Caesars, London 1974
Luttwak, E. N., The grand strategy of the Roman Empire, Baltimore 1979[2]
Mann, J. C., The frontiers of the principate, in: Festschrift J. Vogt, Bd. II 1, Berlin 1974, 508 ff.
Millar, F., The Roman empire and its neighbours, London 1967
Stier, H. E., Das Friedensreich des Kaisers Augustus, Bremen 1950
Vogt, J., Der Reichsgedanke der römischen Kaiserzeit, in: Vom Reichsgedanken der Römer, Leipzig 1942, 5 ff.
Waddy, L., Pax Romana and world peace, London 1950
Webster, G., The Roman imperial army, London 1969

3. Faktoren, Maßnahmen und Leistungen der Weltorganisation

Fürsorglich geordnete Verwaltung

Abbott, F. F. – Johnson, A. C., Municipal administration in the Roman empire, New York 1926 (ND 1968)
Arnold, W. T., The Roman system of provincial administration, Oxford 1914[3] (ND 1968)
Burn, A. R., The government of the Roman empire, London 1952
Deininger, J., Die Provinziallandtage der römischen Kaiserzeit, München 1965
Kloft, H., Liberalitas Principis, Köln 1970
Liebenam, W., Stadtverwaltung im römischen Kaiserreich, Leipzig 1900 (ND 1967)
Neesen, L., Untersuchungen zu den direkten Staatsabgaben der römischen Kaiserzeit, Bonn 1980
Nörr, D., Imperium und Polis in der hohen Prinzipatszeit, München 1969[2]
Stevenson, G. H., Roman provincial administration, Oxford 1949[2]
Volkmann, H., Die römische Provinzialverwaltung der Kaiserzeit im Spiegel des Kolonialismus, Gymnasium 68, 1961, 395 ff.
Yavetz, Z., Plebs and Princeps, Oxford 1969

Oikoumenische Oekonomie

Charlesworth, M. P., Trade-routes and commerce of the Roman empire, Cambridge 1924 (ND 1961)

Ducan-Jones, R., The economy of the Roman empire, Cambridge 1974

Finley, M. I., The ancient economy, London 1973 (deutsch: München 1977)

Frank, T., An economic survey of ancient Rome, Baltimore 1933–1940 (ND 1959)

Göbl, R., Einführung in die Münzkunde der römischen Kaiserzeit, Wien 1960²

Hankel, W., Goldne Zeiten führt' ich ein. Caesar und sein Wirtschaftsimperium, Frankfurt 1980 (Caesar, München 1978)

Jones, A. H. M., The Roman economy, Oxford 1974

MacMullen, R., Peasants during the principate, in: Festschrift J. Vogt, Bd. II 1, Berlin 1974, 253ff.

Pekáry, Th., Die Wirtschaft der griechisch-römischen Antike, Wiesbaden 1979²

Rostovtzeff, M., Gesellschaft und Wirtschaft im römischen Kaiserreich, Leipzig 1930

Wheeler, M., Der Fernhandel des römischen Reiches, München 1965

White, K. D., Roman farming, London 1970

Zivilisatorische Verbundenheit

Grimal, P., Römische Kulturgeschichte, München 1960

Kahrstedt, U., Kulturgeschichte der römischen Kaiserzeit, München 1948

Koschaker, P., Europa und das römische Recht, München 1958³

Kunkel, W., Römische Rechtsgeschichte, Köln 1978⁸

Liebs, D., Römisches Recht, Göttingen 1975

Marouzeau, J., Das Latein. Gestalt und Geschichte einer Weltsprache, München 1970³

Marrou, H.-J., Geschichte der Erziehung im klassischen Altertum, Freiburg 1957

Mattingly, H., Roman imperial civilisation, London 1957

Schulz, F., Prinzipien des römischen Rechts, Berlin 1954²

Söllner, A., Einführung in die römische Rechtsgeschichte, München 1980²

Starr, Ch. G., Civilization and the Caesars. The intellectual revolution in the Roman empire, Ithaca 1955

Wilkins, A. S., Roman education, Cambridge (Mass.) 1905

Gesellschaftliche Offenheit

Alföldy, G., Römische Sozialgeschichte, Wiesbaden 1979²

Brassloff, S., Staat und Gesellschaft in der römischen Kaiserzeit, Wien 1933

Brockmeyer, N., Antike Sklaverei (Erträge der Forschung), Darmstadt 1979

Buckland, W. W., The Roman law of slavery, Cambridge 1908 (ND 1970)
Duff, A. M., Freedmen in the early Roman empire, Cambridge 1958²
Gagé, J., Les classes sociales dans l'empire romain, Paris 1971²
Halfmann, H., Die Senatoren aus dem östlichen Teil des Imperium Romanum bis zum Ende des 2. Jh. n. Chr., Göttingen 1979
Kraft, K., Zum Bürgerrecht der Soldatenkinder, Historia 10, 1961, 120ff.
Sherwin-White, A. N., The Roman citizenship, Oxford 1973²
Visscher, F. de, Bürgerrecht und Kultureinheit im Imperium Romanum, Österreichische Zeitschrift für Öffentliches Recht 12, 1962, 71ff.
Vittinghoff, F., Römische Kolonisation und Bürgerrechtspolitik unter Caesar und Augustus, Wiesbaden 1951/52
Vogt, J., Sklaverei und Humanität, Wiesbaden 1972²
Wolff, H., Die Constitutio Antoniniana, Köln 1976

Religiöse Toleranz

Cumont, F., Die orientalischen Religionen im römischen Heidentum, Stuttgart 1972⁶
Ferguson, J., The religions of the Roman empire, Ithaca/London 1970
Grant, M., The Jews in the Roman world, London 1973
Gutermann, S. L., Religious toleration and persecution in ancient Rome, London 1951
Latte, K., Die Religion der Römer und der Synkretismus der Kaiserzeit, Tübingen 1927²
Latte, K., Römische Religionsgeschichte, München 1960
Molthagen, J., Der römische Staat und die Christen im 2. und 3. Jh., Göttingen 1975²
Peterson, E., Der Monotheismus als politisches Problem, Leipzig 1935
Smallwood, E. M., The Jews under Roman rule, Leiden 1976
Wlosok, A., Rom und die Christen, Stuttgart 1970

Kultische Herrscherverehrung

Bickermann, E., Die römische Kaiserapotheose, Archiv für Religionswissenschaft 27, 1929
Boer, W. den (Hrsg.), Le culte des souverains dans l'empire romain, Genf 1973
Cerfaux, L. – Tondriau, J., Le culte des souverains dans la civilisation gréco-romaine, Tournai 1957
Gesche, H., Die Vergottung Caesars, Frankfurter Althistorische Studien (FAS) 1, Kallmünz 1968
Heinen, H., Zur Begründung des römischen Kaiserkultes, Klio 11, 1911, 129ff.

Taeger, F., Charisma. Studien zur Geschichte des antiken Herrscherkultes, Stuttgart 1957–1960
Taylor, L. R., The divinity of the Roman emperor, Middletown 1931
Wlosok, A. (Hrsg.), Römischer Kaiserkult, Darmstadt 1978

4. Wertung aus antiker Sicht

Arend, W., Geschichte in Quellen I (Altertum), München 1975[2]
Bleicken, J., Der Preis des Aelius Aristides auf das römische Weltreich, Göttingen 1966
Fuhrmann, M., Die Romidee der Spätanike, Historische Zeitschrift (HZ) 207, 1968, 529ff.
Kytzler, B. (Hrsg.), Roma aeterna, Zürich 1972
Oliver, J. H., The ruling power, Transactions of the American Philosophical Society (TAPhS) 43, 1953
Palm, J., Rom, Römertum und Imperium in der griechischen Literatur der Kaiserzeit, Lund 1959
Paschoud, F., Roma aeterna. Etudes sur le patriotisme romain dans l'occident latin à l'époque des grandes invasions, Rom 1967
Reitter, N., Der Glaube an die Fortdauer des römischen Reiches im Abendlande während des 5. und 6. Jh., Diss. Münster 1900
Straub, J., Regeneratio Imperii. Aufsätze über Roms Kaisertum und Reich im Spiegel der heidnischen und christlichen Publizistik, Darmstadt 1972
Vogt, J., Orbis Romanus, in: Orbis (Ausgewählte Schriften), Freiburg 1960, 151ff.

Nachleben des Rom-Reichs-Gedankens

Folz, R., L'idée d'empire en occident (5.–14. Jh.), Paris 1953
Goez, W., Translatio imperii, Tübingen 1958
Koebner, R., Empire, Cambridge 1961
Llewellyn, P., Rome in the dark ages, London 1971
Schneider, F., Rom und Romgedanke im Mittelalter, München 1926
Schramm, P. E., Kaiser, Rom und Renovatio (1929), Darmstadt 1975[3]
Sullivan, R. E., Heirs to the Roman empire, Ithaca 1960

Abbildungsverzeichnis

Personenregister

Werke von Ferdinand Gregorovius

Geschichte der Stadt Rom im Mittelalter

Vom V. bis XVI. Jahrhundert
Vollständige Ausgabe in vier Bänden
Herausgegeben von Waldemar Kampf
1978. LXIII, 2685 Seiten mit 234 Abbildungen nach alten Vorlagen
Leinenbände in Kassette

Alle, die das Rom-Bild in Deutschland geprägt haben – von Winckelmann über Heinse, Goethe und Wilhelm von Humboldt bis hin zu Ranke, Mommsen und Jacob Burckhardt – suchten und fanden in Italien vor allem die Spuren des Klassischen Altertums und der Renaissance. Ferdinand Gregorovius hat das mittelalterliche Rom – oon der Spätantike bis zum 16. Jahrhundert – entdeckt. Die vierbändige Ausgabe enthält Anmerkungen, einen textkritischen Apparat, ein Literaturverzeichnis, ein Namen- und Sachregister sowie eine Studie des Herausgebers.

Geschichte der Stadt Athen im Mittelalter

Von der Zeit Justinians bis zur türkischen Eroberung
Mit einem Nachwort von Hans-Georg Beck
Aufgrund der Erstausgabe von 1889 mit allen Anmerkungen von
Gregorovius, einem Verzeichnis der Herrscher
und einem Register neu herausgegeben
1980. 739 Seiten, mit 59 Abbildungen nach alten Vorlagen. Leinen
(Beck'sche Sonderausgaben)

«Die ‹Geschichte der Stadt Athen im Mittelalter› stellt die Schicksale Athens von der Spätantike bis zur Eroberung durch die Türken (1458) dar. Gregorovius hat mit dieser Geschichte ein Werk geschaffen, das ‹ohne Schaden zu nehmen›, nun schon fast ein Jahrhundert überdauert hat. Es ist inzwischen weder eingeholt noch gar überholt worden.» (Hans-Georg Beck)

Wanderjahre in Italien

Einführung von Hanno-Walter Kruft
3. Auflage. 1978. XIX, 886 Seiten mit 27 zeitgenössischen Illustrationen
Leinen (Beck'sche Sonderausgaben)